Harald Seelbach / Joachim Kugler / Willi Neumann (Hrsg.)

Rheuma – Schmerz – Psyche

Gertrud M. Krüskemper (1990):
Erinnerungen an ein Schiff
Radierung

Harald Seelbach
Joachim Kugler
Willi Neumann
(Herausgeber)

Rheuma – Schmerz – Psyche

Mit einem Vorwort von
Professor Hans Thomae

Verlag Hans Huber
Bern · Göttingen · Toronto · Seattle

Frau Prof. Dr. G. M. Krüskemper
zum 60. Geburtstag gewidmet

Die Deutsche Bibliothek – CIP-Einheitsaufnahme

Rheuma, Schmerz, Psyche / Harald Seelbach ...(Hrsg.).
Mit einem Vorw. von Hans Thomae. – Bern; Göttingen; Toronto;
Seattle: Huber, 1994
ISBN 3-456-82349-5
NE: Seelbach, Harald [Hrsg.]

Satz und Druck: Ott Druck AG Thun
Printed in Switzerland

Inhaltsverzeichnis

2. Krankheitsbewältigung

3. Medizinpsychologische Therapiekonzepte

Autorenverzeichnis

Dr. med. Gaby Berthe
St. Camillus Fachklinik
Kirchstraße 12
D-47178 Duisburg-Walsum

Dr. med. Ari Cronenberg
Rheumaklinik II und Forschungsinstitut für Osteologie und Rheumatologie
Leibnizstr. 23
D-65191 Wiesbaden

Dipl.-Psych. Reinhard Cziske
Rheumaklinik Bad Wurzach
D-88410 Bad Wurzach

Dr. med. Frank Degner
Abteilung für Endokrinologie und Rheumatologie
Heinrich-Heine-Universität
Moorenstraße 5
D-40225 Düsseldorf

PD Dr. rer. nat. Paul Enck, Dipl.-Psych.
Medizinische Klinik
Abteilung für Gastroenterologie
Heinrich-Heine-Universität
Moorenstr. 5
D-40225 Düsseldorf

Prof. Dr. med. Dr. phil. Georg Hörmann, Dipl.- Psych.
von-Esmarch-Straße 111
D-48149 Münster

Prof. Dr. med. Eckart Jacobi
Rheumaklinik Bad Wurzach
Am Reischberg
D-88410 Bad Wurzach

PD Dr. med. Wilfried H. Jäckel
Rheumaklinik Bad Wurzach
Am Reischberg
D-88410 Bad Wurzach

Prof. Dr. rer. nat. Dr. med. Elmar Keck
Rheumaklinik II und Forschungsinstitut für Osteologie und Rheumatologie
Leibnizstr. 23
D-65191 Wiesbaden

Dr. med. Joachim Kugler, Dipl.-Psych.
Abteilung für Medizinische Psychologie
Ruhr-Universität-Bochum
Universitätsstraße 150
D-44780 Bochum

Dr. phil. habil. Gert Leuschner
Erste Medizinische Klinik
Klinikum Dresden-Friedrichstadt
Friedrichstraße 41
D-01067 Dresden

Dr. med. Marion Mahrenholtz
Abteilung Rheumatologie
Medizinische Hochschule Hannover
Konstanty-Gutschow-Straße 8
D-30625 Hannover

Dipl.-Psych. Willi Neumann
Abteilung für Medizinische Psychologie
Ruhr-Universität-Bochum
Universitätsstraße 150
D-44780 Bochum

Dr. phil. Gabriele Ostkirchen, Dipl.-Psych.
Institut für Medizinische Psychologie
Universitätsklinikum – Gesamthochschule Essen
Institut für klinische Psychologie
Hufelandstraße 55
D-45122 Essen

Dipl.-Psych. Peter Schneider
Abteilung für Medizinische Psychologie
Ruhr-Universität-Bochum
Universitätsstraße 150
D-44780 Bochum

Prof. Dr. O. Berndt Scholz
Lehrstuhl für Klinische und Angewandte Psychologie
Psychologisches Institut der Universität Bonn
Römerstr. 164
D-53117 Bonn

Dr. med. Harald Seelbach, Dipl.-Psych.
Abteilung für Medizinische Psychologie
Ruhr-Universität-Bochum
Universitätsstraße 150
D-44780 Bochum

Dr. med. Alfred Wittenborg, Chefarzt
Rheumaklinik St. Josef
Landgrafenstraße
D-44652 Herne

Prof. Dr. phil. Heinrich Wottawa
Arbeitseinheit Methodenlehre, Diagnostik und Evaluation
Fakultät für Psychologie
Ruhr-Universität-Bochum
Universitätsstraße 150
D-44780 Bochum

Prof. Dr. med. Henning Zeidler
Abteilung Rheumatologie
Medizinische Hochschule Hannover
Konstanty-Gutschow-Straße 8
D-30625 Hannover

Prof. Dr. Manfred Zimmermann
Zweites Physiologisches Institut der Universität
Abteilung für Physiologie des Zentralnervensystems
Im Neuheimer Feld 326
D-69112 Heidelberg

Vorwort

Der chronische Schmerz, wie er mit rheumatischen Erkrankungen verbunden ist, hätte die Aufmerksamkeit der Psychologie von Anfang an verdient. Die Beschäftigung mit dieser Problematik hätte die theoretische und methodische Entwicklung in diesem Fach vor manchem behavioristischen Irrweg bewahren können. Im Schmerz wird die durch keine wissenschaftliche Ideologie bestreitbare Funktion des Bewußtseins und seiner unterschiedlichen Modalitäten für menschliches Befinden und Verhalten unmittelbar faßbar. Der Prozeß der bewußten und unbewußten Auseinandersetzung mit der Beeinträchtigung menschlichen Bewußtseins, wie sie im Schmerz gegeben ist, bildet den Gegenstand des vorliegenden Bandes. Diese prozeßorientierte Analyse der Phänomene von Rheuma und Schmerz hat manchen Vorzug gegenüber einer Forschung, die ausschließlich auf bestimmte Persönlichkeitskorrelate bestimmter Formen rheumatischer Erkrankungen zentriert ist. Vor allem stellt sie die unentbehrliche Grundlage für psychologische Interventionsmaßnahmen in der Form von «Schmerz-Bewältigungs-Trainings» dar. Die Komplexität der Erfolgsbedingungen eines solchen Trainings wird in mehrere Beiträgen dieses Buches deutlich. Als Beispiel sei auf die Befunde von SEELBACH und BERTHE verwiesen, demzufolge ein enger Zusammenhang zwischen stark ausgeprägter Überzeugung von geringer Kontrolle über den Erfolg eigener Bemühungen und einer Tendenz zu depressiven Reaktionen beim Krankheitsbild der primären Osteoporose Typ I besteht. Wenn man solche Kontrollüberzeugungen als mehr oder minder unveränderliche Persönlichkeitseigenschaften wie Neurotizismus oder Extraversion interpretiert, würde ein solches Resultat lediglich ein Selektionskriterium für die Zulassung zu psychologischen Interventionsmaßnahmen darstellen. Erfaßt man dagegen die vielfältigen Interaktionen zwischen Kontrollüberzeugungen, Krankheitsverlauf und psycho-sozialer Situation, dann werden theoretisch gut fundierte Bemühungen um Korrekturen dieser Überzeugung zum Ausgangspunkt der psychologischen Interventionen, die sicher der Unterstützung durch medizinische Maßnahmen bedarf.

Von hier aus gesehen stellen die Beiträge dieses Bandes nicht nur Zeugnisse einer Zusammenarbeit zwischen angewandten Arbeitsrichtungen der beteiligten Disziplinen dar. Sie sind geeignet – zum mindesten auf dem für mich überschaubaren Feld der Psychologie – die Theorie über die Interaktion zwischen verschiedenen physiologischen und psychologischen Reaktionen auf hohem theoretischen Niveau zu fördern.

Dies ist ein Verdienst von Frau Professorin Gertrud M. Krüskemper, die sich in den letzten dreissig Jahren vielen Problemen der Medizinischen Psychologie zugewandt hat, von psycho-sozialen Komponenten in der Genese von Arbeitsunfällen über Persönlichkeitskontrolle der Hyperthyreose, rheumatoiden Arthritis und Adipositas bis zu gerontologischen und geriatrischen Themen. Seit Anfang der Achtziger Jahre stehen psychologische Aspekte rheumatischer Erkrankungen im Mittelpunkt der Arbeiten des von ihr geleiteten Instituts für Medizinische Psychologie an der Ruhr-Universität Bochum. Freunde und Schüler haben diesen Bericht zur 20. Tagung einer interdisziplinären Arbeitsgruppe über psychologische Aspekte rheumatischer Krankheiten ihr gewidmet.

Hans Thomae

Einleitung

Der Arbeitskreis «Rheuma-Schmerz-Psyche» wurde vor mehr als 10 Jahren auf Anregung von Frau Professor Krüskemper (Abt. Medizinische Psychologie, Ruhr-Universität Bochum) ins Leben gerufen. Seither bot er ein interdisziplinäres Forum für Wissenschaftler verschiedener Fachrichtungen, einschließlich Rheumatologie, Psychologie, Physiologie, Epidemiologie, Immunologie, Soziologie. Nach nunmehr 20 Arbeitskreistreffen erschien es an der Zeit, psychorheumatologische Zusammenhänge einem größeren Intcrcssentenkreis zugänglich zu machen.

Die Beiträge lassen sich drei Teilbereichen zuordnen:

1. rheumatologischen und schmerztheoretischen Grundlagen;
2. Krankheitsbewältigung und
3. medizinpsychologischen Therapiekonzepten.

Im Teil rheumatologische und schmerztheoretische Grundlagen fassen Cronenberg & Keck den Stand der gegenwärtigen Diskussion zur Pathoätiologie, Diagnostik und Therapie der rheumatoiden Arthritis zusammen, wobei hinsichtlich der therapeutischen Maßnahmen der physikalischen Therapie in ihrer grundlegenden Bedeutung besondere Aufmerksamkeit zuteil wird. Ein Gesichtspunkt, dem in bezug auf die modifizierbare Patienten-Compliance psychologische Interventionsstrategien zugänglich sind.

MAHRENHOLTZ & ZEIDLER gehen – nach einer kurzen Geschichte des Rheumabegriffs – auf den Schmerz als diagnostischer Wegweiser bei rheumatischen Erkrankungen ein: ein Aspekt, der für den leidenen Patienten eingreifende Bedeutung hat und neben einer medikamentösen auch einer psychologischen Therapie zugänglich ist.

Der Gesichtspunkt des Schmerzes wird von ZIMMERMANN hinsichtlich seiner physiologischen und pathophysiologischen Mechanismen bei chronischen Schmerzen im Bereich des Bewegungssystems vertieft, wobei insbesondere neuere Ansätze zur Fehlregulation im neuromotorischen System herausgearbeitet werden, die zur Schmerzverstärkung und Schmerzchronifizierung beitragen.

Nach diesen physiologischen Grundlagen geht SCHOLZ auf die psychologischen Aspekte der Schmerzwahrnehmung ein, wobei er zunächst auf die artifizielle Dichotomie von somatogenem und psychogenem Schmerz aufmerksam macht. Ein Schwerpunkt dieses Artikels ist die Problematik der Schmerzmessung in Abhängigkeit des Facettenreichtums psychologischer Aspekte von Schmerz.

ENCK gibt eine Darstellung der viszeralen Schmerzsymptomatik, die ja auch bei rheumatischen Erkrankungen auftreten können und hinsichtlich der Prävalenz hinter Kopf- und Rückenschmerzen folgen. Besonders interessant ist hier die Herausarbeitung des Unterschieds zwischen viszeralen und somatosensorischen Schmerzen.

Da immunologische Prozesse bei der rheumatoiden Arthritis und anderen entzündlich rheumatischen Erkrankungen eine bedeutsame Rolle in der Ätiologie spielen, ist die Übersichtsarbeit von KUGLER besonders instruktiv, da psychoneuroimmunologische Forschungsstrategien ein wichtiges Bindeglied zwischen Rheumatolgie und Psychologie darstellen. Die Auffassung einer stikten Trennung von Immun- und Nervensystem kann nicht mehr aufrecht erhalten werden.

OSTKIRCHEN plädiert für die Entwicklung eigenständiger medizinpsychologischer Schmerztheorien, da physiologische und biochemische Abläufe in ihrer Kausalität kein zwingendes Argument für menschliche Sinnzusammenhänge darstellen. Ihrer Meinung nach soll Schmerzpsychologie kein Plagiat physiologisch-biochemischer Theorievorstellungen sein, sondern eigenständige, bereichsspezifische Schmerztheorien anbieten.

Im Teil Krankheitsbewältigung zeigen WITTENBORG et al. die Wichtigkeit laienätiologischer Krankheitsvorstellungen für den Bewältigungsprozeß. Die Erfassung laienätiologischer Krankeitstheorien erscheint wichtig, um die Rolle des chronischen Patienten vom passiv «Behandelten» zum aktiv «Handelnden» verändern zu können.

LEUSCHNER & SCHNEIDER zeigen den Zusammenhang zwischen gesellschaftlichen Rahmenbedingungen und Krankheitsbewältigung auf. Sie vergleichen die Selbsthilfemotivation bei Patienten aus Dresden und Düsseldorf vor der Wiedervereinigung Deutschlands.

HÖRMANN geht auf die Problematik der Schmerzbewältigung und deren Trainierbarkeit mit besonderer Berücksichtigung für die Heil- und Körperbehindertenpädagogik ein. Er zeigt, daß das Training für den Prozeß der Schmerzbewältigung pädagogischen Prinzipien unterliegt.

Über die Rolle von Selbsthilfegruppen bei der Krankheitsbewältigung von Osteoporosepatientinnen in Selbsthilfegruppen berichten SEELBACH & BERTHE. Es zeigt sich, daß sich die internale Kontrollüberzeugung über die Dauer der Mitgliedschaft in einer Selbsthilfegruppe erhöht. Dies belegt die Wichtigkeit von Selbsthilfegruppen im Krankheitsverlauf.

Schmerztherapie ist mehr als die Anwendung therapeutischer Interventionen. Die Komplexität des Phänomens Schmerz macht es notwendig, die therapeutische Beziehung in die Betrachtung miteinzubeziehen. Im Teil medizinpsychologische Therapiekonzepte zeigt NEUMANN, ausgehend von den Grundlagen der Balintarbeit, ein Konzept der Supervision der therapeutischen Beziehung, wie es sich in der praktischen Arbeit bewährt hat.

CRONENBERG untersucht einen bedeutsamen Faktor in der krankengymnastischen Behandlung chronischer Erkrankungen: die Selbsthilfegruppe. Erste Untersuchungen zeigen, daß diese Methode medizinisch wirksam ist, wenn notwendige Bedingungen erfüllt sind. Kriterien für die Effektivität dieser Behandlungskonzepte werden am Beispiel der Spondylitis und der Osteoporose dargestellt.

CISKE et al. stellen die Probleme bei der Evaluation von Schmerzbewältigungstrainings vor und zeigen mögliche Lösungsansätze. Im Vordergrund steht dabei thematisch die Selektion der Patienten, die Art und Dauer der Durchführung, die verschiedenen Meßmethoden und medizinische Variablen. Bedeutsam sind ebenfalls die primären und sekundären Erfolgsindikatoren, die sich aus einem veränderten Umgang mit dem Schmerz ergeben.

WOTTAWA geht wissenschaftstheoretisch auf die Probleme der Therapieevaluation ein und geht von der Therapiedurchführung als nutzenmaximierendem Handeln aus. Die unterschiedlichen methodologischen Grundlagen für eine Therapieoptimierung im psychologischen und medizinischen Denken werden dargestellt und die Vor- und Nachteile der retrospektiven und prospektiven Therapieevaluation erwogen.

Die Herausgeber möchten an dieser Stelle den Autoren für die kollegiale Zusammenarbeit danken. Auch sei hier an den leider viel zu früh verstorbenen Prof. Dr. H. L. Krüskemper gedacht, der Wesentliches zum Erfolg des Arbeitskreises beitrug. Weiterhin möchten wir der Firma Takeda-Pharma Aachen für die gewährte Unterstützung danken. Last, not least möchten wir uns bei Herrn Flury vom Huber-Verlag für seine Geduld und sein Verständnis bei der Erstellung des Buches bedanken.

Bochum, im Oktober 1992 Die Herausgeber

1. Rheumatologische und schmerztheoretische Grundlagen

Pathoätiologie, Diagnostik und Therapie der chronischen Polyarthritis

A. Cronenberg, E. Keck

Die chronische Polyarthritis ist eine chronisch verlaufende entzündliche Systemerkrankung des Bindegewebes, die zu destruierenden Gelenkveränderungen und fakultativ zu einer Beteiligung außerhalb des Bewegungssystems führt.

Die Erkrankungshäufigkeit wird in der Literatur zwischen 1 bis 3% der erwachsenen Gesamtbevölkerung angegeben, wobei aussagefähige epidemiologische Daten nur für wenige europäische Länder und die Vereinigten Staaten vorliegen.

Frauen erkranken etwa zwei- bis dreimal häufiger als Männer. Die chronische Polyarthritis tritt bevorzugt zwischen dem 25. bis 50. Lebensjahr auf, wobei Männer tendentiell früher erkranken. Etwa 4 bis 7% der Erkrankten sind Kinder bis zum 16. Lebensjahr.

Pathoätiologie

Die Ursache der chronischen Polyarthritis ist letztlich unbekannt. Verschiedene Studien haben Anhaltspunkte dafür ergeben, daß eine fehlgesteuerte oder insuffiziente immunologische Reaktion des Organismus auf einen Kontakt mit einem bislang nicht bekannten Antigen zum Krankheitsausbruch führen kann. Inapperent verlaufende oder auch dem eigentlichen Krankheitsausbruch vorangehende Infektionen könnten einen solchen «Antigen-Erstkontakt» darstellen. Diskutiert werden in diesem Zusammenhang virale oder bakterielle Infektionen, die über die induzierte Antikörperbildung entweder zur Bildung von Immunkomplexen führen oder aufgrund einer verwandten Antigenstruktur, z.B. der Kollagenbausteine, zu einer Kreuzreaktion führen. Eine weitere Hypothese geht davon aus, daß die gebildeten Antikörper nur mit geschädigten oder fehlerhaft gebildeten Kollagenstrukturen reagieren können. Mit dieser letzten Annahme ließe sich erklären, weshalb nur relativ wenig Personen, nämlich diejenigen mit einem gestörten Kollagenaufbau, letztlich an einer chronischen Polyarthritis erkranken. Die in früheren Zeiten propagierte «Herd- oder Fokustheorie» hat in der Vergangenheit zu zahllosen Zahnextraktionen, Tonsillektomien und

Cholezystektomien geführt, ohne daß diese Maßnahmen von Erfolg gekrönt waren.

Eine genetische Krankheitsdisposition, die sich durch eine familiäre Häufung von Erkrankungsfällen empirisch abzeichnete, wurde durch den Nachweis des Leukozytenantigens HLA-DR 4 bei 70% der Erkrankten bestätigt. Allerdings ließ sich dieses Antigen auch bei 28% der Normalbevölkerung nachweisen. Weiterführende Untersuchungen haben gezeigt, daß bei Patienten mit einer chronischen Polyarthritis in Israel oder einigen nordamerikanischen Indianerstämmen das Antigen HLA-DR 1, nicht jedoch HLA-DR 4, gehäuft gefunden wurde. Diese Ergebnisse werden auf Untersuchungen zurückgeführt, in denen unterschiedliche Subtypen der Antigenstruktur des HLA-DR 4 nachgewiesen werden konnten. Die Subtypisierung basiert auf einer unterschiedlichen Aminosäuresequenz in der Beta 1-Kette. Die Assoziation mit der chronischen Polyarthritis wird anscheinend determiniert durch eine spezifische Aminosäurensequenz in Position 57 bis 86 der Beta 1-Kette, wobei die Subtypen Dw 4, Dw 13 und Dw 14 Übereinstimmungen mit der Beta 1-Kette des HLA-DR 1 aufweisen.

Nach den derzeitigen pathogenetischen Vorstellungen ist für die Auslösung der Erkrankung eine Störung in der immunologischen Verarbeitung viraler oder bakterieller Antigene verantwortlich. Darüber hinaus werden auch Autoantigene, wie sie z.B. Kollagenstrukturen darstellen können, für die Krankheitsauslösung diskutiert. Die insuffiziente oder fehlerhafte Immunantwort scheint, wobei das gehäufte Auftreten des Leukozytenantigens DR 4 diesen Schluß zuläßt, genetisch vorprogrammiert.

Das bisher nicht identifizierte Allo- oder Autoantigen wird von Makrophagen phagozytiert und in der Folge wird Interleukin 1 freigesetzt, das die T-Lymphozyten stimuliert. Die Aktivierung der T-Lymphozyten bewirkt die Bildung von Interleukin 2 und Gamma-Interferon, die ihrerseits erneut Makrophagen und T-Lymphozyten aktivieren.

Infolge einer gebremsten Aktivität und quantitativen Verminderung der T-Suppressorzellen, bei gleichzeitig erhöhter Anzahl der T-Helferzellen, kommt es zu einer zunehmenden Differenzierung von B-Zellen in immunglobulinbildende Plasmazellen. Es resultiert eine vermehrte Bildung von Antikörpern, die zumindest teilweise erneut als Antigen wirken und mit Immunglobulinen reagieren können. Die Bildung von Antigammaglobulinen verschiedener Immunglobulinklassen (IgM, IgG, IgA und IgE) kann bei Selbstassoziation zur zunehmenden Ausbildung von Immunkomplexen führen, die dann zu einer Komplementaktivierung und einem Komplementverbrauch führen. Die gebildeten Immunkomplexe werden vom Gewebe, insbesondere der Synovia und dem Gefäßendothel, phagozytiert und führen zu einer lokalen Entzündung. Über diesen Mechanismus ist das Auftreten der Immunkomplexinduzierten Vaskulitis zu verstehen. Die gestörte Funktion zytotoxischer T-Lymphozyten bewirkt eine insuffiziente Antigen-Clearance mit Antigenpersistenz, z.B. Kollagen Typ II oder Proteoglykanen, im Gelenk. Ein Defekt der Funktion von T-Suppressorzellen in der Synovialis und Synovia führt über eine gesteigerte Plasmazelldifferenzierung zu einer lokalen Überproduktion von IgG- und IgM-Antikörpern (Rheumafaktoren), die zu Immunkomplexen assoziieren. Besonders Makrophagen und Granulozyten wandern in das Entzündungsgebiet ein und setzen infolge des Phagozytosestimulus Lymphokinine, Interleukin 1 sowie weitere lysosomale Enzyme frei. Neben den Entzündungsmediatoren werden Sauerstoffradikale und Kollagenasen freigesetzt, die letztlich für die Knorpeldestruktion und Knochenarrosion verantwortlich sind (Abb. 1).

Entzündungsprozesse führen zur Aktivierung einer membranständigen Phospholipase, die zur Freisetzung von Arachidonsäure führt. Die beiden großen Gruppen von Arachidonsäuremetaboliten entstehen durch die Aktivität der Cyclooxygenase und der Lipoxygenase. Unter dem Einfluß der Cyclooxygenase entstehen verschiedene Prostaglandine, Prostacyclin und Thromboxan. Mehrere Lipoxygenasen führen zur Entstehung der Hydroperoxy- und Hydroxyfettsäuren sowie der Leukotriene (Abb. 2).

Die Prostaglandine PGE 2 und PGF 2alpha können in fast allen Geweben gebildet werden und sind an verschiedenen Organsystemen wirksam. Pathophysiologische Bedeutung bei der chronischen Polyarthritis erlangen sie durch ihre Rolle als Entzündungsmediatoren und bei der Schmerzentstehung. Die Leukotriene besitzen eine stark leukotaktische Wirkung und bewirken somit eine verstärkte Leukozytenmigration in das entzündete Gewebe.

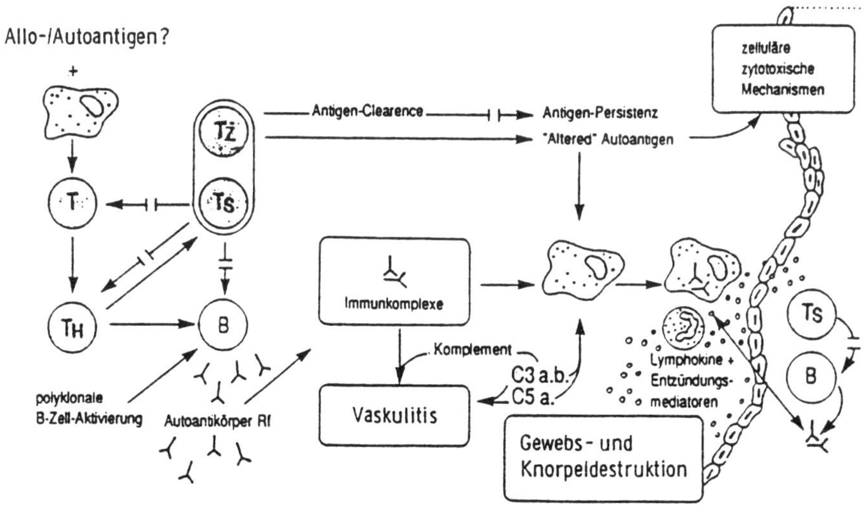

Abbildung 1: Modell der Pathogenese der chronischen Polyarthritis (nach Kalden und Burmester, 1986)

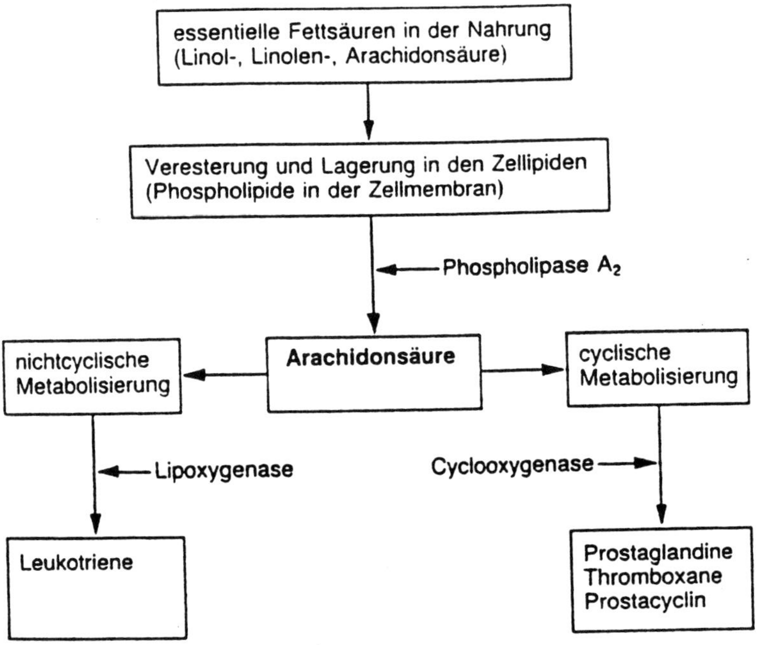

Abbildung 2: Arachidonsäuremetabolismus

Histologisch zeigen sich in den Anfangsstadien der chronischen Polyarthritis eine Hyperplasie und Hypertrophie der Synovialzellen sowie eine Infiltration mit Lymphozyten, Plasmazellen und Makrophagen. In den nachfolgenden Krankheitsstadien wird eine zunehmende Anzahl fibrinoider Nekrosen in der Synovia beobachtet. Zwischen den Synovialzellen findet sich eine Zunahme von kollagenem Bindegewebe. Halten die chronisch-exsudativen und -proliferativen Veränderungen an, bildet sich entzündliches Granulationsgewebe (Pannus), das sich in den Gelenkspalt und unter dem Gelenkknorpel vorschiebt. Die pathologischen Veränderungen sind nicht auf das Kapselgewebe beschränkt, sondern die Synovialflüssigkeit ist vielmehr an den Pathomechanismen beteiligt. Sie enthält vermehrt Enzyme der Glykolyse, Laktat und Kohlendioxid; der Gehalt an Sauerstoff und Glukose ist erniedrigt. Der durch die Pannusbildung alterierte Gelenkknorpel wird durch die Freisetzung lysosomaler Enzyme, den Mangel an Hyaluronsäure und Sauerstoff weiter geschädigt.

Klinik der chronischen Polyarthritis

Generell können alle stammnahen und stammfernen großen und kleinen Gelenke befallen werden. Ein Befall der Fingerendgelenke, besonders zu Beginn der Erkrankung, ist eher selten. Die Sakroiliacalgelenkbeteiligung stellt bei der chronischen Polyarthritis eine absolute Rarität dar, kommt aber durchaus vor. Typischerweise treten synovitische und periartikuläre Schwellungen mit verstrichenen Gelenkkonturen auf («spindelförmig» an den Fingermittelgelenken) sowie Kapselzysten (in der Kniekehle die sogenannte «Bakerzyste», die akut rupturieren kann). Charakteristisch ist ein bewegungsabhängiger aber auch ein Ruheschmerz, eine Funktionseinschränkung sowie in fortgeschrittenen Fällen die Ausbildung von Subluxationen, Luxationen und Deviationen, Instabilitäten und zunehmender Ankylose der betroffenen Gelenke.

Der Krankheitsverlauf ist individuell unterschiedlich. Der eigentlichen Manifestation der Polyarthritis geht häufig ein tage- bis monatelanges Prodromalstadium voraus. In dieser Erkrankungsphase besteht häufig nur ein allgemeines subjektives Krankheitsgefühl und wenig richtungsweisende Allgemeinsymptome, wie Appetitmangel, nächtliche Hyperhidrosis und meist migratorische, passagere Schwellungen der Gelenke oder bewegungsabhängige Gelenkschmerzen. Besonders bei älteren Menschen wird gelegentlich ein myalgisches Vorstadium beobachtet, daß der eigentlichen Krankheitsmanifestation lange Zeit vorausgehen kann. Aufgrund der häufig in der proximalen, gelenknahen Muskulatur lokalisierten Beschwerden können differentialdiagnostische Schwierigkeiten bei der Abgrenzung zur Polymyalgia rheumatica auftreten. In zunehmenden Maße tritt eine charakteristische morgendliche Steifigkeit der befallenen Gelenke auf, die zu den typischen Frühsymptomen gehört und diese im weiteren Krankheitsverlauf stets begleitet (Tab. 1).

In etwa einem Drittel der Fälle ist die Halswirbelsäule befallen, klinisch findet sich eine häufig schmerzhafte Funktionseinschränkung mit vorwiegend okzipitaler Ausstrahlung und entzündlichen Veränderungen in den

Tabelle 1: Frühsymptome der chronischen Polyarthritis

Morgensteifigkeit der Fingergelenke
Endphasenschmerz der Gelenke bei Extension und Flexion
Umschriebene, wechselnde Gelenkschwellungen
Druckschmerz über den Gelenkspalten
Reduktion der groben Kraft
Palmarerythem
Subfebrile Temperaturen
Vermehrte Schweißneigung
Subjektives Krankheitsgefühl
Diffuse Arthralgien und Myalgien

Intervertebralgelenken mit resultierender Synchondrose, Arrosionen der Wirbelkörper und Osteolysen in den Dornfortsätzen. Besonderes Augenmerk ist auf eine Lockerung des Bandapparates mit der Folge von Wirbeldislokationen, besonders der atlantoaxialen Gelenkverbindung, mit begleitender Vertebralisinsuffizienz oder gar partieller oder totaler Querschnittslähmungen zu richten. Die klinische Symptomatologie reicht über auftretende Parästhesien, Paresen, Dysphagie, Sprachstörungen, Krampfneigung, Hemiplegie bis zur letalen Intrusio des Dens in das Foramen occipitale magnum.

Typische und häufig bereits frühzeitig auftretende extraartikuläre Veränderungen der chronischen Polyarthritis sind Tenosynovitiden mit der Gefahr einer Stenosierung oder Ruptur der Sehnen. Sie treten bevorzugt im Handbereich als Karpaltunnelsyndrom in Erscheinung. Die Beteiligung der Weichteile mit Sehnenrupturen, Muskelinsuffizienz, Abgleiten der Sehnen aus ihrem physiologischen Lager infolge einer Insuffizienz des Bandapparates sind neben den Gelenkdestruktionen Ursache für die Subluxationen und Luxationen. Klinischer Ausdruck mutilierender Veränderungen sind die auftretende Luxation in den Fingergrundgelenken mit ulnarer Deviation, Caput-ulnae-Syndrom, Schwanenhals- und Knopflochdeformität.

Charakteristische Rheumaknoten in Gelenknähe finden sich überwiegend an den Ellebogenstreckseiten und treten nur in relativ wenigen progredienten Fällen mit einer hohen Aktivität des synovitischen Prozesses auf.

Ferner wird in der Assoziation mit der chronischen Polyarthritis gehäuft eine generalisierte Osteoporose gefunden, die neueren Untersuchungen zufolge nicht von der Erkrankungsdauer und/oder der Erkrankungsaktivität abhängt. Vielmehr ergibt sich diesbezüglich ein Zusammenhang mit der summativen Kortisondosis und dem Eintritt der weiblichen Patienten in die Menopause.

Manifestationen außerhalb des Bewegungsapparates finden sich häufig (etwa 8% der Fälle) in Form einer Vaskulitis mit Beteiligung kleinkalibriger Endarterien. Klinisch können dann eine gesteigerte Kälteempfindlichkeit und teilweise auch Parästhesien auftreten. Gelegentlich finden sich darüber hinaus Nekrosen der Haut sowie der Akren. Bei einer Beteiligung der Vasa nervorum kann eine Neuritis mit klinisch objektivierbaren sensomotorischen Störungen auftreten. Die Beteiligung innerer Organe bei der chronischen Polyarthritis ist weniger Ausdruck einer direkten Erkrankungsmanifestation, sondern ist vielmehr als Folgeerscheinung zu betrachten. Die Auswirkungen einer Koronariitis kann in selten Fällen zu einer myokardialen Nekrose, histologisch dem Befund eines Rheumaknotens gleichend, mit entsprechenden klinischen und elektrokardiographischen Befunden führen. Eine okuläre Beteiligung in Form einer Uveitis, Iritis oder Iridozyklitis gehört nicht zum typischen klinischen Bild der chronischen Polyarthritis des Erwachsenen, kann jedoch in Ausnahmefällen vorkommen.

Bei nahezu 10% der Betroffenen muß mit dem Auftreten einer Amyloidose gerechnet werden. Vorwiegend handelt es sich hierbei um schwere Krankheitsverläufe. An Häufigkeit steht diesbezüglich die Nierenbeteiligung an erster Stelle, der gleichzeitig auch die größte prognostische Bedeutung zukommt. Klinisch fällt die Nierenamyloidose durch eine Proteinurie, Ödembildung und eine zunehmende Nierenfunktionseinschränkung auf. Ferner findet sich eine Hypalbuminämie und Hypercholesterinämie. Eine kardiale Amyloidose verläuft unter dem klinischen Bild einer restriktiven Myokardiopathie mit Herzinsuffizienz, oberer Einflußstauung, elektrokardiographischer Niedervoltage und einer Herzmuskelschädigung. Die intestinale Manifestation kann sich durch Diarrhoen, abdominelle Schmerzen, Blut im Stuhl aber auch als Steatorrhoe äußern. Der intestinalen Verlaufsform kommt wegen der diagnostischen Möglichkeit einer Rektumbiopsie besonderes Gewicht zu.

Chronische Polyarthritis und Schwangerschaft

Zur Zeit werden die Auswirkungen einer Schwangerschaft auf die Inzidenz und den Krankheitsverlauf der chronischen Polyarthritis noch nicht ausreichend verstanden. Im letzten Drittel der Schwangerschaft wird gehäuft die Beobachtung gemacht, daß es zu einer Krankheitsremission kommt. Postpartal kann sich dann eine Erkrankungsexacerbation zeigen. Bisherige Forschungsergebnisse haben keine signifikante Änderungen der T- und B-Lymphozytenzahl bei Schwangeren aufgezeigt. Bereits 1978 wurde berichtet, daß die Einnahme oraler Kontrazeptiva gegenüber dem Ausbruch einer chronischen Polyarthritis einen protektiven Faktor darstellt, ohne daß bislang hierfür eine ausreichende pathoätiologische Erklärung zur Verfügung steht.

Eine mögliche Erklärung für die schwangerschaftsabhängige Krankheitsremission stellt die Beobachtung dar, daß sich Alloantikörper im mütterlichen Organismus während der Schwangerschaft gegen die väterlichen HLA-Antigene entwickeln können. In diesem Zusammenhang wäre ein direkt inhibierender Effekt des HLA-DR 4 und dessen Subtypen denkbar.

Diagnose der chronischen Polyarthritis

Die Diagnose der chronischen Polyarthritis kann nur durch die Verknüpfung von Anamnese, klinischem Bild, insbesondere von Art und Lokalisation der Gelenkveränderungen, und Wertung von Labor- und Röntgenbefunden gestellt werden. Es gibt kein klinisches oder laborchemisches Kriterium, das allein die Diagnose sichern würde. Dies gilt insbesondere für den Nachweis des Rheumafaktors, der bei etwa 5% der klinisch gesunden Bevölkerung gefunden wird und auch bei gesicherter chronischer Polyarthritis in etwa 20% der Fälle negativ bleibt. In der Altersgruppe der 50 bis 60jährigen gelingt der Nachweis von Rheumafaktoren bei etwa 30% der Gesunden.

Gerade der Erkrankungsbeginn mit seinem häufig uncharakteristischem Verlauf und der teilweise flüchtigen migratorischen Gelenksymptomatik macht eine engmaschige Verlaufskontrolle über Wochen und zum Teil Monate hinweg notwendig. Entscheidend ist die Berücksichtigung der Frühsymptomatik (s. Tab. 1), die rechtzeitig an die Möglichkeit einer initialen Polyarthritis denken läßt. Die diagnostischen Kriterien der American Rheumatism Association (ARA) bieten hier eine Hilfestellung (Tab. 2).

Klinisch finden sich in den Anfangsstadien der chronischen Polyarthritis häufig nur periartikuläre Weichteilschwellungen. Erst im weiteren Krankheitsverlauf tritt eine radiologisch zu sichernde gelenknahe Osteopenie sowie eine allmähliche Destruktion der Grenzlamelle auf. Ein Fortschreiten der Erkrankung führt zu Usuren, die sich als hirsekorn- bis erbsengroße ossäre Defekte des Gelenkes abbilden. Die weitere Ausdehnung der gelenkdestruierenden Gewebeproliferation führt zu einer Gelenkspaltverschmälerung, Subluxationen und Luxationen. Ausdruck des Endstadiums des lokalen Gelenkprozesses ist die zunächst fibröse und dann ossäre Ankylose. Ein Stillstand der Erkrankung äußert sich in einem erneuten Knochenanbau sowie einer Hypersklerose der Knochenränder mit reparativen Vorgängen an den bereits eingetretenen Defekten, z.B. «geglättete Usuren».

Laborchemisch findet sich je nach Krankheitsaktivität eine beschleunigte Blutsenkungsgeschwindigkeit sowie eine Erhöhung der Akut-Phase-Proteine. Der Rheumafaktorennachweis gelingt in den Frühphasen der Erkrankung selten, erst nach etwa einem Jahr oder später wird ein positiver Nachweis bei 60 bis 80 % der Erkrankten möglich. Die differentialdiagnostisch wichtigen antinukleären Antikörper treten nach längerer Krankheitsdauer bei etwa 30 % der Erkrankten auf und sind nicht komplementbindend, überwiegend vom IgM-Typ und finden sich nur in niedrigen Titern. Antikörper gegen ds-DNS werden bei der chronischen Polyarthritis, im Gegensatz

Tabelle 2: Revidierte Kriterien für die Klassifizierung der chronischen Polyarthritis der American Rheumatism Assoziation (ARA) 1988

1. Morgensteifigkeit von mindestens 1 Stunde Dauer bis zur maximal erreichbaren Besserung
2. Durch den Arzt diagnostizierte Weichteilschwellung (Arthritis) an mindestens 3 Gelenken
3. Schwellung (Arthritis) der proximalen Interphalangeal-, Metacarpophalangeal- oder Handwurzelgelenke
4. Symmetrische Schwellung (Arthritis)
5. Rheumaknoten
6. Rheumafaktor positiv
7. Typischer Röntgenbefund: mindestens gelenknahe Osteoporose oder Erosionen der Gelenke der Hand

Eine chronische Polyarthritis wird durch mindestens 4 oder mehr Kriterien definiert. Die Kriterien 1 bis 4 müssen mindestens sechs Wochen bestehen.

zum Lupus erythematodes disseminatus, praktisch nie gefunden. Eine polyklonale Gammopathie kann sich nach mehrjährigem Krankheitsverlauf entwickeln.

Im Gelenkpunktat zeigt sich eine Pleozytose mit einem Anteil neutrophiler Granulozyten von bis zu 90 %. Immunkomplexe, erniedrigte Komplementfaktoren, erhöhtes Gesamteiweiß sowie eine Erhöhung der lysosomalen Enzyme sprechen für einen akut gelenkentzündlichen Prozeß.

Die Stadieneinteilung der chronischen Polyarthritis wird unter Berücksichtigung der erhobenen radiologischen und klinischen Befunde mit den bestehenden Funktionseinschränkungen nach Steinbrocker et al. durchgeführt (Tab. 3).

Tabelle 3: Stadieneinteilung der chronischen Polyarthritis nach Steinbrocker et al. (1949)

Stadium	Klinik	Funktion	Röntgen
I	Geringe Gelenkschwellungen.	Keine Behinderung bei den gewöhnlich anfallenden Arbei	allenfalls gelenknahe Entkalkung.
II	Konstante Synovitiden. Keine Gelenkdeformierung.	Ausreichende Funktionsfähigkeit bei normalen Tätigkeiten. Leichte Behinderung durch Bewegungseinschränkung eines oder mehrerer Gelenke.	Gelenknahe Entkalkung, beginnende Knorpel- u. Knochendestruktion.
III	Gelenkdeformierungen, Muskelatrophie, Tendinitiden (Rheumaknoten).	Eingeschränkte Funktionstüchtigkeit. Die Tätigkeiten im Beruf und bei der Selbstversorgung sind erheblich eingeschränkt.	Knochendestruktion, Osteoporose, Subluxation.
IV	Ausgeprägte Gelenkdeformierung. Gelenkinstabilität und Ankylosen.	Die Sebstversorgungsmöglichkeit des Patienten ist gering, er ist ständig auf fremde Hilfe angewiesen.	Fortgeschrittene Gelenkzerstörungen und -deformierungen, Gelenkluxationen, Instabilität, Ankylose (fibrös od. ossär).

Differentialdiagnosen der chronischen Polyarthritis

Besonders bei einem akuten Krankheitsbeginn mit einem Befall großer Gelenke der unteren Extremitäten und begleitendem Fieber müssen differentialdiagnostisch gegenüber einer initialen chronischen Polyarthritis reaktive Arthritiden wie z.B. die Yersinia-Arthritis (Erythema nodosum, Enteritis, Yersinia-Antikörper), Reiter-Syndrom (Urethritis, Konjunktivitis) aber auch das Löfgren-Syndrom (Hiluslymphome, Erythema nodosum) abgegrenzt werden. Das rheumatische Fieber spielt in diesem Zusammenhang heute nur noch eine nachgeordnete Rolle.

Als Ursache von Polyarthritiden bzw. Polyarthralgien müssen ferner virale Infektionen und Kollagenosen berücksichtigt werden. Häufig gestaltet sich die diagnostische Abgrenzung zur Arthritis psoriatica schwierig, insbesondere dann, wenn ein atypischer Gelenkbefall vorliegt und/oder typische Hautveränderungen fehlen.

Differentialdiagnostische Schwierigkeiten können ebenfalls bei einer bereits bestehende Polyarthrose der Finger auftreten, wenn zusätzlich eine entzündliche Symptomatik eintritt. Klinisch manifestiert sich eine solche «Pfropfarthritis» häufig als zunehmende morgendliche Gelenksteifigkeit und neben den bereits längere Zeit bestehenden ossären Auftreibungen treten zusätzlich synovitische Schwellungen und gelegentlich auch Gelenkergüsse auf.

Das myalgische Vorstadium mit Schmerzen und einem Schwächegefühl bevorzugt in der proximalen stammnahen Muskulatur wird häufig als Polymyalgia rheumatica, besonders bei einer erhöht nachweisbaren Blutsenkungsgeschwindigkeit, fehlgedeutet.

Medikamentöse Therapie der chronischen Polyarthritis

Eine kausale Therapie der chronischen Polyarthritis ist bislang nicht bekannt. Unter den Therapieprinzipien, mit denen die entzündlichen Gelenkprozesse zum Stillstand gebracht und resultierende funktionelle Schäden verhindert werden sollen, rangiert die medikamentöse Therapie an erster Stelle. Sie wird ergänzt durch physikalische sowie konservativ orthopädische und gegebenenfalls gelenkchirurgische Maßnahmen.

Nichtsteroidale Antirheumatika (NSAR)

Zur analgetischen und antiphlogistischen Behandlung werden bei der chronischen Polyarthritis bevorzugt nichtsteroidale Antirheumatika (NSAR) eingesetzt. Ihre Dosierung richtet sich nach Schmerzintensität und zeitlichem Auftreten der Beschwerden. So empfiehlt sich bei vorwiegend in der Nacht auftretenden Schmerzen die abendliche Gabe von Retardpräparaten, um auch die morgendliche Gelenksteifigkeit günstig zu beeinflussen.

Die Wirkungsweise der NSAR ist nur im Zusammenhang mit den ablaufenden biochemischen Vorgängen der Entzündung deutlich. Sie können sowohl in der ersten Phase der primären Gewebsschädigung, der Freisetzung und Aktivierung lysosomaler Enzyme, wie in der zweiten katabolen Phase, die mit der Bildung von Entzündungsmediatoren einhergeht, eingreifen. In dieser durch Mediatoren vermittelten Entzündungsphase ist das histologische Bild geprägt durch eine Hyperämie, Stase, Exsudation, Ödeme, Infiltration und Phagozytose. Die NSAR wirken inhibierend auf die Prostaglandinsynthese, die Histamin-/Serotonin-Freisetzung, die Zellproliferation und Migration an den Entzündungsort. Ferner bewirken sie eine Stabilisierung der lysosomalen Membranen.

Die analgetische Wirkung erklärt sich durch die gehemmte Prostaglandinsynthese und die resultierende verminderte Erregung der Nozizeptoren durch Bradykinin, Histamin oder 5-Hydroxytryptamin.

Obwohl die Hemmung der Prostaglandinbiosynthese durch eine Hemmung der Cyclooxygenase nicht den alleinigen Wirkmechanismus der NSAR ausmacht, erklärt sich über diesen Mechanismus eine Vielzahl der unerwünschten Wirkungen. Einerseits führt die Hemmung der Cyclooxygenase zu einer Verlagerung des Arachidonsäuremetabolismus in Richtung des Lipoxygenasestoffwechsels und führt so zur Bildung lipoxygenaseabhängiger Mediatoren, wie z.B. der bronchokonstriktorisch (LTC 4 – LTD 4) und leukotaktisch (LTB 4) wirksamen Leukotriene. Darüber hinaus haben Prostaglandine physiologischerweise eine zytoprotektive Wirkung an der Magenschleimhaut. Die Hemmung der Prostaglandinsynthese führt zu einer Beseitigung dieses Schutzmechanismus und begünstigt die Entstehung von Ulcerationen.

Die Phase der chronischen Entzündung mit einer Fibroblasten- und Plasmazellvermehrung, Endotheleinsprossung und Chondroklastenbildung ist durch die Einnahme nichtsteroidal wirksamer Substanzen sicher nicht mehr beeinflussbar.

Glukokortikoide

Die Indikation für den Einsatz von Glukokortikoiden liegt vorwiegend in den akut entzündlichen Krankheitsphasen der chronischen Polyarthritis. Die erwünschten Wirkungen der Glukokortikoide liegen in der ausgeprägten Entzündungshemmung und der Immunsuppression. Die antiphlogistische Wirkung der Glukokortikoide beruht auf der Bildung des Proteins Lipomodulin, das die Phospholipase A 2 hemmt. Indem die Glukokortikoide somit die Bereitstellung von Arachidonsäure verhindern, unterbinden sie sowohl die Synthese der cyclooxygenase- als auch der lipoxygenaseabhängigen Mediatoren.

In der Regel genügt eine initiale Stoßtherapie zwischen 15 und 30 mg Prednisolon täglich, um die akute Entzündungssituation abzufangen. Bei rückläufigen Entzündungsparametern sollte eine schrittweise Dosisreduktion zur Vermeidung einer Nebenniereninsuffizienz durchgeführt werden. Eingesetzt werden sollten bei der chronischen Polyarthritis orale Kortikoide mit einer kurzen Halbwertszeit in der physiologischen zirkadianen Rhythmik, d. h. in Form einer einmaligen Gabe vor dem Frühstück.

Beim Einsatz von Glukokortikoiden über einen längeren Zeitraum ist eine tägliche Dosierung von maximal 5 mg Prednisolon anzustreben, da bei höheren Dosierungen (10mg Prednisolon und mehr) bereits nach einer etwa neunmonatigen Behandlung mit dem Auftreten einer steroidinduzierten Osteoporose zu rechnen ist.

Langzeittherapien der chronischen Polyarthritis

Klinisches Merkmal der Langzeittherapien ist, daß sie nicht sofort wirksam sind und erst eine gewisse Behandlungsdauer und/oder Substanzanreicherung benötigen, bis sich der Erfolg bemerkbar macht. Sie können im Falle ihrer Wirksamkeit nur dann einen entscheidenden Einfluß auf das Krankheitsgeschehen haben, wenn sie frühzeitig gegeben werden. Ist das klinische Bild bereits weitgehend durch Folgeveränderungen geprägt, wird es durch Langzeittherapeutika auch nicht mehr wesentlich beeinflußbar sein.

Die Berurteilung des Behandlungserfolges der Langzeittherapien ist insbesondere dadurch erschwert, daß die chronische Polyarthritis in aufeinander folgenden, unterschiedlich langen Remissions- und Aktivitätsphasen verläuft. Letztlich kann nur eine über Jahre hinweg durchgeführte radiologische Verlaufsbeobachtung Aufschluß über Erfolg oder Mißerfolg der Langzeittherapie bringen.

Die Angriffspunkte der Langzeittherapeutika bei der chronischen Polyarthritis sind im einzelnen nicht genau bekannt. Mehr oder weniger hypothetische Angriffspunkte können sich aus dem ergeben, was über die immunpathologischen Abläufe bislang bekannt ist. Nachfolgend soll ein kurzer Überblick über die heute am häufigsten eingesetzten Langzeittherapeutika gegeben werden.

Chloroquin-Derivate

Überwiegend eingesetzt werden die Präparate Chloroquindiphosphat und Hydroxychloroquinsulfat, die zur Gruppe der 4-Aminochinoline gehören. Wenn auch der Wirkmechanismus noch nicht letztlich geklärt ist, scheint doch sicher, daß sie die zelluläre Immunfunktion durch eine Hemmung der Nukleinsäuresynthese durch eine Komplexbildung mit der DNS beeinflussen. Ferner bewirken sie eine Stabilisierung der lysosomalen Membranen und vermindern so die Freisetzung ungesättigter Fettsäuren, z.B. Arachidonsäure, als Vorstufen der Entzündungsmediatoren. Ferner inhibieren sie die Kollagenase, neutrale Proteasen sowie die Chemotaxis und Phagozytose polymorpher Leukozyten.

Eine klinische Wirkung ist etwa nur in 20 bis 25 % der Fälle zu erwarten. In weniger aktiven frühen Krankheitsfällen besteht eine deutlich höhere Ansprechbarkeit. Ein Wirkungseintritt ist erst nach mehrmonatiger Therapie zu erwarten. Vor Ablauf von 6 Monaten Therapie sollte ein Behandlungsmißerfolg nicht festgestellt werden.

Goldpräparate

Goldpräparate stehen heute sowohl zur parenteralen (Aurothiopolypeptid, Aurothioglukose, Aurothiomalat) als auch zur oralen (Auranofin) Anwendung zur Verfügung. Der Angriffspunkt der Goldverbindungen liegt in einer Hemmung mesenchymaler Reaktionen. Weitere Angriffspunkte der Goldtherapie könnten in folgenden Wirkungen begründet sein:

Blockierung der Umwandlung von Sulfhydril- zu Disulfidgruppen in Gamma-Globulinen, die die Bindung von Antikörpern an das Antigen verhindert. Aurothiomalat senkt die Konzentrationen von IgM, IgG und IgA in Serum und Synovialflüssigkeit und bewirkt eine Reduktion zirkulierender Lymphozyten um 27 %. Kollagenmoleküle des Bindegewebes sind in der Lage, Goldverbindungen aufzunehmen, zu spalten und eine verstärkte Quervernetzung der Kollagenfasern mit einer Besetzung immunologisch aktiver Zentren der Kollagenmoleküle infolge einer Goldbindung zu bewirken. Daraus könnte eine Verminderung der Autoantigenbildung resultieren. Goldsalze hemmen ferner in vitro die antigen- und mitogeninduzierte Lymphozytenstimulation, die T-Lymphozyten abhängigen Funktionen, die Monozytenfunktion sowie die Chemotaxis neutrophiler Granulozyten.

Ein Therapieerfolg tritt bei intramuskulärer Gabe bei einer Golddosis von 0,3 bis 0,6 g reinem Gold, entsprechend etwa 9 bis 15 Wochen Therapie, ein. Bei der oralen Applikation tritt eine Wirkung nach einer Dosis von etwa 0,18 bis 0,24 g reinem Gold, entsprechend etwa 3 bis 4 Monaten Therapie, ein. Mit einem Therapieerfolg ist in etwa 60 bis 75 % der Fälle zu rechnen.

D-Penicillamin

D-Penicillamin ist eine Aminosäure, die im Organismus nicht in Proteine eingebaut wird. Es hemmt die Transformation von T-Helferzellen sowie die Produktion humoraler Antikörper durch B-Lymphozyten. Ferner bewirkt es in vitro eine Depolymerisierung immunkomplexer Makroglobuline durch die Spaltung intermolekularer Disulfidbrücken sowie eine Reduktion zirkulierender Immunkomplexe. Ferner greift D-Penicillamin in den Kollagenstoffwechsel ein, indem es Aldehydgruppen des Prokollagens unter Thiazolidinbildung abspaltet und so antiproliferativ wirkt.

Eine klinische Wirkung ist bei entsprechend langer und ausreichend dosierter Gabe in etwa 60 bis 75 % der Fälle zu erwarten. Der Wirkungseintritt erfolgt frühestens nach drei bis sechs Monaten.

Salicylazosulfapyridin

Mit Erfolg wird Sulfasalazin aufgrund seiner antibakteriellen Wirkung bei der Colitis ulcerosa und beim Morbus Crohn angewandt. Unter der Vorstellung einer möglichen Triggerung chronischer Arthritiden durch eine bakterielle enterale Infektion wurde Sulfasalazin zur Therapie chronischer Arthritiden eingesetzt. Das Präparat stellt eine Verbindung von 5-Aminosalicylsäure und Sulfapyridin dar. Da die bei der Colitis ulcerosa und Morbus Crohn überwiegend wirksame Aminosalicylsäure unverändert enteral eliminiert wird, dürfte das Sulfapyridin die bei der entzündlichen Gelenkerkrankung wirksame Substanz sein.

Immunsuppressiva und Zytostatika

Immunsuppressiva und Zytostatika haben aufgrund ihrer antiphlogistischen und antiproliferativen Wirkungen sowie infolge der Beeinflussung verschiedener humoraler und zellulärer Immunmechanismen bei entzündlichen rheumatischen Erkrankungen eine positive Langzeitwirkung auf die pathologischen Entzündungsvorgänge.

Azathioprin

Azathioprin hemmt als Purinantagonist die Desoxyribonukleinsäuresynthese und hemmt die zelluläre Immunität durch eine Unterdrückung bestimmter Lymphozytenpopulationen, besonders der T-Zellen. Darüber hinaus wirkt es, wie alle Zytostatika, antiproliferativ. Die Erfolgsaussichten bei der Therapie chronischer Arthritiden mit Azathioprin wird auf etwa 60 bis 70 % geschätzt.

Chlorambucil und Cyclophosphamid

Der postulierte Wirkmechanismus beider alkylierenden Substanzen liegt in einer direkten Wirkung auf die DNA-Synthese. In niedrigen Dosen übt Chlorambucil einen stärkeren Effekt auf die Lympho- als auf die Granulopoese aus, höher dosiert supprimiert es alle Stammzellen des hämatopoetischen Systems. Chlorambucil bewirkt bei längerer Therapiedauer einen positiven Einfluß auf rasch progrediente und akut verlaufende Fälle von chronischer Polyarthritis aus.

Cyclophosphamid wirkt supprimierend auf die zellvermittelte und humorale Immunität und hat zusätzlich antiinflammatorische Eigenschaften.

Methotrexat

Methotrexat wirkt als Folsäureantagonist und gehört wie Azathioprin in die Gruppe der Antimetaboliten. Es hemmt die Dihydrofolatreduktase und blockiert so die Synthese von DNA, RNA und Proteinen. Ferner reduziert Methotrexat die Lymphozytenproliferation.

Eine wesentliche Besserung der chronischen Polyarthritis auch nach langjährigem Verlauf wird unter dieser Behandlung bei etwa 60 % der Patienten festgestellt. Bewährt hat sich die einmal wöchentliche Gabe von Methotrexat in oraler oder intramuskulärer Form.

Grundlagen der physikalischen Therapie

Mit der physikalischen Therapie werden durch thermische, elektrische und mechanische Einwirkungen an Zellen, Geweben und Organsystemen und im gesamten Organismus direkt und/oder sekundär-reaktiv Veränderungen ausgelöst, deren Auswirkungen bei geeigneter Dosierung therapeutisch nutzbar sind.

Im akuten Entzündungsschub ist bei der chronischen Polyarthritis die Gefahr von Gelenkkontrakturen und Inaktivitätsschäden besonders groß. Deshalb müssen funktionserhaltende Maßnahmen bereits frühzeitig durchgeführt werden. Sobald die analgetisch-antiphlogistische Wirkung der medikamentösen Behandlung eintritt, dürfen die betroffenen Gelenke nicht mehr immobilisiert werden.

Sehr schmerzhafte Gelenke mit hoher entzündlicher Aktivität müssen mit einer Kryobehandlung therapiert werden. Wärmeanwendungen werden in der akuten Schubsituation nicht toleriert. Dagegen können im abklingenden Schub milde Wärmeanwendungen angewandt werden. Im schubfreien Krankheitsintervall haben sich Wärmeanwendungen und Reizstromanwendungen besonders bewährt. Die Extremitätenmuskulatur kann außerhalb der Schubsituation dann zunehmend mechanisch detonisiert werden. In allen Krankheitsstadien müssen funktionserhaltende Maßnahmen mit täglichen Muskelübungen und einem «Durchbewegen» der Gelenke durchgeführt werden. Ziel dieser Maßnahmen ist es, Inaktivitätsveränderungen an Gelenken, Muskulatur und Bindegewebe vorzubeugen, Schrumpfungen und Adhäsionen entgegenzuwirken und somit die Entwicklung von Kontrakturen, Deformitäten und einer Instabilität zu verhindern.

Radiosynoviorthese

Mit der Radiosynoviorthese wird versucht, durch die intraartikuläre Injektion radioaktiver Substanzen das proliferierende Entzündungsgewebe zu zerstören und somit eine Frühsynovialektomie zu imitieren. Je nach Gelenkgröße werden hier Yttrium 90 (Kniegelenke), Rhenium 186 (mittlere und Hüftgelenke) sowie Erbium 169 (kleine und mittlere Gelenke) eingesetzt.

Chirurgische Maßnahmen

Die Synovektomie ist gekennzeichnet durch die chirurgische Ausräumung der entzündlich-proliferativ veränderten Synovialis, die zu einer Überdehnung des Kapsel-Band-Apparates und einer Destruktion von Knorpel und Knochen führt. Die Synovektomie ist eine lokale Therapiemaßnahme, die in Abhängigkeit von der Operationstechnik mit einer hohen Rezidivrate (30 bis 50 %) belastet ist. Im Rahmen der Früh- oder präventiven Synovektomie sollen destruktive Veränderungen verhindert werden. Die Spät- oder palliative Synovektomie findet sich häufig in Kombination mit zusätzlichen operativen Maßnahmen, wie Umlagerungsosteotomien mit Osteosynthese, Sehneneingriffe oder Resektionen der den Bewegungsablauf störenden Gelenkanteile.

Rekonstruktive Maßnahmen werden in stabilisierende, z.B. Arthrodese, und mobilisierende Eingriffe, z.B. Interpositionsarthroplastik oder Gelenkersatz, unterschieden.

Nervenkompressionssyndrome, z.B. Karpaltunnelsyndrom oder das distale und proximale Ulnariskompressionssyndrom, können eine chirurgische Intervention zur Nervendekompression mit einer Verlagerung des Nervens notwendig machen.

Operative Eingriffe an der Halswirbelsäule, z.B. die Stabilisierung bei atlantoaxialer Subluxation, verhindern folgeschwere Komplikationen.

Orthopädisches Schuhwerk (Orthesen, orthopädisch angefertigtes Schuhwerk, Schienen usw.) sowie die Ergotherapie sind wichtige Bestandteile langfristiger Therapiekonzepte.

Prognose

Der typische schubweise progrediente Krankheitsverlauf der chronischen Polyarthritis ist sehr variabel und individuell nicht vorhersehbar. Etwa 20 % der Patienten kommen in eine Remissionsphase, die Monate bis Jahre anhalten kann. In den meisten Fällen ist es heute möglich ein Endstadium mit völliger Invalidität und Pflegebedürftigkeit zu verhindern oder doch zeitlich hinauszuschieben. Ersten Schätzungen zufolge sind bei optimaler therapeutischer Betreuung noch mindestens 50 % der Betroffenen nach einem 15jährigem Krankheitsverlauf arbeitsfähig. Prognostisch ungünstig zu bewerten sind Krankheitsverläufe mit extraartikulären Manifestationen, wie sie z.B. die Vaskulitis darstellt, sowie Verläufe mit einer sekundären Amyloidose.

Literatur

Ahern, M. J.; M. D. Hall; K. Case; P. I. Maddison: D-Penicillamine withdrawl in rheumatoid arthritis. Ann. rheum. Dis. 43 (1984), 213

Alepa, F. P.; N. I. Zvaifler; A. I. Sliwinski: Immunologic effects of cyclophosphamide treatment in rheumatoid arthritis. Arthr. and Rheum. 6 (1970), 754

Arnett, F. C.; S. M. Edworthy; D. A. Bloch; D. J. McShane; J. F. Fries: The American Rheumatism Association 1987 revised criteria for the classification of rheumatoid arthritis. Arthritis Rheum. 31 (1988), 315

Bacon, P. A.; C. R. Tribe; P. Harrison; J. C. Mackenzie: Rheumatoid disease, amyloidosis and its treatment with penicillamine. Europ. J. Rheumatol. Inflamm. 3 (1979), 70

Barger, B. O.; R. T. Acton; W. J. Koopman; G. S. Alarcón: DR antigens and gold toxicity in white rheumatoid arthritis patients. Arthr. and Rheum. 27 (1984), 601

Bell, J. I.; P. Esters; T. St. John; R. Saiki; D. Watling; H. A. Erlich; H. D. McDevitt: DNA sequence and characterization of human class II MHC Beta chains from the DR 1 haplotype. Proc. Natl. Acad. Sci. USA 82 (1985), 3405

Bensen, W. G.; N. Moore; P. Tugwell; M. d'Souza; D. P. Singal: HLA-antigens and toxic reactions to sodium aurothiomalate in patients with rheumatoid arthritis. J. Rheum. 11 (1984), 358

Brackertz, D.: Immunsuppressive Therapie in der Rheumatologie. Monatskurse ärztl. Fortbild. 32 (1982), 108

Brand, S.; W. Müller: Die Synoviorthese – eine Lokalbehandlung chronischer Synovitiden. Internist. Welt 12 (1982), 381

Buchanan, W. W.; P. J. Rooney; J. A. N. Rennie: Aspirin and the salicylates. Clin. rheum. Dis. 5 (1979), 499

Bunch, T. W.: Salazosulfapyridin in rheumatoid arthritis. Arthr. and Rheum. 27 (1984), 267

Coblyn, J. S.; M. Weinblatt; D. Holdsworth: Gold-induced thromboctopenia. A clinical and immunological study of twenty-three patients. Ann. Intern. Med. 95 (1981), 178

Combe, B.; B. Cosso; J. Clot; M. Bonneau; J. Sany: Human placenta-eluted gamma globulins in immunomodelating treatment of rheumatoid arthritis. Am. J. Med. 78 (1985), 920

Crout, J. E.; B. Hepburn; R. E. Titts: Suppression of lymphocyte transformation after aspirin ingestion. New Engl. J. Med. 292 (1975), 221

Currey, H.; J. Harris; R. M. Mason; I. Woodland; T. Beveridge; C. J. Roberts; D. W. Vere; A. S. Dixon; I. Davies; B. Owen-Smith: Comparison of azathioprine, cyclophosphamide and gold in treatment of rheumatoid arthritis. Brit. Med. J. 284 (1974), 763

Dequeker, J.; P. van Wanghe; W. Verdickt: A systemic survey of HLA-A, B, C and D-antigens and drug toxicity in rheumatoid arthritis. J. Rheum. 11 (1984), 282

Dwosh, I. L.; H. B. Stein; M. B. Urowitz; H. A. Smythe; H. A. Hunter; M. A. Ogryzlo: Azathioprine in early rheumatoid arthritis. Comparison with gold and chloroquine. Arthr. and Rheum. 20 (1977), 685

Essop, J. D.: Gold and the kidney. Europ. Rheumatol. Inflamm. 3 (1979), 161

Fassbender, H. G.: Strukturelle Aspekte kausaler, pathogenetischer und symptomatischer Angriffsmöglichkeiten in der Rheumatherapie. Dtsch. med. Wschr. 107 (1982), 746
Forster, S.; M. H. Seifert; A. C. Keat; I. F. Rowe; B. J. Thomas; D. Taylor-Robinson; A. J. Pinching; J. R. W. Harris: Inflammatory joint disease and human immunodeficiency virus infection. Brit. Med. J. 296 (1988), 1625
Garber, K. E.; P. T. Fan; R. Bluestone: Realistic guidelines of corticosteroidal therapy in rheumatic disease. Semin. Arthr. Rheum. 11 (1981), 231
Goronzy, J.; C. M. Weyand; C. G. Fathman: Shared T cell recognition sites on human histocompatibility leukocyte antigen class II molecules of patients with seropositive rheumatoid arthritis. J. Clin. Invest. 77 (1986), 1042
Gregersen, P. K.; J. Silver; R. J. Winchester: The shared epitope hypothesis – an approach to understanding the molecular genetics of rheumatoid arthritis susceptibility. Arthritis Rheum. 30 (1987), 1205
Harris, E. D.; R. D. Emkey; J. E. Nichols; A. Newbury: Low dose prednisone therapy in rheumatoid arthritis: A double blind study. J. Rheumatol. 10 (1983), 713
Hench, P. S.: The ameliorating effect of pregnancy on chronic atrophic (infectious rheumatoid) arthritis, fibrositis, and intermittent hydrarthrosis. Mayo Clin. Proc. 13 (1938), 161
Herrmann, B.; W. Müller: Die Therapie der chronischen Polyarthritis mit Cyclosporin A, einem neuen Immunsuppressivum. Akt. Rheumatol. 4 (1979), 173
Hunter, T.; M. B. Urowitz; D. A. Gordon; H. A. Smythe; M. A. Ogryzlo: Azathioprine in rheumatoid arthritis. A long term follow-up study. Arthr. and Rheum. 18 (1975), 15
Husmann, F.: Die Wirkungsmechanismen der Antirheumatika. Akt. Rheumatol. 4 (1979), 5
Keck, E.; F. van Valen; H. Zeidler; H. L. Krüskemper: Gold(III)-Wirkung auf die durch Prostaglandin E 2 stimulierte Adenylcyclase in Kükenfibroblasten und -osteoblasten. Z. Rheumatol. 45 (1986), 304
Kalden, I. R.; G. R. Burmester: Immunologie rheumatischer Erkrankungen. Smith Kline Dauelsberg, München (1986)
Kerschbaumer, F.; R. Bauer: Langzeitergebnisse nach Yttrium 90-Behandlung des Kniegelenks. Z. Rheumatol. 39 (1980), 127
Lay, C. Y.; G. Goldstein: Functional effects of thymopoietin on cytotoxic lymphocyte precursor units. J. Immunol. 124 (1980), 1861
Miehlke, K.; R. Miehlke: Der Verlauf der chronischen Polyarthritis nach Synovektomie. Therapiewoche 20 (1970), 770
Mohing, W.: Die Bedeutung der Früh- und Spätsynovektomie in der Behandlung der pcP. Dtsch. med. Wschr. 92 (1967), 1961
Pahle, J.: Die Synovektomie der proximalen Interphalangealgelenke. Orthopäde 2 (1973), 13
Persellin, R. H.: The effect of pregnancy on rheumatoid arthritis. Bull. Rheum. Dis. 27 (1977), 922
Rau, R.: Methotrexat-Behandlung der chronischen Polyarthritis. Dtsch. med. Wschr. 112 (1987), 1142
Roenigk, H. H.; R. Auerbach; H. Maibach; G. D. Weinstein: Methotrexate guidelines – revised. J. Amer. Acad. Dermatol. 6 (1982), 145
Schmidt; K. L.: Wärmebehandlung rheumatischer Erkrankungen: Wirkungsweise, Verfahren und therapeutische Prinzipien. Akt. Rheumatol. 4 (1979), 235
Schmidt, K. L.: Kältebehandlung rheumatischer Erkrankungen: Wirkungsweise, Verfahren und therapeutische Prinzipien. Akt. Rheumatol 6 (1981), 88
Stastny, P.: Association of the B-cell alloantigen DRw 4 with rheumatoid arthritis. Engl. J. Med. 298 (1978), 869
Steinbrocker, O.; C. Traeger; R. C. Battermann: Therapeutic criteria in rheumatoid arthritis. J. Amer. med. Ass. 8 (1949), 659

Swiss Collaborative Study: HLA-DR antigens in rheumatoid arthritis. Rheumatology 1 (1981), 111
Tillmann, K.: Synovektomie. Therapiewoche 23 (1973), 2237
Townes, A. S.; J. M. Sowa; L. E. Shulman: Controlled trial of cyclophosphamide in RA. Arthr. and Rheum. 19 (1976), 563
Tugwell, P.; K. Bennett; M. Gent: Metothrexate in rheumatoid arthritis. Ann. Intern. Med. 107 (1987), 358
Ungar, A.; C. R. Kay; A. J. Griffin; G. S. Panayi: Disease activity in rheumatoid arthritis during pregnancy. Brit. Med. J. 286 (1983), 750
van Valen, F.; E. Keck: Gold(III) inhibits activated human osteosarcoma adenylate cyclase by an action at or near the catalytic component. Biochem. Biophys. Res. Commun. 144 (1987), 1109
Walker, D. J.; J. Burn; I. D. Griffiths; F. Roberts; A. M. Stephenson: Linkage studies of HLA and rheumatoid arthritis in multicase families. Arthritis Rheum. 30 (1987), 31
Weinblatt, M. E.: Toxicity of low dose methotrexate in rheumatoid arthritis. J. Rheumatol. 12 (1985), 35
Wingrave, S. J; C. R. Kay: Reduction in incidence of rheumatoid arthritis associated with oral contraceptives. Lancet 1 (1978), 569
Wooley, P. H.; I. Griffin; I. S. Panayi; J. R. Batchelor; I. I. Welsh; T. I. Gibs: HLA-DR antigens and toxic reactions to sodium aureothiomalate and D-penicillamine with rheumatoid arthritis. New Engl. J. Med. 303 (1980), 300

Der rheumatische Schmerz
Vom Symptom zur Diagnose

M. Mahrenholtz, H. Zeidler

1. Die Geschichte des Rheumabegriffs
2. a) Der rheumatische Schmerz als diagnostischer Wegweiser
   b) Häufigkeit und Einteilung der rheumatischen Erkrankungen
   c) Klassifikationskriterien
      (RA, Spa, reaktive Arthritis, Arthrose, Fibromyalgie)
3. Perspektiven der rheumatologischen Diagnostik

1. Die Geschichte des Rheumabegriffs

Der griechische Begriff «Rheuma» wird – wie Walter Kranz 1958 erstmals betont – bereits im 5. Jahrhundert v. Chr. von dem Universalgelehrten Empedokles erwähnt. In seinem Gedicht «Κατηαρμοι» («Reinigungen») werden die todbringenden Geister («Mord», «Groll» und «Scharen anderer Todesgeister») den Krankheit errregenden gegenüber gestellt. Zu den letzteren gehören die «austrocknenden Krankheiten» und die «Fäulnisse» sowie das «fließende Wirken» («Εργα ρηεςστα»).

Im Corpus Hippocraticum wird mit dem Begriff Rheuma das Herabfließen von überflüssigem Schleim («Phlegma») aus dem Gehirn in andere Organe bezeichnet, sei es daß dadurch in der Lunge eine Pneumonie oder in den Gelenken Schmerzen ausgelöst werden. Gelenkerkrankungen werden bereits als «Arthritis» beschrieben.

Sehr ausführliche Beschreibungen rheumatischer Erkrankungen finden sich bei Galen (2. Jahrhundert n. Chr.), der unter dem Namen «Arthritis» sowohl die Gicht als auch andere rheumatische Krankheitsbilder erwähnt. Wie bei den Hippokratikern wird mit «Rheuma» der herabfließende Schleim, der «Katarrh» bezeichnet. Dieser Schleim, der warm oder kalt in Erscheinung treten kann und als Therapie die Anwendung der gegenteiligen, nämlich kalten oder warmen Mittel erfordert, führt zu Arthritis, Podagra oder Ischias. Die Lokalisation der Schmerzentstehung sieht er «. . . um die Nerven herum, von denen die Gelenke versorgt werden und die ihre Bewegung veranlassen.»

Caelius Aurelianus beschreibt im 5. Jahrhundert n. Chr. einducksvoll das Krankheitsbild der chronischen Polyarthritis: «Dann folgt die Leidenszeit, wo der Schmerz von einem Gelenk in das andere kommt und nicht eher ruht, bis er alle befallen hat. Oft wird beim Nachlassen des Schmerzes im ersten Gelenk ein zweites befallen und auf die gleiche Art ein drittes, ferner die Blase und die Wurzeln großer Nerven.» Die im Laufe der Erkrankung auftretenden Gelenkveränderungen werden ebenfalls geschildert: «Es folgt bei den von Gelenkleiden Befallenen eine Erstarrung und Verformung jener Gelenke, die befallen waren, ferner eine starke Flexion oder auch wiederum Extension.»

In der gesamten Literatur des Altertums findet sich eine relativ einheitliche Therapie der Gelenkerkrankungen, zunächst diätetische Maßnahmen, dann purgierende Mittel, d. h. Emetika, Diuretika, Laxantien und letzlich der Aderlaß zur Eliminierung schädlicher Säfte.

Fast eineinhalb Jahrtausende der nahezu vollständigen Stagnation in der medizinischen wie in der gesamten «naturwissenschaftlichen» Forschung müssen dann vergehen, ehe man in der Renaissance zu neuen Ufern aufbricht und sich von den alten hippokratischen Lehren zu lösen beginnt. Erkenntnis durch eigene Beobachtung und nicht ausschließlich durch Literaturstudium, durch Experimente an Mensch und Tier, durch Sektionen, durch Wiegen, Messen, Dokumentieren wird zum Ziel vieler Universalgelehrter. Der Pariser Arzt Baillou ist der erste, der den Begriff «Rheumatismus» für eine Gelenkerkrankung benutzt und diese als Affektion des gesamten Körpers beschreibt. Thomas Sydenham dagegen, noch auf dem Boden der Humoralpathologie, vermutet einen besonderen Krankheitsstoff als Ursache des Rheumatismus, der aus dem Boden oder der Luft in den Körper aufgenommen wird. Er entdeckt den Zusammenhang zwischen der nach ihm benannten Chorea minor und dem akuten Gelenkrheumatismus.

Hermann Boerhaave beschreibt erstmals viszerale Manifestationen im Rahmen rheumatischer Erkrankungen, so z.B. eine Beteiligung von Lunge und Gehirn. Jean-Baptiste Bouillaud erkennt den Zusammenhang zwischen Herzaffektionen und dem akuten Rheumatismus. John Haygarth unterscheidet von der akuten Form eine chronische Form des Rheumatismus, die «nur bei Frauen vorkommt und um die Zeit beginnt, wo die Menses naturgemäß aufhören.»

In dem 1854 von Rudolf Virchow herausgegebenen «Handbuch der speziellen Pathologie und Therapie» unterscheidet Julius Vogel den akuten und den chronischen Gelenkrheumatismus, den Muskelrheumatismus, das rheumatische Fieber und die falschen Rheumatismen (Sepsis, Phlebitis, Meningitis usw. werden zu seiner Zeit noch als Rheumatismus bezeichnet). Ätiopathogenetisch vermutet er einen lokalen Defekt der Kapillaren, der zu Exsudation und auch zu Eiterung führen kann, hervorgerufen durch eine Überfunktion des sympathischen Systems. Als primäre Krankheitsursache kommen beispielsweise mechanische Reize wie Erkältung oder Affektionen innerer Organe in Betracht.

Für die weitere Präzisierung und Differenzierung der rheumatischen Krankheitsbilder müssen noch Jahrzehnte vergehen. Erst in der dreissiger Jahren des 20. Jahrhunderts wird der akute Gelenkrheumatismus als Streptokokkenfolgeerkrankung akzeptiert, wenn auch bereits 1865 und 1880 wegweisende Arbeiten zu diesem Thema erschienen (Trousseau bzw. Fowler).

Eine Abgrenzung des chronisch deformierenden Rheumatismus gegenüber der akuten Form und der Gicht wird 1853 von Charcot getroffen, wobei er einen «progressiven chronischen Gelenkrheumatismus» von einer «partiell chronischen», nicht progressiven und nicht ankylosierenden Form und dem Heberden-Rheumatismus unterscheidet. Prinzipiell werden Arthrose und Arthritis jedoch als verschiedene Manifestationsformen derselben Erkrankung betrachtet.

Garrod beschreibt 1890 erstmals getrennt die rheumatoide Arthritis und die bis heute im angloamerikanischen Sprachraum so bezeichnete Osteoarthritis. Hoffa und Wollenberg grenzen 1908 mit Hilfe von Klinik, Anatomie und Röntgendiagnostik eindeutig die chronische Polyarthritis von der Arthrosis deformans ab.

Die Abtrennung der ankylosierenden Spondylarthritis von den rheumatischen Erkrankungen gelingt als erstem Pierre Marie in Frankreich (1898). 1916 wird das oculo-urethro-synoviale Syndrom gleichzeitig von Fiessinger/Leroy in Frankreich und von Reiter in Deutschland beschrieben. Ab 1946 wird dem Rheumatismus bei der Psoriasis eine eigene Krankheitsentität zugebilligt (Weissenbach, Wright, Gaucher).

Auch für die nähere Zukunft ist jedoch ein weiterer Wandel der rheumatologischen Terminologie zu erwarten. Auf dem Boden neuerer pathophysiologischer Erkenntnisse und insbesondere der mikrobiologischen Forschung wird eine genauere Klassifikation vieler Krankheitsbilder möglich werden.

2.a) Der rheumatische Schmerz als diagnostischer Wegweiser

«Rheumatische Beschwerden» im weitesten Sinne sind ein in allen sozialen Schichten, Berufs- und Altersgruppen und bei beiden Geschlechtern anzutreffendes Phänomen. Das Typische des Rheumaschmerzes ist die Chronizität des Leidens, die stark unlustbetonte Komponente der Beschwerden, die häufig als «ziehend, reißend, bohrend, fließend» beschrieben werden und die Verknüpfung mit Ängsten vor Behinderung, Verkrüppelung, sozialem Abstieg, Isolation und Verlust des Selbstwertgefühls.

Während auf ärztlicher Seite häufig objektivierbare Befunde wie Gelenkschwellung, -rötung und -überwärmung, BKS und progrediente Röntgenveränderungen im Vordergrund stehen, haben für den Patienten Schmerzen und Funktionseinschränkung mit all ihren psychosozialen Konsequenzen die größte Bedeutung.

Um den rheumatischen Schmerz näher einkreisen und sich einer Diagnose nähern zu können, bedarf es in der Regel – und häufig mehr als in anderen Disziplinen – einer sehr umfangreichen Anamnese, die durch klinische Untersuchung, Labordiagnostik und bildgebende Verfahren ergänzt wird.

Bei der rheumatologischen Anmnese gilt es vor allem, die folgenden Fragen zu klären:

- Wo sitzt der Schmerz ? *Sind Gelenke, Sehnen, Muskeln, Knochen, Nerven (-wurzeln) oder das zentrale Nervensystem betroffen? Ist der Schmerz diffuser oder punktueller Natur? Wie viele Schmerzlokalisationen sind vorhanden?*
- Wann und unter welchen Umständen tritt der Schmerz auf? *Wird ein Anlauf-, Bewegungs-, Belastungs-, Ermüdungsschmerz geschildert? Besteht der Schmerz auch in Ruhe und nachts weiter? Wann wird das Schmerzmaximum angegeben?*
- Wodurch kann der Schmerz positiv oder negativ beeinflußt werden? *Bewegung, Ruhe, physikalische Maßnahmen wie Kälte oder Wärme, psychische Faktoren?*
- Welche anderen Beschwerden bestehen zussätzlich zum «Rheuma»? *Allgemeinsymptome wie Müdigkeit, Leistungsknick, Fieber, Gewichtabnahme? Hautveränderungen? Augenerkrankungen? Infekte des Urogenital- oder Gastrointestinaltraktes?*
- Gibt es in der Familie bestimmte Erkrankungen? *«Rheumatische Beschwerden»? Fehlstellungen oder Deformationen an Gelenken oder Wirbelsäule? Hauterkrankungen? Augenerkrankungen? Entzündliche Darmerkrankungen?*
- Wer ist der «Leidende» (Patient)? *In welchem psychosozialen Umfeld, welcher familiären und beruflichen Situation bewegt sich der Betroffene? Gab es persönliche Lebenskrisen wie Tod, Geburt, Krankheit, Trennung, Arbeitsplatzverlust o. ä. in der unmittelbaren Umgebung? Was hat die aktuelle Entscheidung zum Arztkontakt ausgelöst?*

Der Anamnese schließt sich die körperliche Untersuchung an. Die Untersuchung des Bewegungsapparates gliedert sich in Inspektion, Palpation und Funktionsprüfung.

Bei der Inspektion wird auf folgende Erscheinungen geachtet:
- *Schwellung*
- *Rötung*
- *Fehlstellungen und -haltungen (Beckenschiefsstand, Schulterhochstand, Skoliose, Lordose, Kyphose usw.)*

- *knöcherne Anbauten*
- *Muskelatrophien*

Bei der Palpation richtet sich das Interesse auf:
- *Schwellungen (Ergußbildung, Pannus, Bursitiden, Tenosynovialitiden)*
- *Überwärmung*
- *Druck- und Bewegungsschmerzen*
- *Muskelspasmen und Myogelosen*
- *Rheumaknoten*
- *Sehnenknoten*

Die Funktionsprüfung erfaßt:
- *Das Bewegungsausmaß nach der Neutral-Null-Methode und die vorübergehende oder ständige Bewegungseinschränkung durch Erguß, mechanische Blockierung, Pannus, Muskelkontraktur oder knöcherne Ankylosierung*
- *das Bewegungsausmaß am Achsenskelett (Schober/Ott/Hinterhaupt-Wand-Abstand/Finger-Boden-Abstand/Atembreite usw.)*
- *Kombinationsbewegungen (Schürzengriff, Nackengriff usw.)*
- *Griffsstärke*
- *schnellende Finger*
- *Hinken*

Die Laboruntersuchungen umfassen zunächst die Bestimmung der Entzündungsparameter (BKS, C-reaktives Protein, Blutbild), der Harnsäure, der Rheumafaktoren und der antinukleären Antikörper. Bei speziellen Verdachtsmomenten werden zusätzlich serologische (mikrobiologische/virologische) Untersuchungen und die Bestimmung des HLA B 27 veranlaßt.

Wann immer es möglich ist, sollte eine Gelenkpunktion zur Gewinnung von Synovia durchgeführt werden. Die Synoviaanalyse ermöglicht den Ausschluß bakterieller Infekte, ist in Einzelfällen beweisend für die Diagnose (Kristallnachweis bei Gicht und Chondrokalzinose) und läßt durch Zellzählung und -differenzierung eine Abschätzung der Aktivität des Gelenkprozesses zu.

Der Vervollständigung der Diagnostik dienen bildgebende Verfahren, vor allem das Röntgen und die Arthrosonographie, in speziellen Fällen auch Computertomographie, Kernspintomographie und Skelettszintigraphie.

Dennoch ist es nicht in allen Fällen möglich, die rheumatische Erkrankung bei der Erstuntersuchung genau zu benennen. Klassifikations- und Diagnosekriterien helfen in manchen Fällen weiter. (s. u.). In mindestens einem Drittel der Fälle von früher Arthritis muß jedoch zunächst die Hilfsdiagnose «undifferenzierte Arthritis» gestellt werden.

2.b) Häufigkeit und Einteilung der rheumatischen Erkrankungen

Die rheumatischen Beschwerden lassen sich im wesentlichen vier pathogenetisch unterschiedlichen Gruppen zuordnen: den degenerativen Gelenk- und Wirbelsäulenerkrankungen, weichteilrheumatischen Krankheitsbildern, funktionellen Störungen und den entzündlich-rheumatischen Erkrankungen.

Am weitesten verbreitet sind die ersten drei Gruppen. Sie stehen an erster Stelle bei den Ursachen für Arbeitsunfähigkeit, Kuraufenthalte und frühzeitige Berentung in der Bundesrepublik (Die Lebenszeitprävalenz von Rükkenschmerzen jeglicher Genese beträgt 87%!).

Nach epidemiologischen Studien bestehen sowohl bei Männern als auch bei Frauen bereits im Alter von 40 Jahren in 90% röntgenologisch faßbare degenerative Veränderungen an Gelenken oder Wirbelsäule, wobei allerdings nur 25% entsprechende klinische Symptome aufweisen. Als Risikofaktoren gelten dabei Traumata, Überlastung, aseptische Knochennekrosen, kongenitale Deformitäten, entzündliche Prozesse usw.

Von größerem Interesse sind jedoch aus medizinischer Sicht häufig die entzündlich-rheumatischen Erkrankungen wegen der zum Teil verheerenden Deformierungen einerseits und der Möglichkeit zur frühzeitigen therapeutischen Intervention andererseits.

Die entzündlich-rheumatischen Erkrankungen umfassen die chronische Polyarthritis, die Gruppe der Rheumafaktor-negativen Spondarthritiden (u. a. die ankylosierende Spondylitis, die Psoriasisarthropathie und die infektreaktiven Arthritiden), die Kollagenosen sowie arthritische Krankheitsbilder, die im Gefolge anderer Erkrankungen auftreten können (Sarkoidose, Virusinfekte, chronisch-entzündliche Darmerkrankungen usw.) Die bakteriellen Arthritiden sollen wegen der Sonderstellung, die sie bezüglich Ätiopathogenese und Therapiemöglichkeit einnehmen, nicht weiter behandelt werden. Die Kristallarthropathien (Gicht, Chondrokalzinose und die seltene Periarthritis calcarea) sind im engeren Sinne keine entzündlich-rheumatischen, sondern Stoffwechselerkrankungen.

Die häufigste entzündlich-rheumatische Erkrankung ist die chronische Polyarthritis mit einer Prävalenz von etwa 0,5 bis 1,0% (Raspe, Wasmus, Wagenhäuser), gemessen an den Rom- bzw. ARA-Kriterien von 1958. (s. u.). Die zur Zeit sich im Wandel befindliche Terminologie und Klassifikation rheumatischer Erkrankungen macht den Vergleich epidemiologischer Daten aus verschiedenen Arthritis-Früherkennungssprechstunden schwierig. Aus den in Düsseldorf, Hannover und Heinola gewonnenen Ergebnissen geht hervor, daß die Prävalenz der chronischen Polyarthritis unter den Patienten einer Frühdiagnose-Sprechstunde zwischen 18% und 40% liegt, die der undifferenzierten Arthritiden bzw. Spondarthritiden (incl. der möglichen chronischen Polyarthritis nach den New-York-Kriterien) zwischen 45% und

52%, die der reaktiven Arthritiden (komplettes und inkomplettes Reiter-Syndrom) zwischen 7% und 13%, die der Psoriasisarthropathie zwischen 3% und 4%, die der Spondylitis ankylosans zwischen 0% und 5% und die der Kollagenosen zwischen 1% und 3%.

Überraschend dabei ist, daß in allen drei Studien die undifferenzierte (Spond-)Arthritis mit rund der Hälfte die eindeutig größte Gruppe stellt. Nach der Untersuchung von Mau ist es bei diesen Patienten nach einem durchschnittlichen Zeitraum von 15 Monten bei 67% bis 71% zu einer Remission der peripheren Arthritis gekommen, die Prognose scheint also relativ günstig zu sein. Als Prädiktoren für einen ungünstigen Krankheitsverlauf bezüglich der Erosivität, Verminderung der Funktionskapazität, Gelenkschmerz und -schwellung stellten sich u. a. ein später Krankheitsbeginn, eine lange Persistenz der Arthritis, eine ausgeprägte Morgensteifigkeit, ein polyartikulärer Befall sowie ein hoher Rheumafaktor heraus. Für einen eher günstigen Krankheitsverlauf sprechen dagegen ein entzündlicher Kreuzschmerz, das HLA -B 27 sowie eine Urethritis oder Enteritis in der Anamnese. Die Kenntnis dieser Prädiktoren kann bei der individuellen Therapieentscheidung von wesentlicher Bedeutung sein.

2.c) Klassifikationskriterien

Zur Vereinfachung der Kommunikation, aber auch als diagnostische, prognostische und damit auch therapeutische Hilfe wurden für die meisten entzündlich-rheumatischen Krankheitsbilder Klassifikationskriterien erstellt, die teilweise auch als Diagnosekriterien verwendet werden können.

Chronische Polyarthritis

Die seit 1958 für die chronische Polyarthritis bestehenden Klassifikationskriterien sind 1987 von Arnett und Mitarbeitern revidiert worden und lauten in Kurzform folgendermaßen:

1. Morgensteifigkeit von mehr als einer Stunde.
2. Arthritis in mindestens drei Gelenken (ärztlich beobachtet).
3. Arthritis der Hand- , Fingergrund- oder Fingermittelgelenke.
4. Symmetrische Arthritis.
5. Rheumaknoten.
6. Rheumafaktoren im Serum.
7. Radiologische Veränderungen (mindestens gelenknahe Osteoporose).

Für die Diagnose einer chronischen Polyarthritis müssen mindestens vier Kriterien erfüllt sein, die Kriterien 1 bis 4 müssen dabei über mindestens sechs Wochen bestanden haben. Die Differenzierung zwischen wahrscheinlicher, sicherer und klassischer chronischer Polyarthritis wird nach den neuen Kriterien nicht mehr gemacht.

Nach Mau et al. ist für ein Kollektiv mit frühen Arthritiden, d. h. einer Krankheitsdauer von weniger als einem Jahr, der positive Vorhersagewert für die ARA-Kriterien von 1987 bei der Erstuntersuchung mit 42% relativ gering. Der negative Vorhersagewert liegt dagegen mit 96% sehr hoch.

Spondylitis ankylosans

Bei der Spondylitis ankylosans gelten weiterhin die New-YorkKriterien für die sichere Diagnosestellung:

1. Deutlich eingeschränkte Beweglichkeit der Lendenwirbelsäule in allen Ebenen.
2. Schmerzen im Bereich des thorakolumbalen Überganges oder der Lendenwirbelsäule anamnestisch oder aktuell.
3. Eingeschränkte Atembreite in Höhe des 4. Interkostalraumes.

Bei folgenden Kombinationen kann die Diagnose einer Spondylitis ankylosans sicher gestellt werden:

- Beidseitige Sakroiliitis Grad 3 bis 4 und einem der o. g. Kriterien.
- Beidseitige Sakroiliitis Grad 2 und Kriterium 1 oder Kriterium 2 und 3.
- Einseitige Sakroiliits Grad 3 bis 4 und Kriterium 1 oder Kriterium 2 und 3.

Die Rom-Kriterien erlauben dagegen auch die Diagnose einer Spondylitis ankylosans bei fehlender Sakroiliits:

1. Schmerzen und Steifgkeit im unteren Rücken ohne Besserung in Ruhe seit mindestens drei Monaten.
2. Thoraxschmerzen und -steifigkeit.
3. Eingeschränkte Motilität der Lendenwirbelsäule.
4. Eingeschränkte Atembreite.
5. Iritis anamnestich oder aktuell.
6. Beidseitige Sakroiliits.

Die Diagnose gilt als sicher bei Kombination von Kriterium 6 mit einem der klinischen Kriterien oder bei Vorliegen von mindestens vier der fünf klinischen Kriterien.

Reaktive Arthritiden

Für die Diagnose der reaktiven Arthritis wurden 1983 von der französischen Gesellschaft für Rheumatologie folgende Kriterien vorgeschlagen:

1. Aseptische Arthritis (asymmetrische Oligoarthritis, Lumbago oder Ileosakralschmerz, Fersenschmerz oder Daktylitis).
2. Diarrhoe.
3. Konjunktivitis.
4. Urethritis oder Zervizitis.
5. Typische mukokutane Veränderungen.
6. Familiäre Prädisposition (HLA-B 27-Nachweis, positive Familienanamnese).
7. Nachweis eines auslösenden Keimes.

Auch hier sollen vier der sieben Kriterien für die Diagnosestellung erfüllt sein. Nach einer Untersuchung von Hülsemann et al. haben diese Kriterien eine hohe diagnostische Wertigkeit, auch bei der Zugrundelegung von nur mindestens drei Kriterien ergab sich eine Sensitivität von 92% und eine Spezifität von 99%.

Osteoarthrose

1990 wurden auch für die Osteoarthrose der Hand vom American College of Rheumatology Klassifikationskriterien vorgelegt. Für die Diagnosestellung sollen dabei folgende Kriterien erfüllt sein:

1. Schmerzen oder Steifigkeitsgefühl der Hand und mindestens drei der folgenden Erscheinungen:
2. – knöcherne Auftreibung an mindestens zwei von zehn Gelenken (DIP II und III, PIP II und III, CMC I*),
   - knöcherne Auftreibung an mindestens zwei DIP-Gelenken,
   - weniger als drei geschwollene MCP-Gelenke*,
   - Deformation an mindestens einem von zehn Gelenken (s. o.)

* DIP = distale Interphalangealgelenke, PIP = proximale Interphalangealgelenke, MCP = Metakarpophalangealgelenke, CMC = Carpometacarpalgelenke

Die Sensitivität dieser Kriterien wird von den Autoren mit 94%, die Spezifität mit 87% angegeben.

Fibromyalgie

Das primär fibromyalgische Syndrom ist ein sehr umstrittenes Krankheitsbild. Während einerseits psychische Gesichtspunkte bei der Ätiologie immer wieder diskutiert werden (so z.B. gehäuftes Auftreten bei schweren psychischen Störungen), gibt es andererseits ernstzunehmende Hinweise auf einen Zusammenhang mit somatischen Befunden, z.B. muskuläre Erkrankungen, Schlafstörungen mit EEG-Veränderungen usw. Während bei den von Yunus 1981 definierten Kriterien die vegetativen Symptome (Schlafstörungen, Colon irritabile, Schweißneigung, Kopfschmerzen usw.) eine entscheidende Rolle spielten, konzentrieren sich die 1990 vom American College of Rheumatology herausgegebenen Kriterien (Wolfe et al.) auf den Schmerz:

1. Generalisierter Schmerz an rechter und linker bzw. oberer und unterer Körperhälfte, begleitet von Rückenschmerzen in Hals-, Brust-, Lendenwirbelsäule oder im vorderen Thoraxbereich.
2. Symmetrischer Druckschmerz an elf von achtzehn Schmerzpunkten (mit einer Kraft von etwa 40 Newton palpiert):

- occipitaler Ansatz des M. trapezius
- Ligamenta intertransversaria C4/C5
- freier oberer Rand des M. trapezius
- M. supraspinatus
- Knorpel-Knochen-Grenze der 2. Rippe
- Epicondylus lateralis
- oberer äußerer Quadrant der Glutäalmuskulatur
- Trochanter maior
- Fettkörper am medialen Kniegelenkspalt

Die Sensitivität dieser Kriterien liegt nach Angaben der Autoren bei 97%, die Spezifität bei 73%.

3. Perspektiven der rheumatologischen Diagnostik

Die rheumatologische Diagnostik hat sich in den letzten Jahren viel Neuland erschlossen. Mehr als in anderen Fachgebieten spielen allerdings genaue Anamnese und körperliche Untersuchung bei der Diagnostik die zentrale Rolle. Neben der routinemäßigen Labordiagnostik (s. o.) kommt neuerdings aber auch den mikrobiologischen Verfahren eine große Bedeutung zu.

So läßt beispielsweies der serologische Verdacht auf eine bestimmte Infektion bzw. der direkte Nachweis von arthritogenen Erregern häufig eine genauere Klassifikation von bisher undifferenzierten Arthritiden zu und ermöglicht damit eine gezielte antibiotische Therapie. An erster Stelle der entsprechenden Keime seien genannt Chlamydien, Mykoplasmen, Yersinien, Campylobacter, Brucellen, Salmonellen, Shigellen, Borrelien, aber auch weiterhin Streptokokken, bei den Viren sind es Masern-, Mumps-, Röteln-, Arbo-, Adeno-, Hepatitis-, Parvo-, Cytomegalie- und Epstein-Barr-Virus. Teilweise stehen bereits spezifische Erregernachweismethoden zur Verfügung (z.B. Polymerase-Chaine-Reaction = PCR, Immunoblotverfahren), teilweise ist in naher Zukunft damit zu rechnen.

Zu einer erweiterten rheumatologischen Diagnostik gehören daher auch Abstriche von Zervix und Urethra, Urinuntersuchung auf Chlamydien- bzw. Borrelienantigenbestandteile, Stuhlkulturen und evtl. endoskopische Verfahren zum Erregernachweis in der Darmschleimhaut.

Unter den bildgebenden Verfahren steht weiterhin die Röntgendiagnostik an erster Stelle, ggf. ergänzt durch tomographische Aufnahmen. Daneben hat sich jedoch die Arthrosonographie voll etabliert. Sie dient vor allem dem Nachweis von Ergußbildung in palpatorisch unzugänglichen Gelenken (Schulter-, Hüftgelenk), von Muskel- und Sehnenrupturen, von Tenosynovialitiden, von Bakerzysten, der Unterscheidung von proliferativen und exsudativen Gelenkschwellungen sowie der Spezifikation von Weichteilprozessen. Außerdem werden schwierige Gelenkpunktionen unter sonographischer Kontrolle möglich (Hüftgelenk !).

Bei speziellen Fragestellungen werden Computertomographie, Kernspintomographie und Skelettszintigraphie eingesetzt. Die Arthroskopie hat ebenfalls an Bedeutung für die Klinik gewonnen, da sie nicht mehr nur die in-situ-Beurteilung des Gelenks und die Gewinnung von Material für eine histologische Diagnostik ermöglicht, sondern auch therapeutische Eingriffe wie z.B. die arthroskopische Synovektomie (insbesondere am Kniegelenk).

4. Literatur

Altman, R., G. Alarcon, D. Appelrouth et al.: The American College of Rheumatology Criteria for the classification and reporting of osteoarthritis of the hand. Arthritis and Rheumatism 33 (1990) 1601–1610

Amor, B.: Reiter's syndrome and reactive arthritis. Clin. Rheumatol. 2 (1983) 315–319

Arnett, F. C., S. M. Edworthy, D. A. Bloch et al.: The American Rheumatism Association 1987 revised criteria for the classification of rheumatoid arthritis. Arthritis and Rheumatism 31 (1988) 315–323

Bennett, P.H., T.A. Burch: Population Studies of the Rheumatic Diseases, Excerpta Medica Foundation, Amsterdam 1968, p. 305

d'Eshougues, J. R.: Gicht und Rheumatismus, in R. Töllner: Illustrierte Geschichte der Medizin, Bd. 4, 2261–2291, Salzburg 1986

Hülsemann, J. L., H. Zeidler, T. Krech: Diagnostische Charakteristika früher Arthritiden und Spondarthritiden. Akt. Rheumatologie 14 (1989) 115–118

Kranz, W.: Das «Rheuma». 10 Sudhoffs Archiv 42, 2 1958 145–148

Mahrenholtz, M., H. . E. Langer: Praktische Differentialdiagnostik bei akuter Arthritis, Wiener Medizinische Wochenschrift, 12 (1990) 319–320

Mau, W., H.-H. Raspe, H. Mersjann: Early Arthritides: Nosography, Nosology and Diagnostic Criteria. Scand J Rheumatology 1989; Suppl. 79, 3–12

Mau, W., H.-H. Raspe: Das fibromyalgische Syndrom. Wiener Medizinische Wochenschrift, 12 (1990) 343–348

Mau, W., A. Wasmus, H.H. Raspe: Epidemiologie und Versorgung der Rheumatoiden Arthritis im Stadtgebiet von Hannover.
Forschungsberichte der Projektträger 2191, Forschungszentrum für Umwelt und Gesundheit GmbH

Mittelstraß, H.: Die Geschichte des Rheumatismus. Dissertation aus dem Institut für Geschichte der Medizin der Med. Akademie in Düsseldorf, 1936.

Nissilä, M., H. Isomäki, K. Kaarela et al.: Prognosis of Inflammatory Joint Diseases. Scand J Rheumatology 1983 12, 33–38

Ropes, M. W., G. A. Bennett, S. Cobb et al.: 1958 Revision of diagnostic criteria of rheumatoid arthritis. Bull. rheum. dis. 9 (1958) 175–176

Schoen, R.: 50 Jahre «Rheumatismus». Internist 4 (1963) 276–281

Wagenhäuser, F. J.: Die Rheumamorbidität, Bern 1969

Weber, I., M. Abel, I. Altenhofen: Dringliche Gesundheitsprobleme der Bevölkerung in der Bundesrepublik Deutschland, Baden-Baden 1990

Wittenborg, A.: Anamnese und klinischer Befund, in H. Zeidler: Innere Medizin der Gegenwart, Bd. Rheumatologie, Urban und Schwarzenberg, München 1990

Wittenborg, A.: Degenerative und extraartikulär-rheumatische Erkrankungen, in H. Zeidler: Innere Medizin der Gegenwart, Bd. Rheumatologie, Urban und Schwarzenberg, München 1990

Wolfe, F., H. A. Smythe, M. B. Yunus et al.: The American College of Rheumatology 1990 Criteria for the Classification of Fibromyalgia. Arthritis and Rheumatism 33, 2 (1990)

Zeidler, H.: Undifferentiated Arthritis and Spondylarthropathy as a Major Problem of Diagnosis and Classification. Scand J Rheumatology 1987; Suppl 65, 54–62

Physiologische und pathophysiologische Mechanismen bei chronischen Schmerzen im Bereich des Bewegungssystems

Manfred Zimmermann

Unter den Patienten mit chronischen Schmerzen steht die Gruppe mit Beschwerden aus dem Bereich des Bewegungssystems nach Häufigkeit an erster Stelle. Der Nuprin Pain Report (Taylor und Curran 1985), ein Mikrozensus zur Inzidenz verschiedener Schmerzen, hat gezeigt, daß in den USA ein erheblicher Teil der Bevölkerung unter chronischen Rücken- oder Gelenkschmerzen leidet und daß dadurch Fehlzeiten von insgesamt 250 Mio. Arbeitstagen pro Jahr verursacht werden. Das Risiko, daß eine längere Krankschreibung zur Invalidität führt, ist bei diesen Schmerzen besonders hoch. Neben individuellem Leiden und Beeinträchtigungen der Lebensqualität haben diese Schmerzen also auch erhebliche soziale und ökonomische Folgen. Die Schmerzursachen sind meistens komplex (Jayson 1980; Nachemson 1982; Harkness et al. 1984; Mills et al. 1984; Brügger 1984; Brandt et al. 1986; Münzenberg und Thomalske 1986; Schumacher 1988; Zimmermann 1991b), es lassen sich entzündliche, neuropathische, fehlregulatorische und psychosomatische Komponenten differenzieren (Tab. 1). Bei manchen Schmerzen sind alle Komponenten vertreten, z.B. bei den immer häufiger

Tabelle 1: Einteilung der pathogenetischen Mechanismen des Schmerzes im Bereich des muskulo-skelettalen Systems

- Nozizeptorschmerz, z.B. durch Entzündung oder mechanische Überlastung eines Muskels oder Gelenks
- Neurogene Entzündung mit Freisetzung von Neuropeptiden aus peripheren Endigungen sensorischer Neurone
- Neuropathischer Schmerz, z.B. in Folge der Kompression eines Nerven oder einer Rückenmarkswurzel
- Zentraler Schmerz oder Deafferentierungsschmerz, z.B. durch Störung der inhibitorischen Kontrolle der Schmerzverarbeitung im Zentralnervensystem
- Fehlregulationsschmerz oder reaktiver Schmerz, durch Pathophysiologie des efferenten motorischen Systems mit überhöhter Spannung posturaler Muskeln
- Psychosomatischer Schmerz, z.B. durch unbewältigten sozialen Streß

verbreiteten Kreuzschmerzen (Low back pain). In dieser Übersichtsarbeit sollen die bei der Schmerzentstehung und Schmerztherapie beteiligten neurophysiologischen Mechanismen dargestellt werden.

1. Bei Gelenk- und Muskelschmerzen sind Nozizeptoren im Spiel

Nozizeptoren sind die Sensoren des Schadens-(Früh-)Warnsystems unseres Körpers (Zimmermann 1976, 1979, 1984; Willis 1985; Besson und Chaouch 1987), das sich, wegen seines hohen Überlebenswertes, in der Evolution aller Tiere in unterschiedlicher Ausprägung entwickelt hat. Bei den Säugern sind sie in allen Organen unter den freien Nervenendigungen reichlich vorhanden, ihre afferenten (sensorischen) Fasern gehören zu den Gruppen der dünnen myelinisierten Aδ- und der unmyelinisierten C-Fasern. Zu den Schmerzen des Bewegungssystems können Nozizeptoren in Muskeln, Sehnen, Gelenken sowie im Knochen und Periost beitragen. Vor allem Muskel- und Gelenknozizeptoren wurden histologisch (Stacey 1969; Wyke 1981; Heppelmann 1990) und physiologisch (Mense 1977; Grigg et al. 1986; Guilbaud 1988; Schmidt 1991) ausführlich charakterisiert.

Nozizeptoren sprechen normalerweise erst auf starke mechanische oder thermische Reize an, z.B. Nozizeptoren der Gelenkkapsel (Schaible und Schmidt 1985; Grigg et al. 1986; Schmidt 1991) auf Überbeanspruchung eines Gelenks, Muskelnozizeptoren (Mense 1977) auf Kontraktion des Muskels unter Ischämie. Bei vielen chronischen Schmerzen spielt die Sensibilisierung von Nozizeptoren durch Entzündungssubstanzen eine Rolle.

Bei Entzündungen unterschiedlicher Genese (traumatisch, infektiös, immunologisch) kommt es zur Aktivierung (d.h. verstärkter Bildung oder Freisetzung) endogener chemischer Substanzen, der Schmerz- und Entzündungsmediatoren wie z.B. Bradykinin, Histamin, Prostaglandinen, Interleukin-1. Bei der zellulären Reaktion spielt vor allem die Aktivierung von Makrophagen z.B. durch Lymphokine eine Rolle, die wiederum durch verschiedene Antigen-Stimuli aus T-Lymphozyten freigesetzt werden (Resch 1991). Die Makrophagen bilden Prostaglandine, Leukotriene und Zytokine, die die Entzündungsreaktion an andere Zellen (Endothel, Parenchym, Fibroblasten) weitervermitteln.

Tierexperimentell konnte gezeigt werden, daß die Schwelle der Nozizeptoren durch Einwirkung einer Vielzahl dieser Entzündungssubstanzen absinkt, wir sprechen von einer Sensibilisierung (Grigg et al. 1986; Berberich et al. 1987). Durch Zusammenwirken von zwei Entzündungsmediatoren, z.B. Prostaglandin E2 und Bradykinin, kommt es zu einer überadditiven Potenzierung der Wirkungen (Mense 1981). Wahrscheinlich beruht die oft dramatische Sensibilisierung bei einer Entzündung auf einer besonders starken Potenzierung durch den kumulativen Effekt zahlreicher Komponenten. Bei einer experimentellen Gelenkentzündung sprechen die Nozizeptoren des Gelenks bereits auf geringe Gelenkbewegungen an, werden spontan aktiv (Schaible und Schmidt 1985; Guilbaud et al. 1985), und viele von ihnen werden sogar überhaupt erst unter den Bedingungen einer Entzündung erregbar (Schmidt 1991). Ähnlich verändern Muskelnozizeptoren ihr Entladungsverhalten bei einer Entzündung (Diehl et al. 1988).

Azetylsalizylsäure und andere Analgetika dämpfen die Erregung und Sensibilisierung der Nozizeptoren. Aus diesem besonderen Wirkort in der nervösen Peripherie leitet sich die allgemeine Indikation für diese Medikamente ab: Alle Arten von Nozizeptorschmerzen. Bei richtiger Auswahl, ausreichender Dosierung und Einnahme in angemessenen Zeitintervallen sind diese auch peripher angreifenden Analgetika selbst bei starken Schmerzen wirksam, z.B. bei tumorbedingten Knochenschmerzen. Ein Teil dieser Medikamente interferiert mit der Entstehung oder Freisetzung der Schmerzmediatoren, am besten bekannt ist die Hemmung der Prostaglandinsynthese durch die Azetylsalizylsäure. Dies ist jedoch nur ein Teilaspekt aus einer Vielfalt von peripher ansetzenden Wirkungsmechanismen, wahrscheinlich greifen die Analgetika auch direkt hemmend in die neurale Erregungsbildung am Nozizeptor ein (Ferreira 1989). Zusätzlich scheinen einige dieser Analgetika noch einen zentralnervösen analgetischen Wirkort zu haben (Carlsson et al. 1988), wie auch aus der antipyretischen Eigenschaft einiger dieser Substanzen vermutet werden kann.

2. Sind neurogene Entzündung und antidrome Vasodilatation an der Schmerzentstehung beteiligt?

In den letzten Jahren wurde herausgefunden, daß aus den Nozizeptoren die Neuropeptide Substanz P, CGRP (Calcitonin generelated peptide) und andere vasoaktive Substanzen freigesetzt werden, die eine starke Vasodilatation bewirken (Chahl et al. 1984). Die primär afferenten (sensorischen) Neurone haben offensichtlich auch eine efferente neurosekretorische Funktion. Dies ist der Mechanismus der schon lange bekannten Erscheinungen der antidromen Vasodilatation und des Axonreflexes (Lewis 1942). Durch Substanz P kommt es jedoch auch zur Steigerung der Gefäßpermeabilität, Degranulation von Mastzellen mit Histaminfreisetzung und anderen zellulären Reaktionen, wir sprechen deshalb von einer neurogenen Entzündung. Es gibt viele Hinweise dafür, daß diese Vorgänge bei einigen chronisch entzündlichen Erkrankungen beteiligt sind und dabei wiederum an der Sensibilisierung der Nozizeptoren mitwirken.

Die antidrome Vasodilatation als Teil der neurogenen Entzündung konnte von Handwerker und Mitarbeitern (Magerl et al. 1987) in Experimenten an Versuchspersonen bei Reizung der C-Fasern im Hautnerven direkt nachgewiesen werden. Die Vasodilatation wurde mit einem neuen nichtinvasiven

Verfahren, der Laser-Doppler-Flußmessung, erfaßt. Abhängig von der Zahl der gesetzten elektrischen Nervenreize kam es distal der Reizstelle zu einer Zunahme der Durchblutung über viele Minuten, nach einer nur wenige Sekunden dauernden Periode von Reizungen. Die antidrome Vasodilatation übersteigt und überdauert die gleichzeitig durch Reizung der efferenten Sympathikusfasern ausgelöste noradrenerg vermittelte Vasokonstriktion. Durch vorausgehende lokale perkutane Applikation von Capsaicin wurde die Vasodilatation stark abgeschwächt. Auch im Innervationsgebiet eines Gelenknerven konnte tierexperimentell durch Stimulation der C-Fasern eine antidrome Vasodilatation ausgelöst werden, die durch den Temperaturanstieg in der Gelenkkapsel dokumentiert wurde (Ferrell und Cant 1987).

Es gibt viele experimentelle und klinische Hinweise, daß solche neurogene Entzündungsvorgänge bei chronischen Gelenkentzündungen und Schmerzen beteiligt sind (Larsson et al. 1989). Störungen durch neurogene Mechanismen wirken wahrscheinlich auch bei der Migräne (Edvinsson und McCulloch 1987), beim Asthma bronchiale und möglicherweise auch bei allergischen Dermatosen mit. Patienten mit einer Fibromyalgie, einer schmerzhaften Erkrankung des Bewegungssystems mit einer bisher nicht geklärten Pathophysiologie, zeigen eine verstärkte neurogene Entzündungsreaktion auf Provokationsreize (Littlejohn et al. 1987), außerdem soll bei diesen Patienten die Inzidenz einer Raynaudschen vasomotorischen Störung besonders hoch sein (Vaeroy et al. 1988). Beide Erscheinungen können als Zeichen einer Fehlfunktion unter Beteiligung von Neuropeptiden gedeutet werden.

Die Annahme der Mitwirkung eines neurogenen Mechanismus an chronischen Gelenkerkrankungen wird u. a. auch gestützt durch die seit langem bekannte Beobachtung, daß bei Ausfällen der Gelenkinnervation rheumatische Gelenkveränderungen abgemildert sind oder sogar unterbleiben (Courtright und Kuzell 1965). Colpaert et al. (1983) und Levine et al. (1984, 1986) konnten zeigen, daß der Gehalt von Substanz P in Gelenknervenfasern bei Tieren mit einer experimentellen Polyarthritis stark erhöht ist. Durch Behandlung der Tiere mit Capsaicin oder Goldmaleat konnten die erhöhte Konzentration von Substanz P und die klinischen Zeichen der Arthritis wieder reduziert werden (Colpaert et al. 1983; Levine et al. 1988).

Daß auch bei der rheumatoiden Arthritis sensorische Neuropeptide eine pathogenetische Rolle haben können, zeigen interessante Ergebnisse von Lotz et al. (1987). Synoviozyten, durch Biopsie aus Gelenken der Patienten entnommen, wurden in vitro durch geringste Konzentrationen von Substanz P zur Proliferation angeregt, außerdem wurden Prostaglandine und Kollagenase erhöht freigesetzt. Diese Wirkungen von Substanz P konnten durch einen spezifischen Antagonisten blockiert werden. Aus diesen Beobachtungen kann die naheliegende Hypothese gefolgert werden, daß die aus den Synoviozyten freigesetzten Prostaglandine an den Entzündungsvorgängen beteiligt sind und die Kollagenase bei der Knorpelzerstörung am Gelenk mitwirkt.

Ansätze zur Schmerztherapie über peptiderge Mechanismen.

Capsaicin, die pflanzliche Substanz, die dem Pfeffer seinen brennenden Geschmack verleiht, führt zur Erregung von Nozizeptoren mit C-Fasern. Anschließend kommt es zu einer Desensibilisierung, also einer Periode herabgesetzter Erregbarkeit, die, je nach Dosis, lange andauern kann. Bei sehr hohen Konzentrationen von Capsaicin, vor allem nach systemischer Gabe bei neonatalen Tieren, kommt es zu einer wahrscheinlich irreversiblen neurotoxischen Schädigung von Neuronen, die Substanz P enthalten, entsprechend sind die Tiere später vermindert schmerzempfindlich. Bei Ratten mit einer experimentellen Polyarthritis führte Behandlung mit Capsaicin zu einer Milderung der Arthritis (Colpaert et al. 1983). Alte (z.B. ABC-Pflaster bei Rückenschmerzen) und neue (z.B. Capsaicin-Salbe bei postherpetischen Schmerzen) Methoden der lokalen Schmerzbehandlung mit Capsaicin werden so durch die spezifische Wirkung des Capsaicin auf C-Fasern, die Substanz P enthalten, erklärbar.

3. Pathogenetische Mechanismen bei Nervenschmerzen

Nervenschmerzen oder neuropathische Schmerzen entstehen durch Schädigungen peripherer Nerven (Devor 1984; Zimmermann 1988), z.B. durch Kompression, Durchtrennung, metabolisch bedingte Defizite (z.B. bei Diabetes). Viele somatische Nerven ziehen durch anatomisch bedingte Engpaßstellen, an denen es unter ungünstigen Bedingungen zu Kompressionssyndromen kommen kann. Auch die Hinterwurzeln gehören zu den vulnerablen Stellen, hier können beim Bandscheibenvorfall und bei Spinalstenosen Kompressionen entstehen. Schließlich können auch Osteophyten, also Knochenwucherungen im Bereich entzündlich erkrankter Gelenke, zur Irritation periartikulär verlaufender Nerven führen.

Bei einer längerdauernden Nervenkompression kommt es zu einer abnormalen Erregbarkeit von Nervenfasern (Howe et al. 1977; Culp und Ochoa 1982; Bennett und Xie 1988), so daß eine Vielzahl von natürlichen Reizen zur Impulsauslösung an der Stelle der Nervenirritation führen kann, zusätzlich zur normalen elektrischen Impulsleitung. In normalen Nervenfasern dagegen können durch mechanische Reize oder Entzündungsmechanismen kaum Erregungsprozesse ausgelöst werden.

Bei den Veränderungen durch Kompression, die langsam von der Läsionsstelle zur Peripherie und zum Rückenmark fortschreiten (Devor 1988), wirkt auch eine nicht-elektrische Signalausbreitung über den axonalen Transport in der Nervenfaser mit. Dadurch können auch die biochemischen Funktionen der betroffenen Nervenzellen beeinflußt werden. So nehmen z.B. nach Axotomie der Gehalt und wahrscheinlich auch die Synthese von Substanz P und CGRP im Zellkörper ab (White und Zimmermann 1988a), der Gehalt an VIP, einem anderen Neuropeptid, nimmt dagegen zu (Shebab und Atkinson 1986). Weiter kommt es zu einer langdauernden Expression von Proto-Onkogenen wie c-Jun im Zellkern, die auf die gesteigerte Transkription von Geninformation hinweist (Herdegen et al. 1991). Auch in Rückenmarksneuronen konnte nach einer Nervendurchtrennung eine transsynaptische Induktion der Genexpression von Neuropeptiden und Proto-Onkogenen beobachtet werden.

Derzeit ist es noch kaum möglich, diese biochemischen Befunde im Hinblick auf eine mögliche Rolle bei der Pathogenese neuropathischer Schmerzen einzuordnen. Sie zeigen jedoch, daß lokale Schädigungen des Nervensystems sich langsam und weitreichend ausbreiten, und so möglicherweise auch an den bisher vielfach unerklärbaren, und deshalb als unwahrscheinlich angesehenen, Fernwirkungen im Nervensystem beteiligt sind, auf die z.B. in der Neuraltherapie und der Akupunktur seit langem hingewiesen wurde.

4. Fehlregulationen im neuromotorischen System können Schmerzen verstärken und zur Chronifizierung beitragen

Viele Schmerzzustände des Bewegungssystems gehen mit reaktiven Veränderungen der Muskulatur einher, bei denen einmal metabolische oder biochemische Störungen, zum anderen inadäquate neurale Steuerungen der Motorik mitzuwirken scheinen. Beide Fehlregulationen führen zu einer übermäßig angespannten Muskulatur. So lassen sich Schmerzen bei Fibromyalgie, bei schmerzhaften Triggerpunkten (Travell und Simons 1983) sowie schmerzhafte Myogelosen und Hartspann erklären.

Ein Teil dieser schmerzhaften Tonuserhöhungen ist elektromyographisch stumm (z.B. Fibromyalgie, Myogelose). Wahrscheinlich handelt es sich dabei um lokal-chemisch bedingte Kontrakturen, die nicht von ständigen neuronalen Kontraktionsbefehlen aus dem Rückenmark abhängen. Bei dem anderen Teil der Patienten ist die Verspannung dagegen mit einem deutlich erhöhten EMG assoziiert (Hoyt et al. 1982; Flor und Turk 1984; Turk und Flor 1984). Besonders betroffen sind dabei die Haltemuskeln der Wirbelsäule und andere tonische Muskelgruppen, die den Körper entgegen der Schwerkraft aufrecht halten. Ursachen für die erhöhte Muskelspannung, die von der zentralnervösen Kontrolle abhängt, sind z.B. erworbene Fehlhaltungen, emotionaler Streß, übersteigerte motorische Reflexe bzw. zentralmotorische Antriebe (z.B. bei Spastizität). Diese Mechanismen werden durch experimentelle und klinische Befunde gestützt.

Die gemeinsame Endstrecke dieser verursachenden Faktoren im Nervensystem ist die neurale Verarbeitung im Rückenmark. Im Hinterhorn laufen viele erregende Zuflüsse zusammen, die z.B. aus den Muskeln selbst (Eigenreflexe), aus der Haut, den Viscera und den Gelenken (Fremdreflexe und Propriozeption) sowie aus dem Gehirn kommen. Die im Hinterhorn summierte Erregung wird zu den Motoneuronen im spinalen Vorderhorn weitergegeben, deren Aktivität direkt die Erregung und Kontraktion der Skelettmuskeln bestimmt.

Die vom Gehirn absteigenden Einflüsse auf die Motorik sind auch als Bindeglieder der Psychosomatik zu verstehen, da Streß, Angst und psychische Verspannung zu einer Mitinnervation der Motorik führen (Bischoff 1989). So hat Frau Dr. Flor vom Psychologischen Institut in Tübingen gezeigt, daß experimentell induzierter emotionaler Streß zu einer deutlichen Erhöhung des EMG der Rückenmuskulatur führt (Flor et al. 1985). Bei Patienten mit chronischen Rückenschmerzen sind der Spannungszustand und die elektromyographischen Signale viel größer als bei Gesunden, außerdem klingen sie nach Ende der Streßsituation langsamer ab als bei den normalen Probanden.

Alle diese sich summierenden Einflüsse bestimmen das Erregungsmaß der Motoneurone und damit auch den Kontraktionszustand der Skelettmuskulatur, der bis zum Extrem einer Spastik gesteigert sein kann (Pierrot-Deseilligny 1983). Ansätze zur Behandlung solcher Spannungsschmerzen zielen darauf ab, die erhöhte Muskelspannung zu lösen oder den Zusammenhang zwischen Spannung und Erregung der Nozizeptoren abzuschwächen. Neurophysiologisch begründete therapeutische Maßnahmen sind die therapeutische Lokalanästhesie (z.B. in myofasziale Triggerpunkte; Travell und Simons 1983), die Verstärkung zentraler Schmerzhemmungssysteme (z.B. durch transkutane elektrische Nervenstimulation oder Opioide), die Verringerung der zentralnervösen motorischen Erregung (z.B. durch Myotonolytika) und Umlernen der zu Fehlhaltungen führenden motorischen Steuerprogramme des ZNS, z.B. mit Hilfe von Biofeedback (Flor et al. 1983) oder einem Bewegungs- und Haltungstraining bei der Rückenschule.

Zwischen Muskeltonus und Schmerz kann es auch zu einer sich aufschaukelnden Wechselwirkung kommen. Im Sinne eines Circulus vitiosus oder, in moderner Terminologie, einer positiven Rückkopplung (positive feedback), läßt sich folgende Hypothese aufstellen: Erregung der Motoneurone aus verschiedenen Inputs führt zum erhöhten Muskeltonus, wodurch die Nozizeptoren des Muskels, der Sehnenansätze und der Gelenke verstärkt erregt werden. Nun ist bekannt, daß nozizeptive Afferenzen vielfach an Fremdreflexen beteiligt sind, also zu verstärkten Muskelkontraktionen führen. Diese, so die hypothetische Vorstellung, verstärken wiederum die Erregung der Nozizeptoren, und dadurch kommt besagter Teufelskreis der Selbstunterhaltung eines Muskelschmerzes in Gang. Leider gibt es zur Untersuchung dieser Vorstellung noch kein tierexperimentelles Modell, bei dem sich die geschilderten Vorgänge nachvollziehen lassen.

Das Ausmaß des reflektorisch unterhaltenen Muskeltonus hängt grundsätzlich vom Verstärkungsfaktor bei der spinalen Reflexverschaltung ab, also vom Verhältnis der von den Motoneuronen an die Muskeln geleiteten Erregung zur Gesamtgröße der erregenden Zuflüsse zu den Motoneuronen. Dieses Prinzip wirkt z.B. bei Spastik oder Wundstarrkrampf, die Erregung der Motoneurone ist hier übersteigert, ohne daß die segmentalen Reflex-«Inputs» zu den Motoneuronen vergrößert sind. Insbesondere sollte durch eine abnormal hohe Reflexverstärkung im Rückenmark die Unterhaltung von Muskelspannungschmerzen begünstigt werden. Daß es tatsächlich variable und pathophysiologisch überhöhte Reflexübertragungen gibt, zeigen mehrere tierexperimentelle Modelle, die vor allem in der Spastizitätsforschung eingesetzt werden.

Ein bisher wenig beachteter Befund scheint mir besonders für den hier im Vordergrund stehenden Kontext des Schmerzes relevant zu sein: Woolf (1984) konnte zeigen, daß bei (dezerebrierten) Ratten nach einem kurzdauernden thermischen Trauma an einer Hinterextremität die Schwelle zur Auslösung von Fremdreflexen langdauernd, über Wochen, abgesenkt war, und zwar sowohl ipsi- als auch kontralateral zu dem auslösenden Trauma. Durch das periphere Trauma wurde also eine langfristig verstärkte Reflexübertragung im Rückenmark induziert. Ein solcher Mechanismus könnte, bei gleichzeitigem Vorliegen sensibilisierter Nozizeptoren, eine peripher-zentrale Spirale der Schmerzaufschaukelung in Gang setzen.

5. Fehlregulation des sympathischen Nervensystems als Schmerzursache.

Auch Fehlfunktionen des sympathischen Nervensystems können zur Unterhaltung und Verstärkung chronischer Schmerzen beitragen, wie aus vielen klinischen Beobachtungen gefolgert wurde (Kozin et al. 1976). So werden die Schmerzen bei der Sudeckschen Atrophie, bei der Kausalgie und beim Morbus Raynaud einer übermäßigen Reagibilität des (efferenten) Sympathikus zugeschrieben (Blumberg 1988). Bei der Sudeckschen Atrophie und beim M. Raynaud sollen die Störungen über die vasomotorische Fehlsteuerung durch den Sympathikus ablaufen, während bei der Kausalgie ein direktes Überspringen efferenter sympathischer Aktivität auf afferente Erregungen im Bereich einer Nervenverletzung angenommen wird (Jänig 1985).

Aus tierexperimentellen Untersuchungen ist bekannt, daß ein peripheres Nerventrauma auch eine Fehlregulation des Sympathikus verursachen kann (Jänig 1985). Nervenverletzungen können z.B. dazu führen, daß das Reflexmuster des Sympathikus, ein außerordentlich differenziertes Gebäude der Erregbarkeit sympathischer efferenter Nervenfasern, langfristig verändert und gestört wird (Blumberg und Jänig 1984b). So werden normalerweise die vasokonstriktorischen efferenten Fasern zu den Widerstandsgefäßen der

Haut und der Muskeln gegensinnig reflektorisch angetrieben, d.h. eine zunehmende Vasokonstriktion in der Haut wird von einer abnehmenden Vasokonstriktion im Muskel begleitet. Nach einer Nervenschädigung verschwindet diese gegensinnige Reaktionsweise, Haut- und Muskelvasokonstriktoren reagieren dann also uniform gleichartig. Man kann sich vorstellen, daß es über eine gestörte spinale Übertragung und Verarbeitung sympathischer Reflexe nach einem Trauma zunächst zu Störungen der Vasomotorik und Mikrozirkulation kommt, die eine vermehrte Erregbarkeit der Nozizeptoren im Gefolge haben. Diese Fehlregulationen können grundsätzlich analog zu den pathophysiologischen Mechanismen im Bereich der skelettmotorischen Reflexe (s. vorausgehendes Kapitel) gesehen werden, die schließlich zur Unterhaltung und Chronifizierung von Schmerzen beitragen können.

Auch klinische Beobachtungen und Untersuchungen zeigen, daß der Sympathikus eine schmerzverstärkende Rolle spielen kann. Bei so verursachten Schmerzen kann eine Sympathikusblockade mit einem Lokalanästhetikum zu einer eindrucksvollen Besserung führen. Auch Schmerzen bei Fibromyalgie sprechen sehr gut auf Sympathikusblockaden an (Bengtsson und Bengtsson 1988).

Man weiß seit langem, daß sich auch psychische Vorgänge als Aktivitätsänderungen im sympathischen Nervensystem äußern (Blumberg 1988). So kommt es z.B. bei emotionalem Streß zur Verstärkung der Schweißsekretion und zu Veränderungen der Durchblutung. Die Aktivierung der Schweißdrüsen kann über den elektrischen Hautwiderstand gemessen werden (psychogalvanischer Reflex), die Veränderung der Durchblutung über die Hauttemperatur, die im thermographischen Bild so eindrucksvoll sichtbar gemacht werden kann. Auf der Basis dieser experimentellen Beobachtungen ist denkbar, daß psychosomatische Störungen über physiologische Mechanismen des sympathischen Nervensystems vermittelt werden und sich schließlich als schmerzhafte Regulationsstörung manifestieren.

Insgesamt läßt sich sagen, daß durch die Wirkungen von Sympathikus und Neuropeptid-haltigen sensorischen Neuronen (s. Abschnitt 2) viele Möglichkeiten der nervösen Regulation und Fehlregulation bestehen, deren Bedeutung für die Entstehung chronischer Schmerzen wir heute noch kaum absehen können. Die Möglichkeiten des Zusammenspiels beider neurogener Mechanismen sind vielfältig, da adrenerge und peptiderge Wirkungen sowohl synergistisch (Freisetzung von Prostaglandinen) als auch antagonistisch (vasomotorische Wirkungen) sein können.

6. Verarbeitung von Schmerzinformation im Zentralnervensystem.

Schmerzbezogene sensorische Informationen werden im Zentralnervensystem (ZNS) vielfältig verschaltet: zu spinalen und supraspinalen Reflexsystemen, zu den Integrationsebenen von Hypothalamus und limbischem System sowie zur thalamo-kortikalen Ebene der bewußten Wahrnehmung. Ein umgrenztes «Schmerzzentrum» gibt es nicht, vielmehr muß man annehmen, daß durch die Kooperation der unterschiedlichen Hirnbereiche die komplexen subjektiven Schmerzerlebnisse mit sensorischen, affektiven und motivationalen Dimensionen, sowie die spezies-spezifischen Verhaltensäußerungen, entstehen.

Zentralnervöse Schmerzinformationen werden durch viele äußere und innere Faktoren moduliert, wir können dabei kurzdauernde und langfristige Veränderungen beobachten. Dabei spielen auch zahlreiche Hemmungsmechanismen mit (s. Abschnitt 7), die ständig die Empfindlichkeit und Reaktionsbereitschaft des Schmerzsystems modulieren.

Synaptische Übertragung von Schmerzinformation im Rückenmark.

Die Nervenimpulse aus den Nozizeptoren werden über afferente Aδ- und C-Fasern zum Rückenmark geleitet und dort chemisch auf Neurone des Hinterhorns umgeschaltet. Die chemischen Übertragung geschieht an exzitatorischen Synapsen. Dabei wirken als erregende Transmitter Glutamat und Substanz P sowie weitere Aminosäuren und Neuropeptide mit. Sie werden aus den präsynaptischen Endigungen der afferenten Fasern freigesetzt und wirken auf postsynaptische Rezeptoren der spinalen Neurone ein. Die Freisetzung der Neuropeptide im Hinterhorn des Rückenmarks bei noxischen Reizen konnte direkt mit Methoden der Immunchemie nachgewiesen werden (Duggan et al. 1987). Synapsen für Glutamat und Neuropeptide beeinflussen sich gegenseitig, besonders die gleichzeitige und repetitive Aktivierung beider Transmitter scheint zu Bahnungs- und Potenzierungseffekten zu führen, die die zentralnervöse Übertragung verstärken können.

Im Rückenmark wird diese transformierte Schmerzinformation in die motorische und vegetative Steuerung integriert (z.B. Wegziehreaktion, lokale Durchblutungssteigerung) und zum Gehirn weitergeleitet. Dabei sind mehrere aufsteigende Bahnsysteme beteiligt, unter ihnen ist der kontralaterale Vorderseitenstrang (Tr. spinothalamicus) am besten bekannt. Wegen der Beteiligung multipler aufsteigender Bahnen ist es verständlich, daß die neurochirurgische Durchtrennung des Vorderseitenstrangs meist nur vorübergehend gegen chronische Schmerzen wirksam ist.

Plastizität im Zentralnervensystem – ein Mechanismus bei chronischen Schmerzen?

Bei persistierenden noxischen Reizen werden langfristige physiologische und biochemische Reaktionen im Zentralnervensystem beobachtet. Sie können als Mechanismen oder Zeichen eines zentralen Schmerz-Engramms gedeutet werden, das seit langem aus klinischen Phänomenen gefolgert worden war, z.B. bei Phantomschmerzen. So blieben bei Patienten Schmerzen auch bestehen, wenn die Leitung im Rückenmark durch eine hohe Spinalanästhesie zeitweilig völlig unterbrochen war (Gerbershagen, persönliche Mitteilung).

Mittlerweile gibt es zahlreiche Befunde, die die Annahme langdauernder Veränderungen im Zentralnervensystem bei vielen Arten von Noxen nahelegen. Eine experimentelle Entzündung eines Gelenks führt an den Neuronen des zugehörigen Rückenmarksegments zur erhöhten Empfindlichkeit bei der Signalübertragung vieler ipsilateraler und kontralateraler Inputs (Schmidt 1991). Bei Ratten führte ein reversibles Hitzetrauma in einer Hinterextremität zu einer wochenlang andauernden Erniedrigung der Schwelle für die Auslösung eines Flexionsreflexes (Woolf 1984). Diese persistierende Veränderung im Bereich der Motorik bestand auf beiden Körperseiten, nicht nur auf der Seite des primären Traumas. Bei Tieren mit durchtrenntem N. ischiadicus war das Organisationsmuster der sympathischen Reflexe noch Monate nach der Nervenläsion verändert (Blumberg und Jänig 1984a). Die daraus wahrscheinlich resultierende Störung bei der Durchblutungssteuerung durch das sympathische Nervensystem könnte bei der Entstehung klinischer Syndrome wie der sympathischen Reflexdystrophie und Kausalgie beteiligt sein (Jänig 1985). Bei Patienten mit Fibromyalgie war der Gehalt an Substanz P im Liquor des Rückenmarks gegenüber Gesunden stark erhöht (Vaeroy et al. 1988), was auf eine verstärkte Freisetzung dieses erregenden Neurotransmitters aus den afferenten nozizeptiven Fasern hinweist.

Die Grundlagenforschung gibt Erklärungsmöglichkeiten für die Hypothese einer zentralnervösen Neuroplastizität bei chronischen Schmerzen (Übersicht bei Zimmermann 1991a). So werden im Tierexperiment durch Nervenverletzungen die endogenen Hemmungssysteme abgeschwächt, vor allem das Opioidsystem (Lombard und Besson 1989), obwohl histochemisch eine Zunahme des Opiodgehalts im Rückenmark beobachtet wird (Höllt et al. 1987; Millan et al. 1988).

Auch bei der erregenden synaptischen Übertragung zeigen sich unter starken noxischen Reizen Tendenzen zu langdauernden Veränderungen. Bei repetitiven Reizungen afferenter C-Fasern kommen an den erregenden glutamatergen Synapsen der spinalen Neurone zunehmend NMDA-Rezeptoren ins Spiel, die zur Potenzierung der Erregungsübertragung (wind-up) führen (Davies und Lodge 1987). Diese Potenzierung wird durch NMDA-Antagonisten (darunter z.B. auch Ketamin) blockiert. Die NMDA-Rezeptoren sind nach dem wirkungsvollsten Agonisten dieser glutaminergen synaptischen Rezeptoren, dem N-Methyl-D-Aspartat, benannt. Sie sind auch in anderen neuronalen Systemen bei langfristigen Erhöhungen der Erregbarkeit beteiligt, z.B. bei der Langzeitpotenzierung (Long term potentiation, LTP) im Hippokampus.

Molekularbiologische Vorgänge bei Schmerz.

Schmerzsituationen wirken sich auch auf der molekularbiologischen Ebene aus, wie neuerdings tierexperimentell nachgewiesen werden konnte. Das Werkzeug zur Untersuchung der Vorgänge im Zellkern sind die «immediate-early genes» (IEGs), unter denen einige Proto-Onkogene im Nervensystem bedeutsam sind. Bei längerdauernden noxischen Reizen oder nach Nervenverletzungen werden IEGs aktiviert, es kommt zur Expression von Proteinen wie c-Fos, c-Jun, Jun D und Krox-24, die die Transkription im Zellkern der Nervenzellen kontrollieren (Herdegen et al. 1990; Leah et al. 1989). Dadurch kann es zu Änderungen der Genexpression kommen. Diese Vorgänge bewirken wahrscheinlich tiefgreifende und langfristige Funktionsverschiebungen im Nervensystem, z.B. durch die Veränderung der Synthese von Neurotransmittern oder die Bildung modifizierter Rezeptorproteine. Die neuen Befunde werden sicher auch zu neuen Ansätzen bei den Konzepten der Schmerztherapie führen .

7. Schmerzhemmung in Zentralnervensystem

Im ZNS sind ständig Hemmungssyteme in Aktion, die die Empfindlichkeit und Reaktionsbereitschaft funktioneller Systeme sinnvoll regulieren. Auch das Schmerzsystem steht unter ständiger inhibitorischer Kontrolle, und zwar wahrscheinlich auf allen Ebenen vom Rückenmark bis zum Kortex. Es ist denkbar, daß bei nachlassender Funktion von Hemmungssystemen sich die Schmerzempfindlichkeit erhöht, so daß die Entstehung chronischer Schmerzen begünstigt wird. Andererseits kann die Aktivität hemmender Systeme durch verschiedene therapeutische Maßnahmen verstärkt werden.

Schmerzhemmung im Rückenmark.

Besonders gut untersucht wurden die inhibitorischen Vorgänge auf Rückenmarksebene (Zimmermann 1984; Duggan und North 1984; Yaksh 1986; Zieglgänsberger 1986). Hier wird die Schmerzinformation einmal durch segmentale Hemmung reguliert, die mit endogenen Opioiden, GABA und Glyzin als inhibitorischen Transmittern arbeitet. Zum anderen greifen auf spinaler Ebene auch von supraspinal absteigende hemmende Einflüsse an (Willis 1982; Basbaum und Fields 1984), wobei besonders Opioide, Serotonin (5-HT) und Noradrenalin als inhibitorische Transmitter beteiligt sind. Vor allem durch die absteigenden zentrifugalen Hemmungssysteme entstehen vielfältige Möglichkeiten der Selbstkontrolle des Gehirns in Bezug auf die empfangenen sensorischen Informationen. Die inhibitorischen Mechanismen können jedoch auch gezielt schmerztherapeutisch aktiviert werden durch physiologische (z.B. TENS), medikamentöse (z.B. Morphin, α-Agonisten, Kalzitonin) und psychologische (z.B. Stress, gelernte Streßreaktion) Reize bzw. Auslöser (Gebhart et al. 1984; Willer et al. 1984; Morton et al. 1986)

Hemmung durch afferente Stimulation.

Durch afferente Nervenimpulse aus der Peripherie werden im Zentralnervensystem nicht nur erregende Vorgänge ausgelöst (Reflexe, Wahrnehmungen), sondern immer auch Hemmungsvorgänge. Dabei spielen hemmende Neurotransmitter und Neuromodulatoren eine Rolle, z. B. Serotonin und/oder Enkephalin, Dynorphin und ß-Endorphin (Herz 1984). Man kann die normalerweise vorhandene Hemmung durch afferente Stimulation von der Peripherie aus verstärken. Diese Hemmung wirkt sich aus z. B. als Dämpfung von nozizeptiven Reflexen, oder als Verminderung der Schmerzwahrnehmung. Hemmungsmechanismen können deshalb zur Therapie von unangepaßt übersteigerten Reflexen und von Schmerzen eingesetzt werden.

Man kann die Hemmung neurophysiologisch nachweisen, z.B. durch Registrierung von Rückenmarksneuronen am narkotisierten Tier (Lindblom et al. 1977; Dickhaus et al. 1978; Zimmermann 1984). Die Entladungsfrequenz der Rückenmarksneurone ist ein objektiver Indikator für die Schmerzreizstärke. Wird ein schmerzhafter Hautreiz nochmals gegeben, nachdem vorausgehend die Aß-Fasern des Hautnerven repetitiv elektrisch stimuliert worden waren (z.B. 10 Min. lang mit 50 Hz), dann ist anschließend die Entladungsfrequenz des Neurons erniedrigt. Bei dieser Hemmung können spinale hemmende Neurone mit Enkephalin oder/und vom Gehirn zum Rückenmark absteigende Hemmungsneurone mit Serotonin als hemmendem Transmitter mitwirken. Es ist auffällig, daß die gemessene Hemmung häufig die Periode der elektrischen Nervenstimulation überdauert.

Zur topographischen Organisation der Hemmung kann man zwei Situationen unterscheiden. Bei Stimulation niederschwelliger Afferenzen (z.B. der Aß-Fasern der Tastrezeptoren) kommt es zu einer segmental geordneten Nahwirkung, der sensorische Einstrom aktiviert die Hemmung von Schmerzinformation im selben Rückenmarkssegment. Die Hemmung besteht auch weiter nach Spinalisation des Versuchstieres, es handelt sich offensichtlich um überwiegend spinale/segmentale Hemmungsmechanismen. Bei Stimulation auch der hochschwelligen Afferenzen (z. B. von Nozizeptoren) breitet sich die Hemmung auch auf Schmerzinformation aus, die aus weiter entfernten Körperregionen kommt, es besteht also keine Bevorzugung der segmentalen Nachbarschaft. Diese Fernwirkung wird durch Spinalisation aufgehoben. Offensichtlich wird ein supraspinales Hemmungssystem angestoßen, das zu einer großräumigen Verteilung von Hemmungseffekten im Rückenmark und im Gehirn führt (Willer et al. 1984). Dieses

Hemmungssystem kann man auch direkt durch elektrische Stimulation im Gehirn, z.B. im Mittelhirn, aktivieren, im Tierexperiment kann man so z.B. ansteigende Hemmung zum Rückenmark auslösen (Carstens et al. 1980; Zimmermann 1984).

Die Annahme liegt nahe, daß die in solchen Experimenten demonstrierte Hemmung eine wesentliche Rolle spielt bei der Schmerzbehandlung durch transkutane elektrische Nervenstimulation (TENS) oder Akupunktur, die ja ebenfalls zu einer erheblichen Stimulation afferenter Fasern führt, sowie durch viele andere Ansätze der physikalischen Schmerztherapie (Callies 1991). Die Hemmung kann zur Verringerung fehlgeschalteter motorischer und sympathischer Reflexe beitragen sowie die zum Gehirn weitergeleitete Schmerzinformation reduzieren. Alle diese Wirkungen der Hemmung können Teilmechanismen einer Analgesie sein. Auch andere Methoden, die zur Erregung peripherer Nerven führen, können solche Hemmungsphänomene auslösen (Gegenirritation, Le Bars et al. 1984). Sind die zur Schmerzhemmung eingesetzten Reize selbst schmerzhaft, dann bekommt man Fernwirkungen über die segmentale Nachbarschaft hinaus. So lassen sich im Prinzip die z. B. bei der Akupunktur bekannten Fernwirkungen verstehen (z. B. Akupunktur am Ohr wirkt auf Kreuzschmerzen), hierbei wird wahrscheinlich ein supraspinales Hemmungssystem angestoßen.

Auslösung von Hemmung durch Morphin.

Aus Tierversuchen ist bekannt, daß geringste Mengen von Morphin, in das Mittelhirn injiziert, zu einer Analgesie führen. Dabei wird auch die absteigende Hemmung zum Rückenmark aktiviert, ähnlich wie durch fokale elektrische Stimulation im Mittelhirn (Gebhart et al. 1984). Das Morphin bewirkt also eine pharmakologische Aktivierung eines endogenen Hemmungssystems. Mittlerweile sind weitere Wirkorte für Opiate gefunden worden: im limbischen System (Mandelkern) und direkt im Rückenmark. Hier wirkt das Opiat direkt hemmend auf Neurone, die an der Verarbeitung von Schmerzinformation beteiligt sind. Wahrscheinlich resultiert die Analgesie bei systemischer Gabe von Opiaten aus dem Zusammenwirken der Opiat-Einflüsse auf alle diese Bereiche (Jurna 1990).

Auch experimentell erzeugter Stress bei Tieren (z. B. durch erzwungenes Schwimmen oder längerdauernde elektrische Stimulation über den Käfigboden) führt zu einer ausgeprägten Verringerung der Schmerzempfindlichkeit, man spricht von einer «Stress-induced analgesia» (Tricklebank und Curzon 1984; Terman et al. 1984). Auch dabei werden u. a. die vom Hirnstamm zum Rückenmark absteigenden Hemmungssysteme und das endogene Opioidsystem aktiviert. Solche Mechanismen spielen eine natürliche Rolle, z.B. in lebensbedrohlichen Gefahrensituationen wie einer Verletzung eines Beutetieres durch den Räuber oder eines Soldaten auf dem Schlachtfeld. Die «körpereigene Schmerzabwehr» gewährleistet, daß sich der Verletzte ohne die Behinderung einer schmerzbedingten Schonbewegung in Sicherheit bringen kann. Die Stressanalgesie kann auch in einem Konditionierungsexperiment gelernt werden. Wenn man diese Befunde generalisiert, dann ist die Schlußfolgerung erlaubt, daß psychologische Einflüsse das endogene Schmerzhemmungssystem anstoßen können. Die direkte Evidenz beim Menschen ist, abgesehen von der o. g. Extremsituation eines Schockerlebnisses, allerdings noch nicht schlüssig, da die Frage der Freisetzung endogener Opioide, z. B. bei Hypnose oder unter Placebo-Bedingungen, bisher widersprüchliche Ergebnisse geliefert hat.

8. Ausblick

Die Kenntnis der physiologischen und pharmakologischen Mechanismen der Schmerzentstehung und Schmerztherapie wurde durch intensive Grundlagenforschung beträchtlich erweitert. Diese Ergebnisse haben in neuerer Zeit auch die psychologische und psychophysiologische Schmerzforschung stark angeregt. Die Fortschritte der experimentellen Schmerzforschung haben auch die klinische Auseinandersetzung mit der Schmerzproblematik auf eine neue Ebene gebracht, ermöglicht doch das bessere Wissen gezieltes und logisches Vorgehen auch bei Diagnose und Therapie von Schmerzen. Auch im Hinblick auf die gesundheitspolitische Bedeutung des Schmerzproblems scheint sich zur Zeit eine Neubewertung zu vollziehen (Zimmermann und Seemann 1986).

9. Literatur

Basbaum, A. I., Fields, H. L. (1984) Endogenous pain control systems: brainstem spinal pathways and endorphin circuitry. Annu. Rev. Neurosci. 7, 309-338

Bengtsson, A., Bengtsson, M. (1988) Regional sympathetic blockade in primary fibromyalgia. Pain 33, 161-167

Bennett, G. J., Xie, Y.-K. (1988) A peripheral mononeuropathy in rat that produces disorders of pain sensation like those seen in man. Pain 33, 87-107

Berberich, P., Hoheisel, U., Mense, S., Skeppar, P. (1987) Fine muscle afferent fibres and inflammation: changes in discharge behaviour and influence on gamma-motoneurones. In: Schmidt, R. F., Schaible, H.-G., Vahle-Hinz, C.(Eds.) Fine Afferent Nerve Fibers in Pain. VCH-Verlag, Weinheim, pp. 165-175

Besson, J. M., Chaouch, A. (1987) Peripheral and spinal mechanisms of nociception. Physiol. Rev. 67, 67-186

Bischoff, C. (1989) Wahrnehmung der Muskelspannung. Verlag für Psychologie, Dr. C. J. Hofgrefe, Göttingen, Toronto, Zürich

Blumberg, H. (1988) Zur Entstehung und Therapie des Schmerzsyndroms bei der sympathischen Reflexdystrophie – Klinisches Bild, experimentelle Untersuchungen und neue pathophysiologische Vorstellungen. Der Schmerz 2, 125-143

Blumberg, H., Jänig, W. (1984a) Discharge pattern of afferent fibers from a neuroma. Pain 20, 335-361

Blumberg, H., Jänig, W. (1984b) Reflex pattern in postganglionic vasoconstrictor neurons following chronic nerve lesions. J. Auton. Nerv. Syst. 14, 157-180

Brandt, K. D., Mankin, H. J., Shulman, L. E. (1986) Workshop on etiopathogenesis of osteoarthritis. J. Rheumatol. 13, 1127-1160

Brügger, A. (1984) Neurologische und morphologische Grundlagen der sogenannten rheumatischen Schmerzen – ein Beitrag zum Verständnis der Funktionskrankheiten. In: Berger, M., Gerstenbrand, F., Lewit, K. (Hrsg.) Schmerz und Bewegungssystem. Fischer, Stuttgart, New York, pp. 56-79

Callies, R. (1991) Fortschritte der Physikalischen Therapie des Schmerzes in der Rheumatologie. In: Zimmermann, M., Zeidler, H., Ehlers, H. (Hrsg.) Rheuma und Schmerz. Der Schmerz 5, Suppl. 1, S. xx-xx

Carlsson, K.-H., Monzel, W., Jurna, I. (1988) Depression bymorphine and the non-opioid analgesic agents, metamizol (dipyrone), lysine acetylsalicylate, and paracetamol, of activity in rat thalamus neurones evoked by electrical stimulation of nociceptive afferents. Pain 32, 313-326

Carstens, E., Klumpp, D., Zimmermann, M. (1980) Differential inhibitory effects of medial and lateral midbrain stimulation on spinal neuronal discharges to noxious skin heating in the cat. J. Neurophysiol. 43, 332-342

Chahl, L. A., Szolcsanyi, J., Lembeck, F. (Eds.) (1984) Antidromic Vasodilatation and Neurogenic Inflammation. Akademiai Kiado, Budapest

Colpaert, F. C., Donnerer, J., Lembeck, F. (1983) Effects of capsaicin on inflammation and on the substance P content of nervous tissues in rats with adjuvant arthritis. Life Sci. 32, 1827-1834

Courtright, L. J., Kuzell, K. C. (1965) Sparing effect of neurological deficit and trauma on the course of adjuvant arthritis in the rat. Ann. Rheum. Dis. 24, 360-368

Culp, W. J., Ochoa, J. (1982) Abnormal nerves and muscles as impulse generators. Oxford University Press, New York, Oxford

Davies, S. N. and Lodge, D. (1987) Evidence for involvement of n-methylaspartate receptors in «wind-up» of class 2 neurones in the dorsal horn of the rat. Brain Res. 424: 402-406

Devor, M. (1984) The pathophysiology and anatomy of damaged nerve. In: Wall, P. D., Melzack, R. (Eds.) Textbook of Pain. Churchill Livingstone, Edinburgh, London, Melbourne, New York, pp. 49-64

Devor, M. (1988) Central changes mediating neuropathic pain. In: Dubner, R., Gebhart, G. F., Bond, M. R. (Eds.) Proceedings of the Vth World Congress on Pain. Pain Research and Clinical Management Vol. 3. Elsevier, Amsterdam, pp. 114-128

Dickhaus, H., Pauser, G., Zimmermann, M. (1978) Hemmung im Rückenmark, ein neurophysiologischer Wirkungsmechanismus bei der Hypalgesie durch Stimulationsakupunktur. Wiener klinische Wochenschrift 90, 59-64

Diehl, B., Hoheisel, U., Mense, S. (1988) Histological and neurophysiological changes induced by carrageenan in skeletal muscle of cat and rat. Agents and Actions 25, 210-213

Duggan, A. W., Morton, C. R., Zhao, Z. Q., Hendry, I. A. (1987) Noxious heating of the skin releases immunoreactive substance P in the substantia gelatinosa of the cat: a study with antibody microprobes. Brain Res. 403, 345-349

Duggan, A. W., North, R. A. (1984) Electrophysiology of opioids. Pharmacol. Rev. 35, 219-281

Edvinsson, L., McCulloch, J. (Eds.) (1987) Peptidergic Mechanisms in the Cerebral Circulation. VCH, Weinheim

Ferreira, S. (1989) Peripheral memory of inflammatory pain. ILAR Congress 1989, Rio de Janeiro

Ferrell, W. R., Cant, R. (1987) Vasodilatation of articular blood vessels induced by antidromic electrical stimulation of joint C fibres. In: Schmidt, R. F., Schaible, H.-G., Vahle-Hinz, C. (Eds.) Fine Afferent Nerve Fibers and Pain. VCH Verlag, Weinheim, pp. 185-192

Flor, H., Haag, G., Turk, D. C., Koehler, H. (1983) Efficacy of EMG biofeedback, pseudotherapy, and conventional medical treatment for chronic rheumatic back pain. Pain 17, 21-31

Flor, H., Turk, D. C. (1984) Etiological theories and treatments for chronic back pain. I. Somatic models and interventions. Pain 19, 105-121

Flor, H., Turk, D. C., Birbaumer, N. (1985) Assessment of stress-related psychophysiological reactions in chronic back pain patients. J. Consult. Clin. Psychol. 53, 354-364

Gebhart, G. F., Sandkühler, J., Thalhammer, J. G., Zimmermann, M. (1984) Inhibition in spinal cord of nociceptive information by electrical stimulation and morphine microinjection at identical sites in midbrain of the cat. J. Neurophysiol. 51, 75-89

Grigg, P., Schaible, H.-G., Schmidt, R. F. (1986) Mechanical Sensitivity of group III and IV afferents from posterior articular nerve in normal and inflamed cat knee. J. Neurophysiol. 55, 635-643

Guilbaud, G. (1988) Peripheral and central electrophysiological mechanisms of joint and muscle pain. In: Dubner, R., Gebhart, G. F., Bond, M. R. (Eds.) Proceedings of the Vth World Congress on Pain. Pain Research and Clinical Management, Vol. 3. Elsevier, Amsterdam, pp. 201-215

Guilbaud, G., Iggo, A., Tegner, R. (1985) Sensory receptors in ankle joint capsules of normal and arthritic rats. Exp. Brain Res. 58, 29-40

Harkness, I.A.L., Higgs, E.R., Dieppe, P.A. (1984) Osteoarthritis. In: Wall, P. D., Melzack, R. (Eds.) Textbook of Pain, Churchill Livingstone, London, pp. 215-224

Heppelmann, B., Messlinger, K., Neiss, W. F., Schmidt, R. F. (1990) Ultrastructural three-dimensional reconstructiion of group IIV and group IV sensory nerve endings («Free Nerve Endings») in the knee joint capsule of the cat: evidence for multiple receptive sites. J. Comp. Neurol. 292, 103-116

Herdegen, T., Walker, T., Leah, J. D., Bravo, R., Zimmermann, M. (1990) The KROX-24 protein, a new transcription regulating factor: expression in the rat central nervous system following afferent somatosensory stimulation. Neurosci. Lett. 120, 21-24

Herz, A. (1984) Biochemie und Pharmakologie des Schmerzgeschehens. In: Zimmermann, M., Handwerker, H. O. (Hrsg.) Schmerz – Konzepte und ärztliches Handeln, Springer-Verlag Berlin, S. 61-86

Höllt, V., Haarmann, I., Millan, M. J. and Herz, A. (1987) Prodynorphin gene expression is enhanced in the spinal cord of chronic arthritic rats. Neurosci. Lett. 73: 90-94 Howe, J. F., Loeser, J. D., Calvin, W. H. (1977) Mechanosensitivit· of dorsal root ganglia and chronically injured axons: a physiological basis for the radicular pain of nerve root compression. Pain 3, 25-41

Hoyt, W. H., Hunt, H. H., DePauw, M. A., Bard, D., Shaffer F., Passius J. N., Robbins, D. H., Remyon, D. G., Semrad, S. E., Symonds, J. T., Watt, K. C. (1982) Electromyographic assessment of chronic low-back pain syndrome. J. Amer. osteopath. Ass. 80, 722-730.

Jänig, W. (1985) Causalgia and reflex sympathetic dystrophy: in which way is the sympathetic nervous system involved? Trends in Neurosci. 8, 471-477

Jayson, M. I. V. (Ed.) (1980) The Lumbar Spine and Back Pain. Pitman Medical, Turnbridge Wells

Jurna, I. (1990) Analgetika. Schmerzbekämpfung. In: Forth, W., Henschler, D., Rummel, W. (Hrsg.) Allgemeine und spezielle Pharmakologie und Toxikologie. Bibliographisches Institut, Wissenschaftsverlag, Mannheim, S. 522-546

Kozin, F., McCarthy, D. J., Sims, J., Genant, H. J. (1976) The reflex sympathetic dystrophy syndrome. I. Clinical and histologic studies: evidence for bilaterality, response to corticosteroids and articular involvement. Am. J. Med. 60, 321-331

Larsson, J. Ekblom, A., Henriksson, K., Lundeberg, T., Theodorsson, E. (1989) Immunoreactive tachykinins, calcitonin gene-related peptide and neuropeptide Y in human synovial fluid from inflamed knee joints. Neurosci. Lett. 100, 326-330
Leah, J., Herdegen, T. and Zimmermann, M. (1989) Physiological and pharmacological induction of c-fos protein immunoreactivity in superficial dorsal horn neurones. In: Cervero, F., Bennett, G. J. and Headley, P. M. (Eds.) Processing of sensor· information in the superficial dorsal horn of the spinal cord, Plenum Press, New York, pp. 307-310
Le Bars, D., Calvino, B., Villanueva, L., Cadden, S. (1984) Physiological approaches to counter-irritation phenomena. In: Tricklebank, M. D., Curzon, G. (Eds.) Stress Induced Analgesia. Wiley, New York, pp. 67-101
Levine, J. D., Clark, R., Devor, M., Helms, C., Moskowitz, M. A., Basbaum, A. I. (1984) Intraneuronal substance P contributes to the severity of experimental arthritis. Science 226, 547-549
Levine, J. D., Dardick, S. J., Roizen, M. F., Helms, C., Basbaum, A. I. (1986) Contribution of sensory afferents and sympathetic efferents to joint injury in experimental arthritis. J. Neurosci. 6, 3423-3429
Levine, J. D., Moskowitz, M. A., Basbaum, A. I. (1988) The effect of gold, an antirheumatic therapy, on substance P levels in rat peripheral nerve. Neurosci. Lett. 87, 200-202
Lewis, T. (1942) Pain. Macmillan, London
Lindblom, U., Tapper, D. N., and Wiesenfeld Z. (1977) The effect of dorsal column stimulation on the nociceptive response of dorsal horn cells and its relevance for pain suppression. Pain 4, 133-144
Littlejohn, G. O, Weinstein, C., Helme R. D. (1987) Increased neurogenic inflammation in fibrositis syndrome. J. Rheumatol. 14, 1022-1025
Lombard, M. -C. and Besson, J. -M. (1989) Attempts to gauge the relative importance of pre- and postsynaptic effects of morphine on the transmission of noxious messages in the dorsal horn of the rat spinal cord. Pain 37, 335-345
Lotz, M., Carson, D. A., Vaughan, J. H. (1987) Substance P activation of rheumatoid synoviocytes: neural pathway in pathogenesis of arthritis. Science 235, 893-895
Magerl, W., Szolcsanyi, J., Westerman, R. A., Handwerker, H. O. (1987) Laser Doppler measurements of skin vasodilation elicited by percutaneous electrical stimulation of nociceptors in humans. Neurosci. Lett. 82, 349-354
Mense, S. (1977) Nervous outflow from skeletal muscle following chemical noxious stimulation. J. Physiol. (Lond.) 267, 75-88
Mense, S. (1981) Sensitization of group IV muscle receptors to bradykinin by 5-hydroxytryptamine and prostaglandin E2. Brain Res. 225, 95-105
Millan, M. J., Czlonkowski, A., Morris, B., Stein, C., Arendt, R., Huber, A., Herz, A. (1988) Inflammation of the hind limb as a model of unilateral, localized pain: influence on multiple opioid systems in the spinal cord of the rat. Pain 35, 299-312
Mills, K. R., Newham, D. J., Edwards, R.H.T. (1984) Muscle Pain. In: Wall, P.D., and Melzack R. (Eds.) Textbook of Pain, Churchill Livingstone, London, pp. 319-330
Morton, C. R., Maisch, B., Zimmermann, M. (1986) Calcitonin: brainstem microinjection but not systemic administration inhibits spinal nociceptive transmission in the cat. Brain Res. 372, 149-154
Münzenberg, K. I., Thomalske, G. (Hrsg.) (1986) Beinschmerz. VCH-Verlag Edition Medizin, Weinheim
Nachemson, A. (1982) Pathomechanics and treatment of low back pain. In: Stanton-Hicks, M., Boas, R. (Eds.) Chronic Low Back Pain, Raven Press, New York, pp. 59-70
Pierrot-Deseilligny, E. (1983) Pathophysiology of spasticity. Triangle 22, 165-174
Resch, K. (1991) Der entzündliche Gelenkschmerz. In: Zimmermann, M., Zeidler, H., Ehlers, H. (Hrsg.) Rheuma und Schmerz. Der Schmerz 5, Suppl. 1, S.
Schaible, H.-G. , Schmidt, R. F. (1985) Effects of an experimental arthritis on the sensory properties of fine articular afferent units. J. Neurophysiol. 54, 1109-1122

Schmidt, R. F. (1991) Physiologie und Pathophysiologie der Schmerzentstehung und Schmerzverarbeitung im Bewegungssystem. In: Zimmermann, M., Zeidler, H., Ehlers, H. (Hrsg.) Rheuma und Schmerz. Der Schmerz 5, Suppl. 1, S. xx-xx

Schumacher, H. R. (Ed.) (1988) Osteoarthritis – Diagnosis and Therapy. Springer-Verlag, Berlin

Shebab, S. A. S., Atkinson, E. (1986) Vasoactive Intestinal Polypetide (VIP) increases in the spinal cord after peripheral axotomy of the sciatic nerve originate from afferent neurons. Brain Res. 372, 37-44

Stacey, M. J. (1969) Free nerve endings in skeletal muscle of the cat. J. Anat. 105, 231-254

Taylor, H., Curran, N. M. (1985) The Nuprin Pain Report. Louis Harris and Associates, New York

Terman, G. W., Shavit, Y., Lewis, J. W., Cannon, J. T., Liebeskind, J. C. (1984) Intrinsic mechanisms of pain inhibition activation by stress. Science 226, 1270-1277

Travell, J. G., Simons, D. G. (1983) Myofascial pain and dysfunction: The trigger point manual. William & Wilkins, Baltimore

Tricklebank, M. D., Curzon, G. (Eds.) (1984) Stress Induced Analgesia. Wiley, New York

Turk, D. C., Flor, H. (1984) Etiological theories and treatments for chronic back pain. II. Psychological models and interventions. Pain 19, 209-233

Vaeroy, H., Helle, R., Forre, O., Kass, E., Terenius, L. (1988) Elevated CSF levels of substance P and high incidence of Raynauds phenomenon in patients with fibromyalgia: New features for diagnosis. Pain 32, 21-26

White, D., Zimmermann, M. (1988) Changes in the content and release of substance P and calcitonin gene-related peptide in rat cutaneous nerve neuroma. In: Dubner, R., Gebhart, G. F., Bond, M. (Eds.) Proceedings of the Vth World Congress on Pain. Pain Research and Clinical Management, Vol. 3. Elsevier, Amsterdam, pp. 109-113

Willer, J. C., Roby, A., Le Bars, D. (1984) Psychophysiological and electrophysiological approaches to the pain-relieving effects of heterotopiî nociceptive stimuli. Brain 107, 1095-1112

Willis, W. D. (1982) Control of nociceptive transmission in the spinal cord, Springer, Berlin

Willis, W. D. (1985) The Pain System, Karger, Basel

Woolf, C. J. (1984) Long term alterations in the excitabilit· of the flexion reflex produced by peripheral tissue injury in the chronic decerebrate rat. Pain 18, 325-343

Wyke, B. (1981) The neurology of joints: a review of general principles. Clinics in Rheumatic Diseases 7, 223-239

Yaksh, T. L. (Ed.) (1986) Spinal Afferent Processing. Plenum, New York

Zieglgänsberger, W. (1986) Central control of nociception. In: Mountcastle, V. B., Bloom, F. E., Geiger S. R. (Eds.) Handbook of Physiology – The Nervous System IV, Williams & Wilkins, Baltimore, pp. 581-645

Zimmermann, M. (1976) Neurophysiology of nociception. In: Porter, R. (Ed.) International Review of Physiology. Neurophysiology II, Vol. 10. University Park Press, Baltimore, pp. 179-221

Zimmermann, M. (1979) Peripheral and central nervous mechanisms of nociception, pain, and pain therapy: facts and hypotheses. In: Bonica, J. J., Liebeskind, J. C., Albe-Fessard, D. G. (Eds.) Advances in Pain Research and Therapy, Vol. 3. Raven Press, New York, pp. 13-29

Zimmermann, M. (1984) Physiologie von Nozizeption und Schmerz. In: Zimmermann, M., Handwerker, H. O. (Hrsg.) Schmerz – Konzepte und ärztliches Handeln. Springer-Verlag, Berlin, S. 1-43

Zimmermann, M. (1988) Physiologische und pathophysiologische Grundlagen des Nervenschmerzes. In: Lücking, C. H., Thoden, U., Zimmermann, M. (Hrsg.) Nervenschmerz. Schmerzstudien 7. G. Fischer, Stuttgart, New York, S. 16-35

Zimmermann, M. (1991a) Central nervous mechanisms modulating pain-related information: Do they become deficient after lesions of the peripheral or central nervous system? In: Casey, K. L. (Ed.). Pain and Central Nervous System Disease: The Central Pain Syndromes. Raven Press, New York, pp. 183-199

Zimmermann, M. (1991b) Basic neurophysiological mechanisms of pain and pain therapy. In: Jayson, M. I. V. (Ed.) The Lumbar Spine and Back Pain. Churchill Livingstone, Edinburgh (in press)

Zimmermann, M., Seemann, H. (1986) Der Schmerz – Ein vernachlässigtes Gebiet der Medizin? Springer-Verlag, Heidelberg

Psychologische Aspekte der Schmerzwahrnehmung

O. Berndt Scholz

Individuen stehen bekanntlich in einem ständigen Prozeß des Informationsaustausches mit der Umwelt. Während die Aufnahme von Informationen aus der Außenwelt als externale Wahrnehmung bezeichnet wird, kann man alle sensorischen Prozesse, die vom Körperinneren zum Gehirn verlaufen und dort verarbeitet werden, unter dem Begriff der internalen Wahrnehmung zusammenfassen. Dazu gehören nach Harré & Lamb (1986) das proprioceptive System und vor allem das interoceptive System. Letzteres nimmt Informationen über Druck, Temperatur und Schmerz auf und leitet sie weiter.

Zur Interoception von Schmerz formuliert Schmidt (1985, s. 140): «Die Aufnahme, Weiterleitung und zentralnervöse Verarbeitung noxischer Signale bezeichnen wir als *Nociception,* die mit diesen Vorgängen befaßten nervösen Strukturen als das nociceptive oder nocifensive System.» Die physiologischen Mechanismen und Prozesse gehören also zum wesentlichen Definitionsbereich von Nociception. Hauptsächliches Studienobjekt ist dabei das Tier. Die Intention der Nociceptionsforschung läuft darauf hinaus, Basismerkmale von Schmerz (Grundlagenforschung) aufzudecken und zu analysieren.

In nützlicher Abgrenzung dazu wird die subjektive Komponente der Nociception als *Schmerzwahrnehmung* oft auch lediglich als *Schmerz* bezeichnet, denn Schmerzwahrnehmung ist nicht ausschließlich die Folge einer Aktivierung des nociceptiven Systems. Schmerz kann auch durch kognitive Prozesse getriggert bzw. modifiziert werden. Und je chronischer der Schmerz wird, um so schwieriger ist es im allgemeinen, ein biologisch ursächliches Substrat nachzuweisen. Umgekehrt ist nicht jede nociceptive Erregung von Schmerzwahrnehmung begleitet. Der dominante Untersuchungsgegenstand der Schmerzwahrnehmung ist der Mensch, denn – streng genommen – sind nur Menschen in der Lage, von Schmerzwahrnehmungen zu berichten, geschweige denn verschiedene Schmerzqualitäten eines definierten nociceptiven Reizes anzugeben. In diesem Zusammenhang sollte darauf hingewiesen werden, daß die Dichotomie von somatogenem und psychogenem Schmerz artifiziell ist, nämlich: Schmerz ist als Bewußtseinsphänomen stets an einen materiellen Träger gebunden. Insofern ist die Dichotomie erkenntnistheoretisch fragwürdig. Zudem ist Schmerz ein derart komplexes Phänomen, daß es erst interdisziplinär hinreichend verstanden werden kann. Auch unter diesem Aspekt ist die Dichotomie von somatogenem und psychogenem Schmerz sachlich nicht gerechtfertigt.

Wie kann Schmerz gemessen werden?

Schmerzmessung *(Algesimetrie)* unterteilt man zweifach:

1 Bei der *klinischen Schmerzmessung* resp. *Schmerzbeurteilung* geht man von der internalen nociceptiven Stimulation aus. Die Stimuluscharakteristik des Schmerzes ist also nicht direkt erschließbar, weshalb sich der Begriff «Messung» hauptsächlich auf ein psychometrisches Schmerzverständnis bezieht. Hierzu zählen die verschiedenen Möglichkeiten der Selbst- und Fremdberichtsmethoden.

2 Die *experimentelle Schmerzmessung* arbeitet hingegen mit künstlich applizierten nociceptiven Stimuli unterschiedlicher Modalität. Man appliziert insbesondere elektrische, thermische, mechanische und chemische Reize quasi als experimentell zu variiernde Größen und beobachtet dabei das Verhalten der Person. Es werden hauptsächlich drei Paradigmata benutzt, nämlich 1. die Messung von Schmerzschwellen, 2. die Bestimmung von Schmerzgrößen und 3. aus der sensorischen Entscheidungstheorie abgeleiteten Informationen über Besonderheiten der Schmerzwahrnehmung.

Eine Zwischenstellung zwischen der klinischen und experimentellen Schmerzmessung nimmt die Registrierung psychophysiologischer Begleitprozesse und des Schmerzausdrucks ein. Später soll darauf näher eingegangen werden.

Die genannten Meßkonzeptionen haben ihren eigenen Indikationsbereich und sind deshalb nicht gegeneinander austauschbar. Vor allem ist mit den genannten Meßkonzeptionen ganz unterschiedliches Wissen über den Sachverhalt der Schmerzwahrnehmung zutage gefördert worden. Die nachfolgende Darstellung soll denn auch von den verschiedenen Methoden zur Untersuchung der Schmerzwahrnehmung ausgehen und daran den Facettenreichtum psychologischer Aspekte von Schmerz aufzeigen.

Über welche Schmerzaspekte vermögen Patienten Auskunft zu geben?

In aller Regel können Patienten Auskünfte über ihre Schmerztopographie und über Schmerzmodalitäten geben. Was die Angaben zur *Schmerzlokalisation* betrifft, so wird mit der Bezeichnung bzw. Beschreibung der schmerzenden

Stelle nicht automatisch eine Beurteilung des eigentlich schmerzverursachenden Systems mitgeliefert. Projizierter bzw. übertragener Schmerz ist eindrucksvoll und ein gut bekanntes Beispiel dafür, daß der Schmerzort nicht identisch mit dem Enstehungsort der Schmerzen ist (vgl. Janzen, 1984).

Die Frage, welche *Schmerzqualitäten* Patienten zu differenzieren in der Lage sind, ist in der Literatur streitig. Im allgemeinen werden Schmerzintensität, sowie eine sensorisch-diskriminative und eine affektiv-motivationale Schmerzqualität voneinander unterschieden. Es ist darauf hinzuweisen, daß – obgleich eine solche Differenzierung insbesondere von klinischem Interesse ist – diese Aspekte von Schmerzwahrnehmung untereinander hoch korrelieren. Man mißt sie mit visuellen Analogskalen, mit numerischen Ratingskalen bzw. mit Verhaltensrating-Skalen. Sie sind deswegen immer wieder, so z.B. von Torgerson (1984) oder von Jensen, Karoly & Braver (1986), Gegenstand komparativer Studien mit letztendlich einheitlichen Ergebnissen gewesen: Patienten sind ebenso wie Gesunde zuverlässig in der Lage, über die o. g. Schmerzqualitäten zu berichten. Fragt man indessen zwei Schmerzpatienten nach der Intensität ihrer Schmerzen und beide mögen diese mit demselben Begriff kennzeichnen, so ist damit nicht festgelegt, daß beide dieselbe Schmerzintensität meinen. Denn: Das persönliche Bezugssystem, die subjektive Metrik und die interindividuelle Intransivität der schmerzbeschreibenden Begriffe sind Argumente dafür, daß semantische Oberflächeneigenschaften von Schmerz stark variieren (vgl. Scholz & Curio, 1989). Die positiven Befunde repräsentieren in Wahrheit Scheinbefunde, weil deren Validität insoweit nicht berücksichtigt wurde, als die konnotative Komponente der Schmerzbeschreibung davon unberührt bleibt. M. a. W.: Die Größe des zu beschreibenden Schmerzes ist nicht bekannt, wohl aber wird unterstellt, daß eine eindeutige Beziehung zwischen dieser Unbekannten und seiner Beurteilung existiert.

Davon unberührt sind Fragen der Zeitkonstanz bzw. Zeitvariabilität von Schmerzwahrnehmung. *Schmerztagebücher* sind prinzipiell geeignet, diesen Aspekt zu erhellen. Man meint damit Selbstberichte, die Patienten über einen definierten Berichtszeitraum hinweg abgeben. Traditionell werden dabei sog. Papier-und-Bleistift-Versionen eingesetzt. Dank der Computerentwicklung sind jedoch mittlerweile auch elektronische Tagebuchversionen verfügbar. Sie erhöhen nicht nur die Compliance beim Ausfüllen, sondern erleichtern auch die quantitative Auswertung der eingegebenen Informationen. Einzelfallstatistische Auswertungen werden dabei selbstverständlich bevorzugt vorgenommen.

Fragen nach prototypischen Tages- und Wochenverläufen der Schmerzen, nach dem Zusammenhang zwischen ausgewählten Alltagsaktivitäten und der Schmerzwahrnehmung oder nach dem Einfluß therapeutischer Interventionen auf den Schmerzverlauf stehen dabei im Vordergrund. So haben Hrabel, Kessler & Traue (1991) an 38 Rückenschmerzpatienten einige dieser Fragen beantworten können.

Sie ließen die Patienten ein syndromspezifisches Tagebuch über drei Wochen hinweg ausfüllen und stellten dabei fest, daß die Korrelationen zwischen Schmerz und verschiedenen Alltagsaktivitäten für die gesamte Stichprobe – entgegen den in der Literatur immer wieder zitierten Auffassungen von Fordyce (1976) – insgesamt recht gering sind. Wohl aber zeigten sich hohe Zusammenhänge bei der Analyse ausgewählter Einzelfälle, wobei diese Befunde wiederum recht heterogen ausfallen. Werden die Daten der Patienten einer Clusteranalyse unterzogen, dann fällt die Stichprobe auseinander, nämlich in einen Cluster, der einen positiven Zusammenhang zwischen Schmerzwahrnehmung und Arbeitszeit angibt. Ein zweiter Cluster wird durch negative Korrelationen zwischen Schmerzwahrnehmung und Schlafdauer resp. Dauer der eingenommenen Mahlzeiten charakterisiert. Ebenso konnte der Einfluß unzulänglicher Streßbewältigung auf die Dynamik der Schmerzwahrnehmung festgestellt werden, denn der Schmerz erreichte nach dem Selbstbericht der Patienten nur geringe Intensitäten während der Nacht, aber hohe Intensitäten gegen Mittag bis in die Abendstunden hinein.

Im Unterschied zu den Schmerzskalen sind *Schmerzfragebögen* Selbstberichtsmethoden, die sich auf Schmerzverhalten, Bewältigungsverhalten und Einstellungen gegenüber dem Schmerz konzentrieren. Schmerzfragebögen bilden also psychologische Konstrukte ab, die mit schmerzbedingter Angst, Hilf- und Hoffnungslosigkeit, Depression oder mit dem psychopathologischen Status der Patienten zusammenhängen. Für die Untersuchung psychologischer Aspekte der Schmerzwahrnehmung kommen sie deshalb weniger in Betracht. Scholz (1990) hat diesen Methoden eine Überblicksarbeit gewidmet.

Was leisten Messungen sensorischer Schwellen und Messungen standardisierter nociceptiver Schmerzreize unterschiedlicher Größe bei der Analyse der Schmerzwahrnehmung?

1. In Anlehnung an Wolff (1978) kann man nociceptive Schwellen als jenen Wahrnehmungszeitpunkt bezeichnen, an dem ein Proband bei einer definierten Reizgröße und kontinuierlicher Applikation angibt, Schmerzen zu empfinden (Schmerzschwelle, SS). Entsprechend können Aversionsschwelle (AS), Interventionsschwelle (IS) und Schmerztoleranzschwelle (TS) definiert werden.

Wir haben Schwellen auf der Hautoberfläche des nicht-dominanten Armes etwa 5 cm unterhalb der Ellenbogenbeuge gemessen[1]. Die nachfolgend zu berichtenden Ergebnisse stützen sich auf insgesamt 110 weibliche

[1] Die Datengewinnung erfolgte mit finanzieller Unterstützung der Deutschen Forschungsgemeinschaft im Rahmen des Schwerpunktprogrammes «Nociception und Schmerz» (Az: II B 7 – Scho 327/1-1, 1-2, 1, 3).

Patientinnen mit rheumatoider Arthritis bzw. progressiv-systemischer Sklerose sowie auf gesunde Frauen. Ihnen wurden zweimal drei thermische Reize (50, 51 und 52 Grad C) auf der Basis der Wärmeleitung mit Hilfe von Peltierelementen mit jeweils einer maximalen Applikationsdauer von 120s dargeboten. Damit wird ein typischer C-Faser-Oberflächenschmerz erzeugt. In der Abbildung 1 sind die Beziehungen der einzelnen Schwellen zueinander dargestellt.

Wie unschwer festzustellen ist, sind die Schwellen nicht nur konsekutiv. Sie variieren zudem interindividuell beträchtlich. Am auffallendsten ist wohl, daß die interindividuellen Unterschiede um so mehr zunehmen, je «psychologischer» die Schwelle definiert ist. Hinsichtlich der Schmerztoleranzschwelle unterschieden sich die Frauen einer Teilstichprobe viel mehr als hinsichtlich der Interventions-, der Schmerz-, oder gar der Aversionsschwelle. Zudem wird die Größe der Schmerzschwellen durch syndromspezifische Unterschiede mitbedingt. Diese Sachlage wirft zahlreiche Fragen auf, von denen zwei an dieser Stelle aufgegriffen werden sollen:

1. Welche Schwellencharakteristika kennzeichnen die einzelnen Syndrome, d. h.: Hinsichtlich welcher Schwellen unterscheiden sich die drei Untersuchungsgruppen? Die Analyse der vier Schwellen und aller möglichen Quotienten dieser Schwellen – sie werden als Schwellenverhältnisse bezeichnet – ergab statistische Unterschiede zwischen den drei Untersuchungsgruppen im Hinblick auf die Aversions- und auf die Schmerzschwelle. Ebenso unterschieden sich die drei Teilstichproben hinsichtlich der Schwellenverhältnisse SS/AS, IS/AS und TS/SS. Die Inspektion der or-

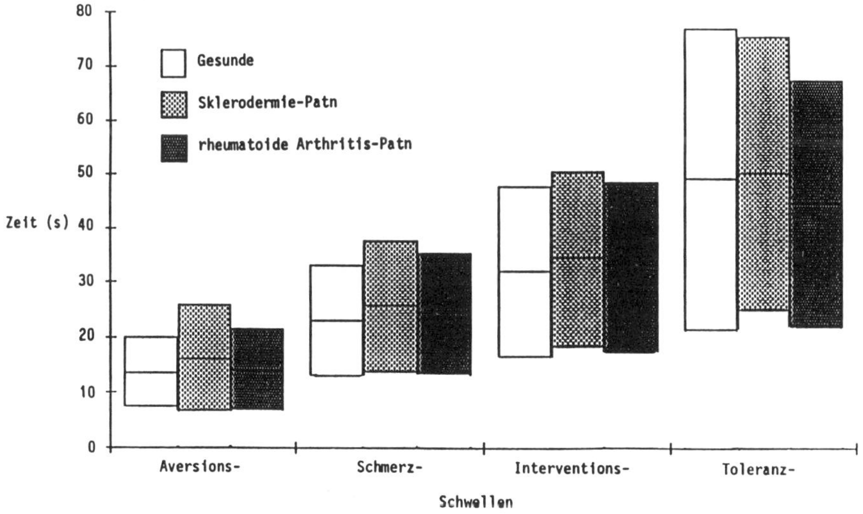

Abbildung 1: Mittelwerte (durchzogene Linien) und Standardabweichungen (Balkenlängen) verschiedener nociceptiver Schwellen bei Patientinnen und gesunden Frauen.

thogonalen Kontraste zeigt, daß die beiden Patientengruppen anhand aller drei Schwellenverhältnisse, nicht aber anhand einer der absoluten Schwellen diskriminiert werden können. Die Arthritis-Patientinnen haben die geringsten Schwellenverhältnisse, sind also am schmerzempfindlichsten. Dem folgen die gesunden Frauen. Mit der Pathologie der Erkrankung übereinstimmend sind die Sklerodermie-Patientinnen am wenigsten schmerzempfindlich. Das wird sich auch später bei der Größeneinschätzung nociceptiver Reize erweisen (vgl. Abb. 8).

2. Inwieweit sind die Unterschiede in der Schmerzwahrnehmung in dem Sinne artifiziell, daß etwa die Erfahrungen der Probandinnen mit der Meßprozedur oder die Stimulustemperatur in Wahrheit die Unterschiede zwischen den Gruppen determinieren? Erweisen sich solche untersuchungstechnischen Einflüsse als irrelevant, dann würden Aussagen zur syndromspezifischen Schmerzwahrnehmung das klinische Wissen über die genannten Systemerkrankungen bereichern.
Wie man der Tabelle 1 entnehmen kann, geht der Einfluß der versuchstechnischen Bedingungen «Reizstärke» (Stimulustemperatur) und «Erfahrungen im Umgang mit den nociceptiven Stimuli» (Meßzeitpunkt) bei den Schwellenverhältnissen zurück. Interessanterweise wird aber der Einfluß der Variationsquelle «Diagnosegruppe» um so bedeutsamer, je «psychologischer» die Schwelle definiert ist.

Es sei angemerkt, daß gerade die Schwellenverhältnisse zuverlässige Meßwerte darstellen, weil etwa interindividuelle Variationen der Hautdicke, Wärmeleitfähigkeit der Haut und dergleichen durch diese Relativierung weitgehend bereinigt werden. Die gefundenen syndromspezifischen Unterschiede sind also nicht auf das Wirken der Untersuchungsbedingungen zurückzuführen, wenn die Schwellenverhältnisse als Kriterium der Schmerzwahrnehmung herangezogen werden. Insgesamt zeigen die mitgeteilten Befunde, daß eine methodenbewußte Forschungsstrategie das klini-

Tabelle 1: Varianzaufklärung (in Prozent) der sensitiven Schwellen resp. Schwellenverhältnisse in den experimentell kontrollierten Faktoren «Reiztemperatur», «Meßzeitpunkt» und «Diagnosegruppe»

Schwelle	Temperatur	Varianzquelle Meßzeitpunkt	Diagnose
AS	26,6% ss	19,2%	18,4%
SS	54,8% ss	15,8%	14,6% ss
SS/AS	14,3%	1,4%	42,2% ss
IS/AS	15,0%	< 1,0%	38,6% ss
TS/IS	4,5%	< 1,0%	72,7% ss

sche Wissen über vielfältig unbekannte chronische Schmerzsyndrome zu erweitern vermag, indem sie sich auf die Konstruktion objektiver und zuverlässiger Beschreibungsmethoden konzentriert. Differenziertheit und Dynamik der Schmerzwahrnehmung unterschiedlicher Patientengruppen ist nicht nur ein klinisch hinlänglich bekanntes Alltagsfaktum. Es muß auch darauf ankommen, diese Besonderheiten zu objektivieren.

2. Auch die *Größenschätzung nociceptiver Stimuli* ist eine für diese Zwekke geeignete Methode der experimentellen Algesimetrie. Den Probanden werden entsprechend der von uns praktizierten Weise[2] verschiedene Reize dargeboten. Jeder einzelne von ihnen wird im Verhältnis zu einem Referenzreiz hinsichtlich seiner Größe beurteilt. Im Anschluß an eine Baseline von 10 s wird zuerst der Referenzstimulus (49 Grad C) für 15 s appliziert. Dann folgt eine Pause von 10 s. Anschließend wird in unmittelbarer topographischer Nähe zum Referenzreiz ein Vergleichsreiz definierter Größe wiederum für 15 s appliziert. Seine Intensität ist als Verhältnis zum Referenzreiz anzugeben. Die Beziehungen zwischen den nociceptiven Reizgrößen und den Urteilen der Probanden kann dann anhand der psychophysikalischen Funktion

$$\log U = a + b (\log S)$$

beschrieben werden, wobei

- a = der Abschnitt dieser Funktion mit der y-Achse;
- b = der Anstieg der Funktion;
- S = die physikalische Reizgröße in Grad Celsius.

Man kann dann entsprechend Abbildung 2 für die drei Teilstichproben die psychophysikalische Funktion bestimmen.

Dabei zeigt sich, daß alle drei Gruppen durch unterschiedliche Steigungskonstanten ihrer psychophysikalischen Funktion charakterisiert sind. Sie ist bei den gesunden Frauen am kleinsten und bei den Patientinnen mit rheumatoider Arthritis am größten. Was heißt das? Ein zahlenmäßig großer Koeffizient (b) drückt aus, daß die thermischen Reize in bezug auf ihre physikalische Temperatur als schmerzhafter beurteilt werden. Der Anstieg der Funktion kann also gemäß einem Vorschlag von Tursky (1976) als Qualität für die Sensitivität gegenüber nociceptiver Stimulation interpretiert werden. Denn eine reizempfindliche Person wird nociceptive Stimuli als größer beurteilen als eine reizunempfindliche Person. M. a. W.: Je geringer (b) ist, um so hyposensitiver, je höher (b) ist, um so hypersensitiver wird die Person zu beurteilen sein.

[2] vgl. Fußnote 1

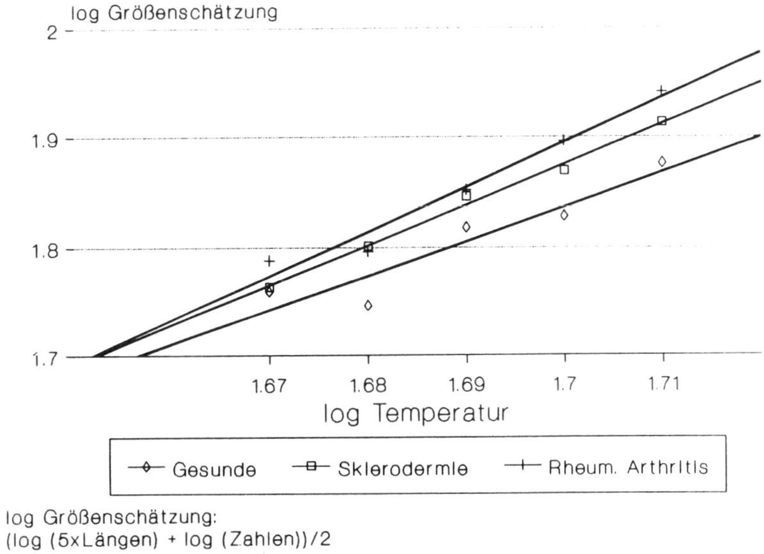

Abbildung 2: Psychophysikalische Funktionen der Reize 47, 48, 49, 50 und 51 Grad C. Sie wurden mit der Methode der kreuzmodalen Verhältnisschätzung bei 27 Sklerodermie-Patn, 36 Patn mit rheumatoider Arthritis und 28 gesunden Frauen ermittelt. Die thermischen Reize wurden anhand von Zahlen- und Längenverhältnissen bestimmt, die als Kreuzmodalitäten benutzt wurden.

Man kann bezogen auf Abbildung 2 feststellen, daß die Patientinnen mit rheumatoider Arthritis schmerzempfindlicher reagieren als etwa die Sklerodermikerinnen oder die gesunden Frauen. In der Wahrnehmung der nociceptiven Stimuli unterschiedlicher Temperatur gibt es also syndromspezifische Unterschiede. Das heißt aber auch, daß Befunde zur Schmerzwahrnehmung, die von gesunden Probanden stammen, nicht ohne weiteres und ungeprüft auf die Schmerzwahrnehmung von Patienten unterschiedlicher Schmerzsymptomatik übertragen werden können. – Es sollte zur Methode angemerkt werden, daß es den Probanden nur sehr bedingt möglich ist, die Intention der Messung zu durchschauen. Das Ausmaß unkorrekter Vergleiche kann zudem quantitativ bestimmt werden (vgl. Scholz, in Vorber.). Schließlich sind die Messungen recht stabil.

Ebenso können syndromspezifische Besonderheiten anhand des Abschnittes mit der Ordinate (a) ermittelt werden. Auch diese Quantität hat etwas mit der Schmerzsensitivität einer Person zu tun. Da aber (a) derzeit schwer in Begriffen der Schmerzwahrnehmung bzw. -verarbeitung interpretiert werden kann, sei es mit diesem Hinweis zur Genüge getan.

Welche Meß- und Registrierungsmethoden stehen zwischen klinischer und experimenteller Schmerzmessung?

Es soll von zwei Methoden gesprochen werden, die beide eine große Einsatzbreite auszeichnet:

1. die Registrierung des Schmerzausdrucks und
2. die Registrierung psychophysiologischer Funktionsabläufe bei der Schmerzwahrnehmung. Beide Methoden können sowohl in klinischen als auch in experimentellen Settings eingesetzt werden.

1. Eine sehr alte Methode zur Untersuchung der Schmerzwahrnehmung ist die Beobachtung des *Ausdrucksverhaltens.* Sie wird bei Tier und Mensch gleichermaßen angewendet, wobei unterstellt wird, daß die Intensität des Ausdrucksverhaltens mit der Intensität der Schmerzwahrnehmung kovariiert. Hätten wir z.B. Kenntnis darüber, wie experimentell erzeugte nociceptive Stimuli das menschliche Audrucksverhalten beeinflussen, so brauchten wir wohl kaum oder gar nicht zu den o. g. Selbstberichtsmethoden zurückzugreifen, um den sog. subjektiven Faktor Schmerz zu quantifizieren. Die verschiedenen Aspekte des Schmerzausdrucks werden durch trainierte Beobachter registiriert. Im Gegensatz zur Selbstbeobachtung, welche Grundlage der Selbstberichtsmethoden ist, erfolgt die Datengewinnung via systematischer Fremdbeobachtung. Selbstredend konzentriert man sich bei der Datenaufnahme auf das aktuelle Schmerzverhalten nonverbaler Art, was als weiterer Unterschied zu den Selbstberichtsmethoden gelten kann. Die Objektivität und Vergleichbarkeit der Ausdrucksregistrierungen wird erhöht, wenn man standardisierte Situationen auswählt, innerhalb derer die systematische Verhaltensbeobachtung erfolgt.

In den achtziger Jahren haben die Arbeiten im Arbeitskreis um Keefe wesentliche Ergebnisse zur Frage der Schmerzwahrnehmung geliefert. So existieren Befunde zur Beobachtung des Patientenverhaltens während ärztlicher Untersuchungen (Keefe, Wilkins & Cook, 1984), zum Zusammenhang von Schmerzverhalten und Gangmustern sowie zur Befunddokumentation des Schmerzausdrucks durch das Pflegepersonal (Keefe & Hill, 1985).

In der Arbeitsgruppe von Bradley und Keefe (vgl. Anderson et al., 1987) wurde das Ausdrucksverhalten von 53 Patienten mit primär-chronischer Polyarthritis studiert. Verschiedene motorische Funktionsabläufe (Unterbrechungen beim Bewegen, Arretierung der Gliedmaßen, Physiognomie des Gesichtsausdrucks, Seufzen beim Patienten, Steifheit bestimmter Gelenke, aktive und passive Bewegungen) wurden mit Videoaufnahmen festgehalten und anschließend ausgewertet. Zusätzlich registrierte man die verfügbaren klinischen und laborchemischen Daten dieser Patienten. Am häufigsten wurden Unterbrechungen des Funktionsablaufes sowie ungewöhnliche Steifheit und passive Bewegungen registriert. Die noch verbliebene Bewegungsaktivität stand immer mit der Schwere der Erkrankung in Übereinstimmung und zumeist mit den anatomischen Abweichungen sowie mit der Krankheitsbeurteilung durch den Patienten selbst. Schließlich kovariierte das Ausdrucksverhalten mit der Blutkörperchensenkgeschwindigkeit, mit einem Gelenkindex und dem Rheuma-Aktivitäts-Index. So erweist sich das psychomotorische Verhalten als eine zuverlässige Quantität, die über Wahrnehmung von Schmerz Auskunft gibt, zumal das schmerzbezogene Ausdrucksverhalten von den Patienten nur in recht begrenzter Weise manipuliert werden kann.

2. Verglichen mit unseren Kenntnissen über die psychophysikalischen Zusammenhänge zwischen Schmerzreiz und Schmerzwahrnehmung ist unser

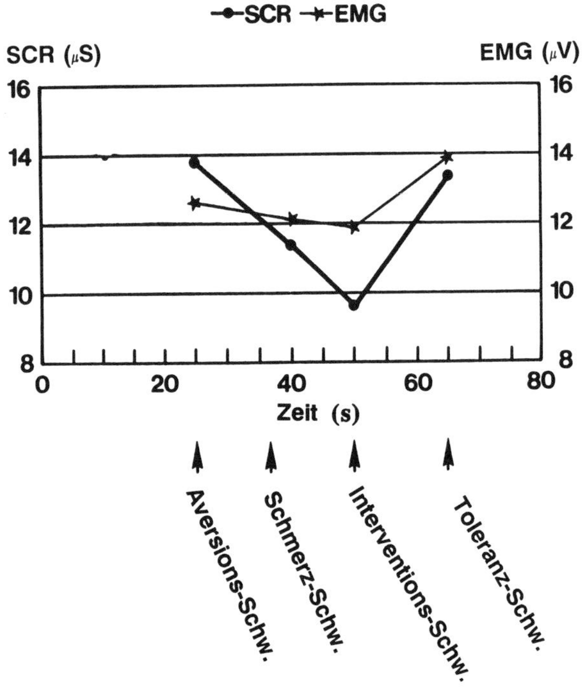

Abbildung 3: Zusammenhang zwischen Schwellenwahrnehmung und der Standardabweichung der Hautleitfähigkeit (SCR) und des arithmetischen Mittels (tau = 0,2 s) des Oberflächen-EMG vom M. frontalis. Die Sampling-Rate beträgt 20 Hz.
Die Werte bis zum Erreichen der einzelnen Schwellen unterscheiden sich für jede Messung und auch für jede Person. Die Abszissenwerte charakterisieren mithin das durchschnittliche Urteilsverhalten während der nociceptiven Stimulation (appliziert wurden 50, 51 und 52 Grad C jeweils zweimal). Bei der Mitteilung über 70 Probandinnen hinweg wurden also nur äquivalente Punkte des Urteilsverhaltens herangezogen, die die jeweiligen Schwellen charakterisieren. Die Ordinatenwerte sind arithmetische Mittel der psychophysiologischen Parameter jeweils des Zeitintervalls zwischen Beginn der nociceptiven Stimulation und dem Erreichen der jeweiligen Schwelle.

Wissen über die während der Schmerzwahrnehmung ablaufenden *psychophysiologischen Prozesse* ausgesprochen gering. In den vergangenen Jahren haben wir aus diesem Grunde versucht, am Beispiel der Wahrnehmung o. g. Schmerzschwellen differenzierten Einblick zu erhalten. Die Befunde, von denen hier die Rede ist, stützen sich auf die Daten von 70 Frauen, denen wiederum am Unterarm der nicht-dominanten Seite mittels Peltierelementen Temperaturen von 50, 51 und 52 Grad Celsius für maximal 120 s appliziert wurden. Durch Knopfdruck war zu signalisieren, ab wann die Temperaturreize als unangenehm (Aversionsschwelle), ab wann sie als schmerzhaft (Schmerzschwelle) empfunden wurden, ab wann man etwas Wirksames gegen den Schmerz unternehmen möchte (Interventionsschwelle) und ab wann der Schmerz schließlich unerträglich wurde (Toleranzschwelle). Es wurden pro Probandin sechs Messungen durchgeführt. Bei der Auswertung wurden sowohl die Zeiten bis zum Erreichen der verschiedenen Schwellen gemittelt als auch die damit korrespondierende psychophysiologische Reaktivität.

Betrachtet man in Abbildung 3 den Verlauf der *Hautleitfähigkeit* (SCR, gemessen thenar vs. hypothenar an der nicht-dominanten Hand), dann wird ein deutlich bitoner Trend mit einem Minimum währen der Signalisation der Interventionsschwelle offensichtlich.

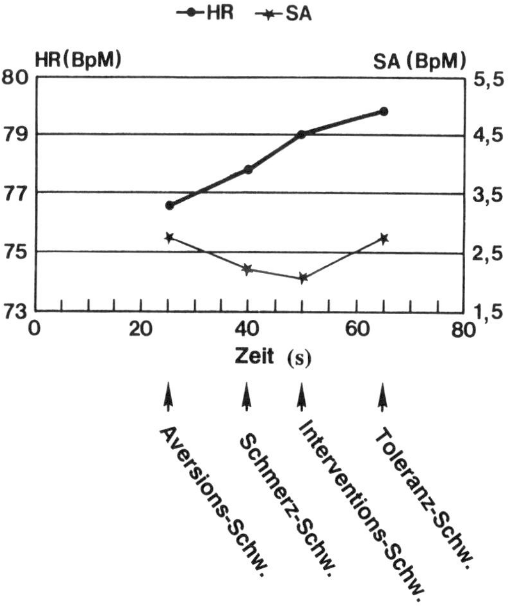

Abbildung 4: Zusammenhang zwischen Schwellenwahrnehmung und der Herzrate sowie der Standardabweichung der Herzrate (Sinus-Arrhythmie), Ableitung des ETG nach Einthoven II. (vgl. auch Legende zu Abb.3!)

Das gilt im Prinzip, wenn auch nicht so ausgeprägt, für den Verlauf des Oberflächen-EMG des M. frontalis. Die Herzrate (vgl. Abb. 4) ist während des Prozesses der Schmerzstimulation durch einen Anstieg gekennzeichnet. Die zugehörige Sinus-Arrhythmie verhält sich bis zur Interventionsschwelle analog zur Hautleitfähigkeit und zum Frontalis-EMG. Sie ist im Vergleich zur Herzrate gegenläufig, steigt allerdings nach der Interventionsschwelle an bis etwa auf das Niveau der Aversionsschwelle.

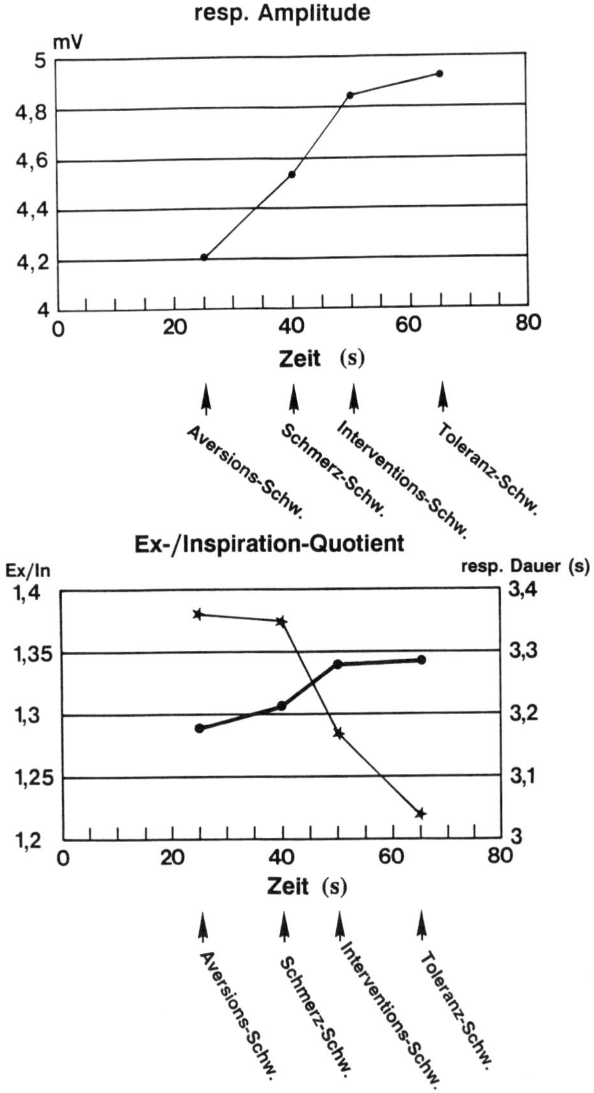

Abbildung 5: Zusammenhang zwischen Schwellenwahrnehmung und der respiratorischen Amplitude, der Respirationsdauer und des Expirations- /Inspirationsquotienten. (vgl. auch Legende zu Abb. 3!)

In diesem Zusammenhang wird die Betrachtung der Atmungsparameter relevant. Erwartungsgemäß steigt die Respirationsamplitude mit zunehmender Dauer der nociceptiven Stimulation kontinuierlich. Analog dazu verhält sich der respiratorische Quotient und gegenläufig die Dauer der respiratorischen Periode, d. h. je schmerzhafter ein thermaler Stimulus wahrgenommen wird, um so schneller atmen die Personen, wobei die Expiration größer wird (vgl. Abb. 5).

Welche individuellen Besonderheiten sind hinsichtlich der physiologischen Begleitprozesse während der Schmerzwahrnehmung feststellbar? Zur Beantwortung dieser Frage sollten die dargestellten Parameter unabhängig von ihrem jeweiligen Niveau hinsichtlich ihrer Veränderungen während der Stimulusapplikation analysiert werden. Es wurden also in Einzelfallstudien die Zeitintervalle zwischen dem Beginn der Reizapplikation und der Aversionsschwelle, zwischen der Aversionsschelle und der Schmerzschwelle und zwischen der Schmerzschwelle und der Toleranzschwelle einer Analyse auf linearen Trend unterzogen. Auf diese Weise werden die Probleme der intra- und interindividuell verschiedenen Reaktionsniveaus umgangen. Wiederum lagen der Datenauswertung sechs Schwellenmessungen pro Person zugrunde. Im F-Test auf linearen Trend wurde beim Überschreiten der Irrtumswahrscheinlichkeit von 20% der betreffende Trend als gleichbleibend klassifiziert; andernfalls als linear ansteigend oder linear abfallend. – In der Abbildung 6 sind die prozentualen Anteile der Frauen in bezug auf die drei untersuchten Trends dargestellt.

Am häufigsten sind bei allen drei respiratorischen Parametern jene Frauen vertreten, bei denen keine signifikanten Veränderungen während der Exposition der thermalen Stimuli nachgewiesen werden können. Aber: Etwa bei jeder vierten Frau wird die Respirationsamplitude größer bzw. die Atmungsperiode kürzer, je länger die nociceptive Stimulation dauert. – Im unteren Teil der Abbildung 6 ist die Gruppierung der Stichprobe anhand der vier anderen psychophysiologischen Parameter graphisch dargestellt. Jener Anteil an Probanden ist am größten, bei denen wiederum keine substantiellen Veränderungen nachgewiesen werden können. Das mag vielleicht daran liegen, daß die physikalische Reizstärke in einer Größenordnung war, die einerseits den Probandinnen zumutbar und andererseits von den Probandinnen in einer derzeit unbekannten Weise kompensierbar war. Die auffälligsten Veränderungen während der nociceptiven Stimulation sind ein Abfall der Sinus-Arrhythmie, ein Abfall der Hautleitfähigkeit und ein Anstieg der Herzrate. Diese Verläufe kommen vermutlich durch anfängliche Orientierungsreaktionen zustande.

Offenbar laufen trotz identischer physikalischer Stimulation bei den Probandinnen unterschiedliche psychophysiologische Prozesse ab. Die These, daß psychophysiologische Begleitprozesse während der nociceptiven Stimulation lediglich Aktivationsphasen repräsentieren, ist also zumindest so global, daß damit nicht viel weiterzukommen ist. Immerhin zeigen Proban-

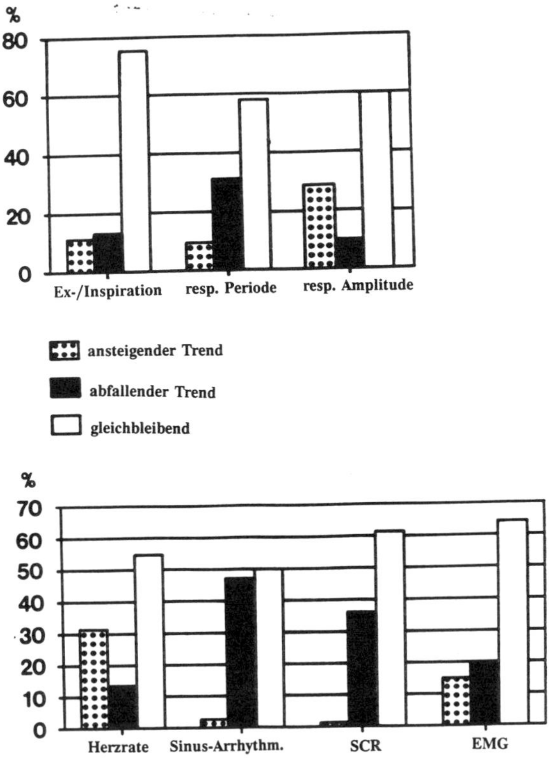

Abbildung 6: Relativer Anteil der Frauen (n = 70) mit ansteigendem, abfallenden und gleichbleibenden Trend während der Wahrnehmung nociceptiver thermaler Schwellen in sieben verschiedenen psychophysiologischen Parametern (Erläuterungen im Text!).

dinnen beim univariaten Vergleich der Parameter eine Aktivierung, während ein vergleichbar großer Anteil gerade das Gegenteil, nämlich eine Desaktivierung zu verzeichnen hat. Das gilt für etwa die Hälfte der Stichprobe. Die andere Hälfte zeigt keine Veränderungen in den untersuchten Variablen. Es ist deshalb wünschenswert, die Stichprobe hinsichtlich ihrer prototypischen psychophysiologischen Prozeßmuster während der Schwellenwahrnehmung multivariat zu gruppieren. Ein solches Procedere würde Aufschluß über weitere, dann aber hypothesengeleitete explikative Bemühungen liefern können. – Mit Hilfe der Clusteranalyse nach dem single-linkage-grouping-Kriterium wurden drei relativ homogene Gruppen erzeugt (vgl. Abb. 7).

Die Cluster differieren vergleichsweise wenig voneinander (was der o. g. Aktivierungsthese scheinbar entgegenkommt). Dennoch kann man die Besonderheiten der drei Prozeßtypen deutlich machen bzw. folgendermaßen beschreiben:

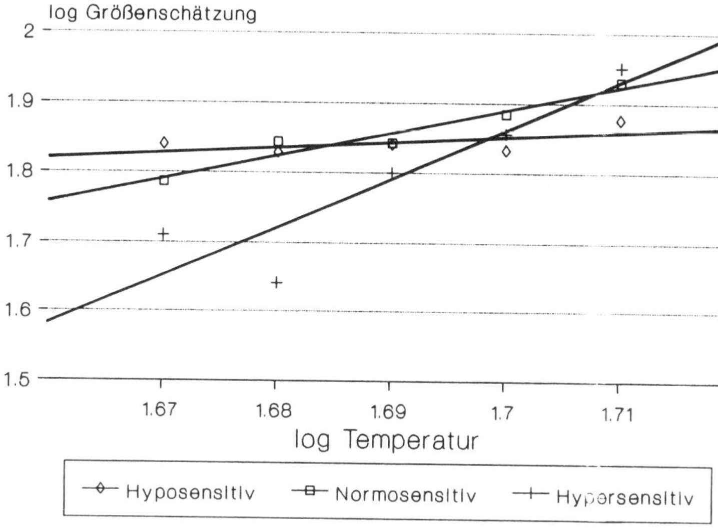

Abbildung 7: Psychophysiologische Prozeßtypen aufgrund einer Clusteranalyse der Daten von 33 Probandinnen. Standard-z-scores: M = 0 ± 1 (EI: Exspirations-Inspirations-Quotient; APD: Atemperioden-Dauer; AMP: respiratorische Amplitude; HR: Herzrate; SA: Sinus-Arrhythmie; SCR: Hautleitfähigkeit; EMG: Oberflächen-EMG des M. frontalis).

Profil 1 ist durch relativ schwache Reaktionen in allen respiratorischen Parametern und in der EMG-Aktivität ebenso wie durch den geringsten Anstieg der Herzrate charakterisiert. Deutlich hingegen fällt der Abfall der Sinus-Arrhythmie und der Hautleitfähigkeit aus. Dieses Profil reflektiert also insgesamt eine gelungene Desaktivation und kann als das passive Ertragen der nociceptiven Stimulation beschrieben werden.

Profil 2 zeichnet sich aus durch eine im Verhältnis zur Expiration verlängerte Inspirationsdauer und durch eine deutliche Erhöhung der respiratorischen Amplitude. Ebenso sind Anzeichen einer zunehmenden kardialen Aktivation festzustellen, die jedoch einhergeht mit einer abfallenden Muskelspannung.

Profil 3 ähnelt Profil 2 sehr stark. Indessen sind zwei Ausnahmen festzustellen: die Dauer der respiratorischen Periode steigt leicht an oder bleibt während der fortgesetzten nociceptiven Stimulation zumindest unverändert. Dies geht einher mit einem leicht erhöhten oder unveränderten EMG-Anstieg. Am ausgeprägtesten ist jedoch die Zunahme der Herzrate. Dieses Profil erinnert an ein von Lovallo et al. (1985) beschriebenes Muster. Es ist gekennzeichnet durch erhöhte kardiovaskuläre Aktivität und erhöhten Muskeltonus. Die Autoren bezeichnen dieses Reaktionsmuster als «active avoidance».

Insgesamt gesehen zeigt sich bei allen drei Gruppen das erwartete Beziehungsverhältnis zwischen Respiration und kardialer Aktivität. Es wird am deutlichsten durch die Parallelität von respiratorischer Tiefe und Herzrate repräsentiert und deckt sich mit den Resultaten von Scoufe (1971), der auch bei zunehmender respiratorischer Tiefe eine Erhöhung der Herzfrequenz beobachtete. Obwohl sich die drei Prozeßtypen primär in den respiratorischen Parametern «Expirations-Inspirations-Quotient» und «respiratorische Amplitude» sowie «Sinus-Arrhythmie» unterscheiden, kommt der Manipulation der Atmung in den speziellen experimentellen Bedingungen dieser Untersuchung kein modulierender Einfluß auf die Schmerzwahrnehmung zu. Aktive Relaxation als eine Art Bewältigungsstrategie ist angesichts der relativ kurzen thermalen Stimulation von maximal 120 s wenig wahrscheinlich. Wohl aber kann eine zentralnervöse Koppelung zwischen respiratorischem und kardiovaskulärem System vermutet werden.

Abschließend wird man festhalten müssen, daß die untersuchten psychophysiologischen Parameter um so mehr erhöht sind, je niedriger die einzelnen Schwellen sind. Für die Schmerzschwelle und auch für die Interventionsschwelle zeichnet sich dieser Effekt allerdings nur bei den kardialen Parametern ab.

Welche Bedeutung kommt der Untersuchung bzw. Messung der Schmerzwahrnehmung zu?

Bisher wurden – indem die für die Analyse der Schmerzwahrnehmung wichtigsten methodischen Zugänge erläutert worden sind – zahlreiche Befunde mitgeteilt, die unser Wissen über den Schmerz als ein interdisziplinäres Konstrukt erweitern helfen. Dabei stand eine den Naturwissenschaften verpflichtete psychologische Perspektive im Vordergrund. Es tauchte dabei die Frage auf, wofür dieses Wissen dient, worauf es angewandt werden kann, um im wahrsten Sinne des Wortes «die Mühsal der menschlichen Existenz zu erleichtern» (B. Brecht; das Leben des Galileo Galilei). Zu dieser Herausforderung soll Stellung genommen werden, indem anwendungsorientiert zwei Aspekte betrachtet werden, nämlich 1. Schmerzwahrnehmung und Klassifikation und 2. Schmerzwahrnehmung und Kontrolle des Schmerzverlaufes.

Wie können Gruppen unterschiedlicher Schmerzsensitivität unterschieden werden?

Bei der Beschäftigung mit der Beurteilung unterschiedlicher Schmerzintensitäten (Größenschätzung) wurde bereits darauf hingewiesen, daß mit Hilfe der Steigungskonstanten der linearen Funktion (b) unterschiedlich schmerzsensitive Personen bestimmt werden können. Eine quantitative Bestimmung der algetischen Sensitivität ist schon deshalb sinnvoll, weil Patienten in aller Regel bestenfalls nach dem auf die klinische Erfahrung sich stützenden Eindruck analgetisch versorgt werden. Über- bzw. Unterdosierungen sind somit das Resultat von Versuch und Irrtum, und es wäre sowohl für den Patienten als auch für den Therapeuten sehr nützlich, wenn derartige intuitive Entscheidungen objektiviert werden könnten.

Nun kann man mit dem dargestellten Ansatz das Urteilsverhalten in bezug auf die dargebotenen physikalischen Reizintensitäten auch bei einzelnen Personen bestimmen. Wählt man die Steigungskonstante (b) als Ausdruck der Schmerzsensitivität, dann kann die Verteilung von (b) als Grundlage für eine Schmerzklassifikation herangezogen werden. So lassen sich für ein gegebenes Untersuchungskollektiv die Interquartilabstände bestimmen, und man kann daran vereinbaren, daß die unteren 25% als Hypo- und die oberen 25% als Hypersensitive zu bezeichnen seien. Die mittleren 50% einer Population würden dann als Normosensitive gelten. Uns lagen die Daten von 101 Personen vor; deren Klassifikation ist in *Abbildung 8* graphisch dargestellt worden.

In allen drei Diagnosegruppen ist demnach – entsprechend den Erwartungen – der Anteil der Normosensitiven am größten. Beide Patientengruppen haben jedoch jeweils mehr Hypersensitive als die Gruppe der Gesunden.

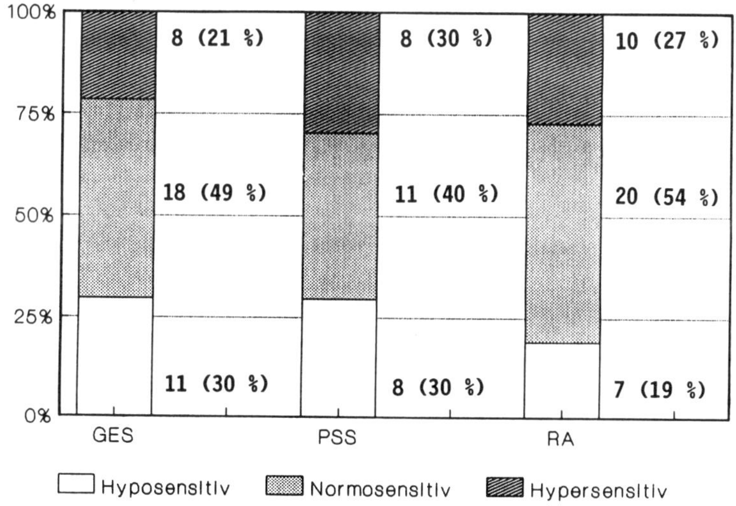

Abbildung 8: Klassifikation von 37 gesunden Frauen, 27 Sklerodermie-Patientinnen und 37 Patientinnen mit rheumatoider Arthritis anhand der Steigungskonstanten bei der Größenschätzung thermischer Stimuli. Die unterschiedlich schraffierten Säulen repräsentieren den Anteil der Hypo-, Normo- und Hypersensitiven in jeder der drei Untersuchungsgruppen.

Interessanterweise findet man am wenigsten Hyposensitive in der Gruppe der rheumatoiden Arthritikerinnen und am wenigsten Normosensitive in der Gruppe der Sklerodermikerinnen.

Es soll nun der Frage nachgegangen werden, wie und wodurch die drei Sensitivitätsgruppen charakterisiert werden können. Als erstes sollen die Beziehungen zwischen der Sensitivität einer Person und ihrer Zugehörigkeit zur jeweiligen Diagnoseklasse geprüft werden. Es kann ja sein, daß die Klassifizierung als hypersensitiv deshalb unnötig ist, weil Quantität und Modalität der Schmerzwahrnehmnung keine zusätzlichen Informationen zur klinischen Diagnose bringen. In unserem Fall wurde die Zugehörigkeit zu einer der drei Diagnoseklassen rheumatoide Arthritis, Sklerodermie und Gesunde mittels log-linearer Analysen geprüft. Im Ergebnis dessen konnte ein solcher Zusammenhang nicht gefunden werden. M. a. W.: Die Klassifikation anhand der Schmerzsensitivität und die Klassifikation anhand der klinischen Symptomatik sind nicht einander austauschbar. Das ergibt sich noch deutlicher aus der *Abbildung 9.* Dort sind die charakteristischen psychophysikalischen Funktionen für die drei Sensitivitätsgruppen dargestellt worden.

Es wird dabei deutlich, daß eine Diskrimination anhand der Sensitivität oder – präziser formuliert – der schmerzbezogenen Wahrnehmungsfähigkeit für nociceptive Stimuli besser als anhand der klinischen Diagnose möglich ist.

Desweiteren wurden Hypo- und Hypersensitive anhand verschiedener psychophysiologischer Funktionsabläufe miteinander verglichen, die während der Größenschätzung registriert werden können. Demnach haben die Hypersensitiven gegenüber den Hyposensitiven eine statistisch bedeutsam größere Herzfrequenz, höhere Hautleitfähigkeit und eine reduzierte EMG-Aktivität.

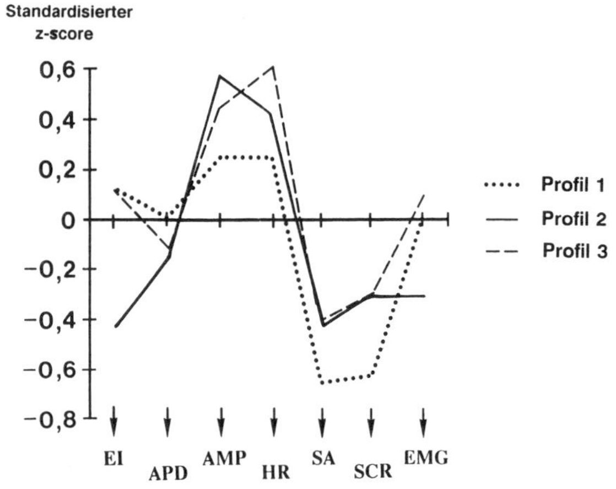

Abbildung 9: Psychophysikalische Funktionen der Reize 47, 48, 49, 50 und 51 Grad C bei 26 Hyposensitiven, 49 Normosensitiven und 26 Hypersensitiven. (vgl. Legende zu Abb. 2!)

In Beantwortung der Frage nach einer schmerzbezogenen Klassifikationsmöglichkeit kann mithin festgestellt werden, daß das Paradigma der Beurteilung unterschiedlich großer thermischer Reizintensitäten geeignet ist, die Schmerzwahrnehmung syndromspezifisch und sensitivitätsspezifisch zu beschreiben. Mit Hilfe der Parameter psychophysikalischer Funktionen kann über das Urteilsverhalten der Probanden eine a posteriori-Klassifikation entsprechend ihrem algetischen Wahrnehmungspotential vorgenommen werden.

Was leistet die kontinuierliche Beschreibung der Schmerzwahrnehmung?

Bereits weiter vorn wurde daraufhingewiesen, daß die Berichte von Patienten hinsichtlich ihrer Schmerzen im hohen Grade unzuverlässig sind. Das liegt nicht so sehr im tendenziellen Charakter des Informanten, sondern viel eher in der Sache selbst begründet. Dabei bleibt das Problem der interindividuellen Konnotationen schmerzbeschreibender Begriffe hier gänzlich unberücksichtigt (vgl. dazu Scholz, 1989). Hier geht es darum, daß beispielsweise dem Interviewer oder dem Fragebogenauswerter zumeist unbekannt bleibt, ob sich die Stellungnahme des Patienten auf seinen Schmerz im allgemeinen, auf den Schmerz eines von ihm fixierten Zeitintervalls oder auf eine spezielle Schmerzattacke bezieht. Diese Unsicherheit reduzieren Schmerztagebücher, wenigstens zum guten Teil. Überdies liefern sie Informationen über schmerzbezogene Prozeßcharakteristiken.

In letzter Zeit sind Schmerztagebücher in mehreren einschlägigen Publikationen abgehandelt worden (vgl. Dobbek, Scholz, Gärtner, 1990). Hier nun liegt die Betonung darauf, daß einige Hinweise vorgetragen werden, wie nach Möglichkeit Tagebücher gestaltet werden sollten, damit sie für den Patienten attraktiv, für den Praktiker nützlich und für den Forscher informativ sind.

1. Schmerztagebücher sollten so individuell wie möglich gestaltet werden! Diese Forderung, die generell für die psychologische Diagnostik gilt (vgl. Kisser, 1988), ist so zu realisieren, daß bei maximaler Objektivität der Datenerhebung und -auswertung der individuellen Problemlage des Patienten in gebührender Weise Rechnung getragen wird. Es sollen also nicht nur die Arbeitsanleitungen und die Eichung der schmerzbeschreibenden Skalen, sondern auch die schmerzbeeinflussenden Bedingungen als individualisierte Items im Tagebuch enthalten sein. Die Vorteile einer solcher Art adaptiven Vorgehensweise liegen nach Lord (1971) in einer höheren Meßgenauigkeit, nach Weichselgartner (1981) in einem angemessenen Kosten-Nutzen-Verhältnis von Testlänge und -genauigkeit und in der Möglichkeit einer subjektiv relevanten Testsituation. Man kann dies

dadurch praktisch erreichen, daß man entweder vorbereitete Textbausteine in ein Formblatt einsetzt oder ein allgemeines Computerprogramm auf die besonderen Belange des Patienten konkretisiert und in ein Portfolio einliest. Der Patient wird dann zu vorher festgelegten Zeiten gerufen, die Fragen des Taschencomputers zu beantworten.

2. Tagebuchinhalte können sich beziehen auf: das zu berichtende Ereignis (z.B. Schmerzattacke vs Globaleinschätzung), Schmerztopographie, Anzahl der Attacken, Schmerzdauer, Modalitäten der Schmerzwahrnehmung (z.B. Intensität, sensorisch-diskriminative, affektiv-motivationale Schmerzqualität), spezielle (z.B. Medikamente) bzw. übergreifende (z.B. Ruhe) Schmerzbewältigungsmaßnahmen, schmerzbegleitende Stimmungen, Neben- bzw. Parallelerkrankungen, daily hassles, Kontrollattributionen, Compliance.

3. Es ist vorab eine Entscheidung über die Dauer der Tagebuchführung zu fällen. Längere Zeiträume bzw. häufigere Eintragungen bergen in sich wegen der starken Reaktivität der Messungen die Gefahr der Datenverfälschung. Dobbek, Scholz und Gärtner (1990) konnten beispielsweise zeigen, daß die Informationen nicht mehr, besser und stabiler sind, wenn man Tagebücher drei anstatt zwei Wochen führen läßt und die Eintragungen jeweils im Anschluß an die Schmerzattacke sowie abends vornehmen läßt.

4. Als Auswertung der Informationen werden zumeist graphische Darstellungen bevorzugt. Hilfreich sind zudem Korrelations- oder Regressionsberechnungen.
   Ein bereits berenteter Patient, der wegen eines hirnorganisch bedingten Kopfschmerzes um psychologische Schmerzbehandlung nachsuchte, berichtete während seines über 14 Tage geführten Tagebuches folgendes: Der Kopfschmerz ist durchschnittlich stark, allerdings von betont affektiv-motivationaler Qualität. Durch den Schmerz werde er mittelmäßig eingeschränkt. Dies erlebe er über die Tage hinweg als gleichbleibend (7% Variation). Die Einschränkung infolge Kopfschmerz steht in deutlichster Beziehung zu zusätzlich auftretenden Beschwerden ($r = .66$). Mäßige korrelative Zusammenhänge bestehen hinsichtlich Stimmung/Depressivität, Therapie-Hoffnung und Intensitätsbeurteilung des Schmerzes (.41 r .45). Bedeutsam ist dabei, daß daily hassles und die durch Schmerz bedingte Beeinträchtigung negativ miteinander korrelieren ($r = -.57$). Freizeitbeschäftigungen werden derart erlebt, daß dadurch die schmerzbedingte Beeinträchtigung zwar geringer wird, dies aber dem Schmerz Auftrieb erteilt ($r = .53$).
   Was die quantitative Beurteilung des *Verlaufes* angeht, so ist dies für den Einzelfall entweder sehr arbeitsaufwendig oder es ist – wenn beispielsweise Eintragungen von 20 Tagen vorliegen – methodisch nicht befriedigend

gelöst, so daß man sich derzeit hauptsächlich auf Variabilitäts- und Trendmaße stützen muß.

Es sei abschließend auf eine Reihe weiterer Anwendungsfelder aufmerksam gemacht, die Erkenntnisse und Methoden zur Untersuchung der Schmerzwahrnehmung berücksichtigen: Da ist zunächst die kontinuierliche Testung des Wirkungsspektrums von Analgetika. Pharmafirmen sind ja dazu gesetzlich verpflichtet. Schaut man sich nun die dabei verwendete Methodik an, so entspricht diese überwiegend nicht den derzeit verfügbaren Möglichkeiten. Diesbezüglich wäre es wünschenswert, wenn Kliniker und Algesimetriker enger zusammenarbeiten würden.

Zwei breite Arbeits- und Anwendungsfelder beziehen sich auf den Forschungssektor: Zum einen geht es darum, die Beziehungen zwischen Schmerzwahrnehmung und Imagination bzw. somatosensorischer Wahrnehmung herauszuarbeiten. So haben Curio, Ferdini & Scholz (1989) für Patientinnen mit rheumatoider Arthritis und Scholz, Curio & Rau (1989) für Patientinnen mit progressiv-systemischer Sklerose zeigen können, daß Schmerz entsprechend dem jeweiligen Zusammenhang in einem sehr unterschiedlichen Zusammenhang zur somatosensorischen Wahrnehmungsfähigkeit der Patienten steht.

Das andere Arbeitsfeld bezieht sich auf die Analyse des Zusammenhanges zwischen Schmerz- und Juckwahrnehmung. Bisherige Untersuchungen sind ganz überwiegend physiologisch oder dermatologisch angelegt. Indessen liegen Hinweise vor (vgl. dazu Ehlers & Scholz, 1991), daß dieser Zusammenhang syndromspezifisch variiert. So scheinen bei Sklerodermikerinnen die (immunologischen und hämatologischen) Entzündungszeichen einen positiven Einfluß mittlerer Größe auf die Schmerzintensität, aber einen negativen Einfluß auf die Wahrnehmung von Juckreiz zu haben. Interessanterweise hängt bei dieser Krankheitsgruppe die Wahrnehmung thermischer Aversionsschwellen mit Jucken, nicht aber mit der Schmerzintensität zusammen. An diesem Beispiel erweist sich wiederum, daß der subjektive Aspekt der Schmerzwahrnehmung eine conditio ist, die verglichen mit dem Wissen an physiologischen und biochemischen Bedingungen der Nociception noch weitgehend im Dunkeln liegt.

Literatur

Anderson, K. O., Bradley, L. A. et al. (1987) The assessment of pain in rheumatoid arthritis. Arthritis and Rheumatism 30, 36-43

Curio, I., Ferdini, R., Scholz, O. B. Schmerzmuster bei Patientinnen mit rheumatoider Arthritis. Aktuelle Rheumatologie 14, 14-18

Dobbek, T., Scholz, O. B., Gärtner, C. (1990) Schmerztagebücher und Patienten-Compliance. Verhaltensmodifikation und Verhaltensmedizin 11, 137-149
Ehlers, A., Scholz, O. B. (1991) Psychologische Aspekte von Hauterkrankungen – Bericht über den Arbeitskreis beim 37. Kongreß der Deutschen Gesellschaft für Psychologie am 27. September 1990 in Kiel. In: Frey, D. (Hrsg.) Bericht über den 37. Kongreß der Deutschen Gesellschaft für Psychologie, Band 2. Göttingen: Hogrefe (im Druck)
Fordyce, W. (1976) Behavioral methods for chronic pain and illness. St. Louis: Mosley
Harré, R., Lamb, R. (1986) The Dictionary of Physiological and Clinical Psychology. Oxford: Blackwell Reference
Hrabal, V., Kessler, M., Traue, H. C. (1991) Rückenschmerz und Alltagsaktivität: Erste Ergebnisse zum Ulmer Schmerztagebuch (UST). Der Schmerz. (im Druck)
Janzen, R. W. C. (1984) Klinische Analyse von Schmerzzuständen. In: Zimmermann, M., Handwerker, H. O. (Hrsg.) Schmerz. Berlin: Springer, 154-188
Jensen, M. P., Karoly, P., Braver, S. (1986) The measurement of clinical pain intensity: a comparison of six methods. Pain 27, 117-126
Keefe, F. J., Wilkins, R. H., Cook, W. A. (1984) Direct observations of pain behaviour in low back pain patients during physical examination. Pain 20, 59-86
Keefe, F. J., Hill, R. H. (1985) An objective approach to quantifying pain behaviour and gait patterns in low back pain patients. Pain 21, 153-161
Kisser, G. (1988) Adaptive Strategien. In: Jäger, R. S. (Hrsg.) Psychologische Diagnostik. Weinheim: Psychologie Verlags Union
Lord, K. (1971) A theoretical study of two-stage-testing. Psychometrica 36, 227-241
Lovallo, W. R. et al. (1985) Activation patterns to aversive astimulation in man: Passive exposure vs effort to control. Psychophysiology 22, 283-291
Schmidt, R. F. (Hrsg.) (1985) Grundriß der Sinnesphysiologie. Berlin: Springer
Scholz, O. B. (1990) Schmerzmessung. In: Basler, H. -D., Franz, C., Kröner-Herwig, B., Rehfisch, R. P., Seemann, H. (Hrsg.) Psychologische Schmerztherapie: Grundlagen, Krankheitsbilder, Behandlung. Berlin: Springer, 207-227
Scholz, O. B. (1989) Multimethodale Schmerzmessung mit Hilfe des Pain Perception Profile «PPP» nach Tursky. DFG – Abschlußbericht
Scholz, O. B. (in Vorber.) Methoden der Schmerzmessung
Scholz, O. B., Curio, I. (1989) Multimethodale Schmerzmessung mit Hilfe des Pain Perception Profile von Tursky bei Patienten mit progressiv-systemischer Sklerose. Der Schmerz 3, 28-33
Scholz, O. B., Curio, I., Rau, R. (1989) Beziehungen zwischen somatosensorischer Wahrnehmung und Schmerzwahrnehmung bei Patienten mit progressiv-systemischer Sklerose. In: Speidel, H., Strauß, B. (Hrsg.) Zukunftsaufgaben der psychosomatischen Medizin. Berlin: Springer, 290-299
Scoufe, L. A. (1971) Effects of depths and rate of breathing on heart rate variability. Psychophysiology 8, 648-655
Torgerson, W. S. (1984) What objective measures are there for evaluating pain. The Journal of Trauma 24, 187-191, Suppl.
Tursky, B. (1976) The development of a pain perception profile. In: Weisenburg, M., Tursky, B. (eds.) Pain: New perspectives in therapy and research. New York: Plenum Press, 171-194
Weichselgartner, E. (1981) Adaptive individualisierte Psychodiagnostik auf Taschenrechner-Basis. Zeitschrift für experimentelle und angewandte Psychologie 28, 335-352
Wolff, B. B. (1978) Behavioural measurement of human pain. The Psychology of Pain 129, 169-178

Viszerale Schmerzen

Paul Enck

1. Einleitung

Viszerale Schmerzen unterscheiden sich in vielerlei Hinsicht von Schmerzen aus dem übrigen Körper, insbesondere von somatosensorischen Schmerzen aus der Körperperipherie wie beispielsweise auch die rheumatischen Gelenkschmerzen. Die Eigenheiten des viszeralen Schmerzes, seine Physiologie und Pathophysiologie sind aber zum Verständnis von Patienten mit abdominellen Schmerzsymptomen wichtig. Im Folgenden werden Aspekte und Daten zur Prävalenz, Klinik, Physiologie, Pathophysiologie, Diagnostik und Therapie intestinaler Schmerzen diskutiert.

2. Häufigkeit intestinaler Schmerzen

Nach eigenen Untersuchungen (1) berichten von 139 Gesunden, die mittels Fragebogen (u.a.) nach dem Auftreten von Schmerzsymptomen befragt wurden, etwa 15 bis 20% über Schmerzen aus dem Ober- und Unterbauch. Wie ein Vergleich mit anderen Schmerzen (Tab. 1) zeigt, liegen damit die viszeralen Schmerzen hinter den Kopf- und Rückenschmerzen in der Allgemeinbevölkerung an dritter Stelle.

Zieht man eine engere Definition klinischer Schmerzsyndrome (Reizmagen, Reizkolon, s. Abschnitt 4) zu Hilfe, finden sich immerhin noch 10 bis 20% in unserer Stichprobe, die eine solche Verdachtsdiagnose aufgrund der Fragebogenangaben erhalten würden. Es ist jedoch bekannt (2), daß nur ein

Tabelle 1: Schmerzsymptome in der Allgemeinbevölkerung (n=139)

Schmerzen in	% Männer	% Frauen
Kopf	43,1	54,7
Zahn	9,7	9,4
Brustkorb	8,3	7,8
Oberbauch	11,1	17,2
Unterbauch	16,7	20,3
Rücken	45,7	46,9
Beine	15,2	17,2
Arme	6,5	6,3

Teil, etwa 20% der Patienten, die Symptome als so schwer bewertet, daß sie damit einen Arzt aufsuchen würden. Dabei sind es insbesondere die Schmerzen in diesem Symptomkomplex, die zum Arztbesuch veranlassen (3).

3. Klinik der viszeralen Schmerzen

Viszerale Schmerzen sind Schmerzen aus den glattmuskulären Hohlorganen des Körpers, also der einzelnen Abschnitte des Magen/DarmTraktes (Speiseröhre, Magen, Dünn- und Dickdarm, Galle und Gallengänge), aber auch aus der Blase und den abführenden Harnwegen sowie der Gebärmutter.

Viszerale Schmerzen sind somit zu unterscheiden von Schmerzen aus der Körperperipherie (somatosensorische Schmerzen), auch wenn sie klinisch als solche erscheinen können. Ihre Ursachen können die gleichen sein (Tab. 2).

Hinzu kommt, daß aufgrund der gemeinsamen Innervierung intestinaler Abschnitte und Hautarealen (Dermatomen) viszerale Schmerzen auf die Haut projiziert werden können. Diese auch als «Head'sche Zonen» bezeichneten Areale sind jedoch bekannt und geben, wenn keine peripheren Schmerzquellen identifizierbar sind, Hinweise auf den viszeralen Ort der Störung. Man spricht in diesem Fall von übertragenem Schmerz (referred pain) (4).

Tabelle 2: Ursachen viszeraler Schmerzen

- Ulzera (Magengeschwür, solitäres Rektumulkus)
- chronisch-entzündliche Erkrankungen (Colitis)
- maligne Neoplasien (Tumorschmerz)
- benigne Wucherungen (Divertikel, Polypen)
- Obstruktionen (Ileus, Pseudoobstruktion)
- Ischämien
- funktionelle Schmerzsyndrome

Tabelle 3: Differentialdiagnose zwischen viszeralem und somatischem Schmerz (nach Amman 1975)

	Schmerz	
Kennzeichen	viszeral	somatisch
Empfindung	Krämpfe, bohrender oder nagender Schmerz	dumpfer bis scharfer Dauerschmerz
Lokalisation	unbestimmt, symmetrisch, nahe der Mittellinie	umschrieben, oft ...lich, asymmetrisch
Nebenerscheinungen	Unruhe, Nausea, Blässe, Erbrechen, Schwitzen	lage- und bewegungsabhängig
Erleichterung	Bewegung	Schonhaltung, Bett
Verschlimmerung	Ruhe	Bewegungen, Nießen, Husten

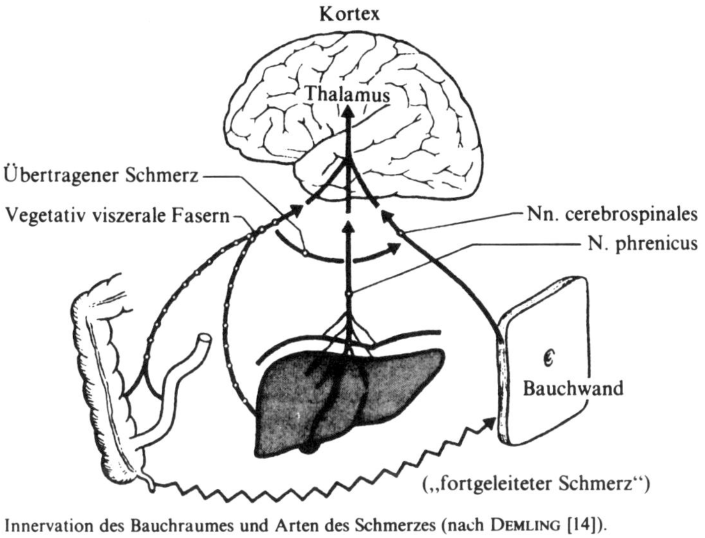

Abbildung 1: Innervation des Bauchraumes und Arten des Schmerzes (nach: Demling 1973)

Schließlich ist wichtig, daß bei akuten abdominellen Schmerzzuständen, z.B. bei Entzündungen, sowohl viszerale Strukturen als auch das den Darm umgebende Bindegewebe als Schmerzquelle in Frage kommt, so daß in diesem Fall die Schmerzen sowohl viszeralen als auch somatosensorischen Charakter haben. Dann spricht man von «fortgeleitetem Schmerz» (Abb. 1). Eine Differenzierung ist jedoch vielfach allein aufgrund der klinischen Erscheinungsformen des Schmerzes möglich (Tab. 3).

Schließlich zählt zum klinischen Erscheinungsbild auch der Zeitverlauf eines Schmerzes, der Hinweise auf seine Ursache geben kann (Abb. 2).

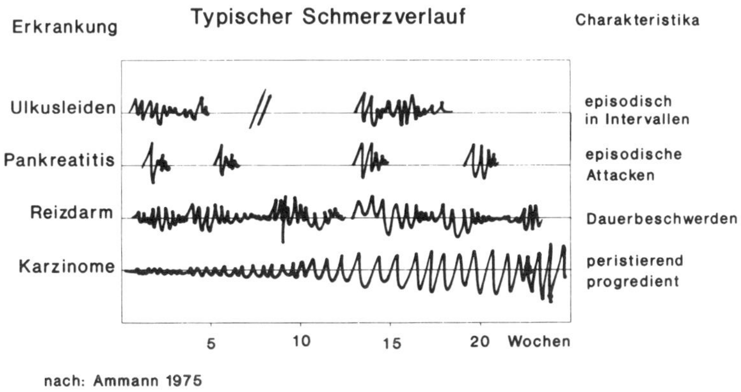

Abbildung 2: Viszerale Schmerzen unterschiedlicher Ursache (nach: Amman 1975)

Dabei sind es vor allem die funktionellen Schmerzsyndrome, die im klinischen Alltag am häufigsten auftreten und dennoch diagnostisch und therapeutisch die größten Probleme aufwerfen. Dazu zählen der «nichtkardiale Brustschmerz» (5), der «Reizmagen» (6) und das «Syndrom des irritablen Darms» (7). Sie sollen im folgenden weiter diskutiert werden, da bei Ihnen auch der Verdacht einer «Psychogenese» immer wieder auftaucht (8). Ihr gemeinsames Kennzeichen ist das Fehlen einer nachweisbaren organischen Veränderung als Schmerzursache.

4. Physiologie des viszeralen Schmerzes

Der Darm kennt in seinen gesamten Abschnitten eine gegenüber der Körperperipherie sehr beschränkte Anzahl von rezeptiven Strukturen, die für die Reizleitung zum Zentralnervensystem von Bedeutung sind. Der weitaus größere Teil der Informationen wird vermutlich nicht nur nicht wahrgenommen, sondern auch ausschließlich innerhalb des enterischen Nervensystems (9) verarbeitet. Dabei sind es – in allen Abschnitten des Darms – vor allem Dehnungsreize, die über aufsteigende Bahnen weitergeleitet werden (10) (Tab. 4).

Spezielle Nocizeptoren, die der Schmerzleitung dienen, gibt es im Darm offensichtlich nicht: Der Darm kennt keine freien Nervenendigungen (11). Stattdessen werden Schmerzreize – vermutlich über eine exzessive Reizung von Dehnungsrezeptoren – vor allem über die sympathischen Fasern nach zentral geleitet, wohingegen die für viele Darmfunktionen entscheidendere

Tabelle 4: Abschnitte des Intestinums mit wahrnehmbaren und nicht-wahrnehmbaren Reizen

Abschnitt	subjektiv wahrgenommen	nicht wahrgenommen*
Speiseröhre	Dehnung	leichte Berührung
	Hitze und Kälte	Säure
	Alkohol	
Magen	Dehnung, Kontraktion	Säure
	Alkohol	Laugen
	Glukose	
	Hitze und Kälte	
Dünndarm	Dehnung	leichte Berührung
	Glukose	
	Aminosäuren	
	Säuren und Laugen	
	Osmolarität	
Dickdarm	Dehnung, Kontraktion	Alkohol, Glycerin
Analkanal	Dehnung	
	Alkohol, Glycerin	

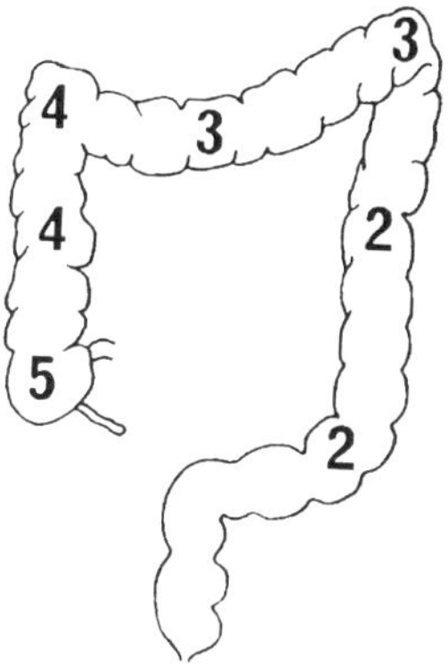

Abbildung 3: Subjektive Lokalisation einer Ballondehnung an der linken Kolonflexur in unterschiedlichen Abschnitten des Kolons (nach: Dawson 1985)

parasympathische Innervierung (N. vagus, N. splachnicus, N. pelvicus) zwar überwiegend afferente Bahnen enthält (12), aber nicht für die Schmerzleitung zuständig zu sein scheint, wohl jedoch für nichtschmerzhafte Informationen (13). Die aufsteigenden sympathischen Bahnen und ihre spinalen Segmente hingegen sind für viele Darmabschnitte nicht ausreichend bekannt (14). Sie sind möglicherweise auch differenzierter, als dies für die Körperperipherie bekannt ist. Die differenzierte nervale Verschaltung einerseits und die weitgehende Autonomie des Intestinums andererseits sind vermutlich die entscheidenden Gründe, warum die Wahrnehmung intestinaler Schmerzen subjektiv sehr ungenau ist. Die Lokalisation eines experimentell induzierten Schmerzreizes – zumeist durch Dehnung eines Ballons – in einem bestimmten Abschnitt des Gastrointestinaltraktes, z.B. der linken Kolonflexur, führt zur subjektiven Wahrnehmung dieses Stimulus in verschiedenen Abschnitten über dem Abdomen. Umgekehrt kann ein identischer Wahrnehmungsort eines Schmerzreizes durch Dehnung in völlig unterschiedlichen Abschnitten verursacht werden (Abb. 3).

Diese Ungenauigkeit in der Lokalisation intestinaler Dehnungsreize findet sich nicht nur innerhalb eines Abschnittes des Gastrointestinaltraktes, sondern auch zwischen den Abschnitten: Dehnungsreize im Ösophagus können auf tiefere Darmabschnitte projiziert werden, ja sogar auf extraintestinale Körperregionen (15). Schließlich werden auch andere Sensationen aus dem Magen-Darm-Trakt denn Dehnungsreize derart ungenau wahrgenommen: Die qualitative Wahrnehmung von Kontraktionstätigkeit im Magen z.B. kann zwischen Individuen erheblich variieren (16).

5. Pathophysiologie der viszeralen Schmerzen

Für die funktionellen viszeralen Schmerzsyndrome (nichtkardialer Brustschmerz, Reizmagen, Reizdarm) gilt das oben Gesagte in gleicher Weise; es scheint sogar so, als sei z. B. bei Patienten mit Reizdarm diese Ungenauigkeit der Wahrnehmung noch gesteigert. Gesichert ist weiterhin, daß bei diesen Patientengruppen eine erhöhte Sensibilität gegenüber intestinalen Dehnungsreizen vorliegt, da die Schmerzschwellen bereits bei geringeren Dehnungsvolumina erreicht werden (17, 18, 19) (Abb. 4).

Als pathophysiologische Konzepte werden zwei unterschiedliche Mechanismen in der Literatur angeboten: Zum einen wird dabei davon ausgegangen, daß die Schmerzereignisse mit motorischen Ereignissen (Kontraktionen) assoziiert sind, die in Amplitude und/oder Dauer sich von denen Gesunder unterscheiden (20). Die Schmerzen werden demnach Spasmen der Darmmuskulatur zugeschrieben, die zu einer Überstimulation der in der Längsmuskulatur des Darms vermuteten Dehnungsrezeptoren führt. Speziell für die Schmerzen der Speiseröhre kann dies auch durch aus dem Magen rückfließende Säure (Reflux) verursacht werden (21).

Diese Hypermotorik konnte in einigen Untersuchungen bestätigt, in anderen jedoch nicht nachgewiesen werden (22, 23). Auch die experimentelle Induktion solcher Hyperaktivität, z.B. nach Belastungsreizen, gelang in einigen, allerdings nicht in allen Fällen (24, 25).

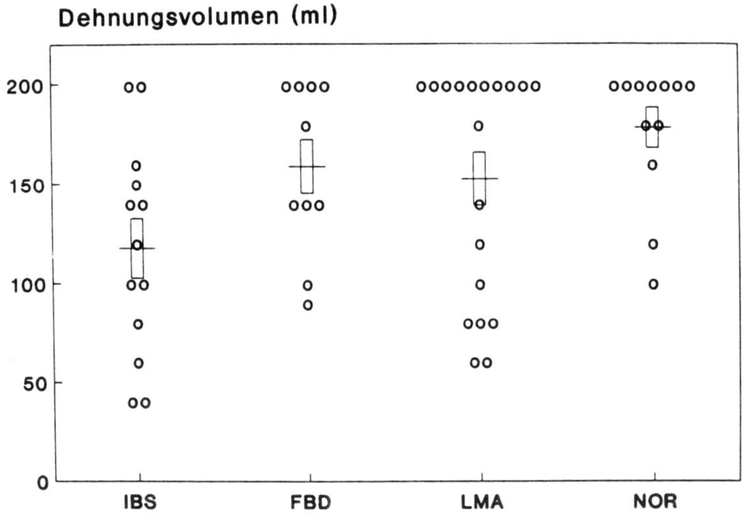

Abbildung 4: Schmerzschwellen für rektale Ballondehnung (ml Luft) bei Patienten mit Reizdarm (IBS), Patienten mit funktionellen Darmstörungen (FBD), Patienten mit Laktose-Malabsorption (LMA) und gesunden Kontrollprobanden (NOR) (nach: Whitehead et al 1990)

Daraus sowie aus dem Umstand, daß bis zu 70% der Patienten mit solchen funktionellen Schmerzsyndromen testpsychologisch erheblich auffällig waren, sich jedoch in ihren darmspezifischen Reaktionen auf Dehnungsreize nicht von darmgesunden Neurotikern unterschieden, haben Autoren wie Latimer (26) die Schlußfolgerung gezogen, daß diese Patienten primär neurotische Störungen zeigen und sich hinsichtlich der Darmaktivität von Gesunden dadurch unterscheiden, daß sie «an sich» normale Darmaktivität anders bewerten.

Im Gegensatz dazu steht die Hypothese von Whitehead (27), wonach die Patienten mit Reizdarm an einer darmspezifischen Überempfindlichkeit gegenüber Dehnungsreizen leiden. Belege dafür sind nicht nur, daß diese Patienten sich testpsychologisch nicht von Patienten mit ähnlicher Symptomatik, allerdings mit organischer Verursachung der Beschwerden unterscheiden (28), sondern auch, daß diese Patienten zwar eine verringerte Schmerztoleranz im Darm, nicht aber in der übrigen Körperperipherie haben (29). Nach Whitehead et al. (30) kann diese spezifische Hypersensibilität im Darm durch soziales Lernen in der Kindheit erworben werden (31, 32).

Der bei diesen Patienten nachweisbare erhöhte Anteil psychoneurotischen Fehlverhaltens kann dann entweder auf sekundäre Veränderungen infolge der chronischen Erkrankung zurückgeführt werden, oder auf einen vom Darmgeschehen unabhängigen Mechanismus: Da bei Patienten mit Darmsymptomen, die wegen dieser Beschwerden nicht zum Arzt gehen, ein deutlich geringerer Anteil an neurotischen Auffälligkeiten gefunden wurde als bei den klinischen Patienten, liegt die Vermutung nahe, daß die Persönlichkeitsstörungen nicht so sehr für die Darmsymptome, z. B. die Schmerzen verantwortlich sind, sondern dafür, wer mit diesen Schmerzen den Arzt aufsucht (33). Diese Selektionshypothese konnte inzwischen für die Reizdarm-Patienten bestätigt werden (34).

Auch wenn in der Literatur Fallberichte existieren, wonach die intestinalen Schmerzen durch belastende Lebensereignisse hervorgerufen oder unterstützt werden, so konnte trotz des Nachweises direkter Effekte experimenteller Stressoren auf gastrointestinale Funktionen beim Mensch wie beim Tier (36) bislang nicht überzeugend belegt werden, daß die Schmerzereignisse bei Reizdarm-Patienten mit Streßbelastungen einhergehen (37).

6. Diagnostik der viszeralen Schmerzen

Bei Vorliegen akuter intestinaler Beschwerden kann häufig bereits aufgrund des klinischen Erscheinungsbildes des Schmerzes einschließlich seiner zeitlichen Komponenten (s. o.) eine grundsätzliche Unterscheidung zwischen viszeralen und somatosensorischen Schmerzen getroffen werden. Sind mögliche organische Ursachen viszeraler Schmerzen, z.B. durch Laborun-tersuchungen und Endoskopie, bekannt, kann eine gezielte Therapie eingeleitet werden.

Bei den funktionellen Schmerzsyndromen (nichtkardialer Brustschmerz, Reizmagen, Reizdarm) ist die Ursachensuche demgegenüber aufwendiger und erfordert funktionelle Untersuchungsmethoden, in Abhängigkeit vom verfolgten pathophysiologischen Konzept (38).

Wird hinter den viszeralen Schmerzsyndromen spontan motorische Hyperaktivität (Spasmen) der glatten Muskulatur vermutet, läßt sich diese mittels stationärer oder ambulanter Druckmessung und/oder pH-Metrie – kurzzeitig oder als 24-Stunden-Aufzeichnung – ermitteln (39). Zumindest für den nicht-kardialen Brustschmerz konnte ein solcher Zusammenhang zwischen Hypermotorik, die teilweise durch Säurereflux hervorgerufen war, für einen Teil der Patienten nachgewiesen werden (40). Auch für ulkusähnliche, dyspeptische Beschwerden im Magen (Reizmagen) werden motorische Fehlfunktionen vermutet, die zu einer verzögerten Magenentleerung führen (41). Allerdings hat nur ein Teil der Patienten mit szintigraphisch nachgewiesener Störung der Magenentleerung Schmerzsymptome, während die übrigen «nur» unter Völlegefühl, Blähungen oder Übelkeit leiden, so daß hier ein Zusammenhang zwischen Motorik und Schmerz unsicher ist. Für den Dickdarm schließlich und die Reizkolon-Beschwerden fehlten bislang die entsprechenden methodischen Voraussetzungen, die eine Aufzeichnung der Motorik unter physiologischen Bedingungen, z.B. im gefüllten Zustand des Systems, zuließen (42).

Die zweite pathophysiologische Hypothese (s.o.) favorisiert demgegenüber diagnostische Verfahren, die auf eine klinisch-experimentelle Provokation der Schmerzen und eine Untersuchung afferenter Reizleitung zielt.

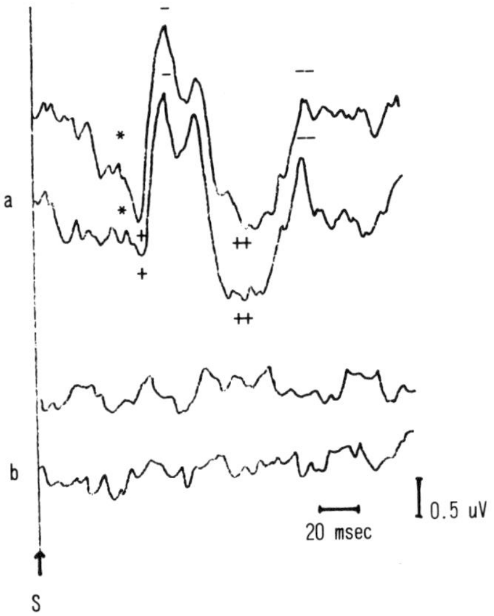

Abbildung 5: Cerebrale evozierte Potentiale nach elektrischer Stimulation des Rektums (a) und unter Kontrollbedingungen (b). (nach: Frieling et al 1989)

Solche Verfahren sind bislang jedoch nur in sehr geringem Umfang entwikkelt worden. Dazu gehört auch die vor kurzem von unserer Arbeitsgruppe erstmals ermöglichte Abteilung cerebraler evozierter Potentiale nach elektrischer Stimulation des Rektums (43) und der Speiseröhre (44) (Abb. 5).

Die Latenzen dieser Potentiale legen eine Übertragung durch autonome afferente Nervenbahnen nahe, die auch für die Schmerzleitung bei viszeralem Schmerz zuständig sein könnten. Die Anwendung dieser Techniken, zum Beispiel bei Patienten mit Ösophagusschmerzen oder Schmerzen im Dickdarm, könnte eine weitere Klärung der Frage nach dem Ort der Störung bei diesen Patienten sein: im Darm, in der afferenten Reizleitung oder im Gehirn.

Eine erste Anwendung hat diese Technik inzwischen (45) bei einer speziellen Patientengruppe gefunden: Patienten mit Diabetes mellitus und langjähriger autonomer Neuropathie berichten oft, daß die mit der autonomen Neuropathie auftretenden Begleitsymptome (Magenschmerzen, Völlegefühl, Übelkeit) der Magenentleerungsstörungen (diabetische Gastroparese) im Verlauf der Erkrankung nachlassen, ohne daß die Magenentleerung sich bessert (46). Durch Ableitung evozierter Potentiale nach Ösophagusstimulation konnten wir zeigen, daß dieses Phänomen keine Besserung der Symptomatik bedeutet, sondern deren Verschlechterung: Bei Patienten ohne Symptome war die afferente Reizleitung zum Gehirn nicht mehr nachweisbar, während Patienten mit Symptomen noch intakte aufsteigende Bahnen hatten (Tab. 4).

7. Therapie viszeraler Schmerzen

Da das Intestinum keine freien Nervenendigungen kennt, wirken eine Reihe der klassischen peripheren Analgetika bei viszeralen Schmerzen nicht. Wir konnten in einer experimentellen Untersuchung bei Gesunden (46) zeigen, daß sich mit einem Lokalanesthetikum (Lidocain) zwar die Schwelle zur Auslösung von Stuhldrang und Schmerz mittels Dehnungsballon im Rektum anheben läßt, nicht jedoch die untere Wahrnehmungsschwelle (Abb. 6). Kein Effekt wurde mit Aspirin erzeugt.

Diese Daten legen außerdem nahe, daß an der Wahrnehmung von Dehnung im unteren Dickdarm je nach Intensität und Qualität unterschiedliche Rezeptoren beteiligt sind, die sich zum Teil außerhalb der Darmwand befinden müssen (47).

In der Therapie intestinaler Schmerzsyndrome, insbesondere beim Reizmagen- und beim Reizdarmsyndrom, sind daher vor allem Pharmaka eingesetzt worden, die auf die Behandlung der zugrundeliegenden Motorik/Sekretion zielen, entweder in Richtung auf eine Hemmung (Spasmolytika, Calcium-Antagonisten u.a.m. für die Motorik, Säurehemmer) oder eine

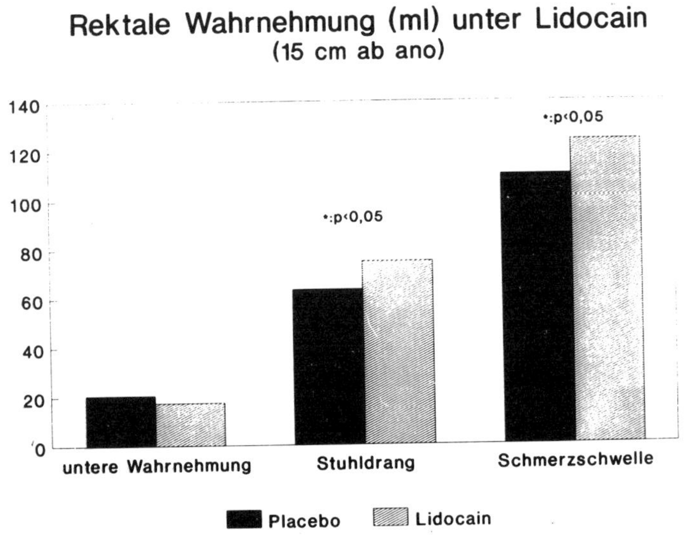

Abbildung 6: Wirkung von Lidocain, einem Lokalanesthetikum, auf die Wahrnehmung rektaler Dehnungsreize (nach: Enck et al. 1990)

bessere Passage in den Darmabschnitten (sog. Prokinetika) (48). Systematische Studien zur Therapie des nicht-kardialen Brustschmerzes gibt es gegenwärtig noch nicht.

Allen Studien gemeinsam ist, daß die Placebo-Responserate bei 50% und mehr liegt, so daß nur wenige Studien eine wirkliche therapeutische Effektivität zeigen. Hinzu kommt, daß viele der Substanzen primär auf die motori-

Tabelle 5: Behandlung des Syndroms des irritablen Darms mit verschiedenen Medikamentengruppen (nach Enck und Lübke 1990)

Substanz-gruppe	Anzahl Studien	Anzahl Patienten	Effektivität* Verum	Effektivität* Placebo	Anzahl Studien sig.	Anzahl Studien n. s.**
Spasmolytika	12	567	59,9%	44,8%	6	5
Anticholinergica	3	195	58,0%	47,0%	2	1
Antidepressiva	5	210	75,7%	47,0%	1	3
Dopamin-Antag.	3	157	73,3%	62,3%	1	2
Carminativa	3	88	67,7%	33,3%	2	1
Opioide	3	113	82,0%	45,0%	2	1
Tranquilizer	4	329	69,0%	47,0%	3	0
Sonstige	4	139	55,5%	46,5%	1	2
insgesamt	37	1798	67,6%	46,6%	18	15

* Effizienz (globale Besserung) gemittelt über die Studien
** Studien mit signifikantem bzw. nicht signifikantem (n. s.) Unterschied zwischen Verum und Placebo in der globalen Besserung nach Angaben der Autoren

Tabelle 6: Psychotherapiestudien zur Behandlung des Syndroms des irritablen Darms (nach Enck und Lübke 1990)

Therapieverfahren	Dauer			Ziel der Therapie	Erfolg*
	n	Wo.	h		
Entspannungstraining	33	8	8	Angstreduktion	n. s.
Psychotherapie	52		2×2	Ausdrücken von Gefühlen	+**
Gruppentherapie	20	–	9	Angstreduktion	+**
Hypnose	50	12	4–5	Kontrolle der Darmmotorik	++
Psychotherapie	102	12	10	Streßbewältigung	+++
Verhaltenstherapie	45	8	12	Streßbewältigung Muskelentspannung	+++
Biofeedbacktherapie	24	4	8	Kontrolle der Darmmotorik	+**

* Besserung der Darmsymptomatik
** Studie ohne Placebo-Kontrollgruppe

schen Störungen zielen, diese aber mit den Schmerzen nicht immer vergesellschaftet sind, so daß eine Veränderung der Stuhlgangssymptome Diarrhö oder Obstipation nicht mit einer Besserung der Schmerzen einhergehen muß. Zentral wirkende Medikamente wie z.B. Anti-Depressiva können vielleicht die Schmerzsymptomatik lindern, aber auch Darmsymptome hervorrufen (49). Tabelle 5 zeigt in der Übersicht die bislang zum Reizdarmsyndrom veröffentlichten kontrollierten medikamentösen Studien (50). Ähnlich ineffizient sind die diätetischen Maßnahmen gewesen (51).

Wirksamer für die Linderung der intestinalen Schmerzen, wenngleich häufig ohne eine Besserung der Stuhlgangssymptomatik, sind demgegenüber die wenigen psychotherapeutischen Studien zur Behandlung des Reizdarms (51). Ihre Problematik besteht darin, daß sie zumeist ohne adäquate Kontrollgruppen durchgeführt worden sind (Tab. 6). Entsprechende Untersuchungen zur Behandlung des nicht-kardialen Brustschmerzes und der nichtulzerösen Dyspepsie gibt es nicht.

8. Zusammenfassung

Viszerale Schmerzen unterscheiden sich in vielerlei Hinsicht von somatosensorischen Schmerzen: Sie sind zwar relativ häufig, führen aber nur bei einem Teil der Patienten zum Arztbesuch. Ihre Differenzierung von somatosensorischen Schmerzen ist schwierig, weil die Lokalisation des Schmerzortes oft nur ungenau getroffen werden kann. Da der Darm über keine spezifischen Schmerzrezeptoren verfügt, sind pathophysiologische Annahmen über die Schmerzursache, insbesondere bei den funktionellen Schmerzsyndromen (nicht-kardialer Brustschmerz, Reizmagen, Reizdarm) oft spekulativ: Es kommen sowohl hyper-motorische Aktivitäten in den entsprechenden Darmabschnitten in Frage als auch Hypersensibilität der Darmwand gegenüber Dehnung bei normaler Motorik. Diagnostisch lassen sich Hinweise auf die Ursache mit Hilfe von Funktionsuntersuchungen gewinnen, wobei die Untersuchung afferenter Reizleitung (evozierte Potentiale) gegenwärtig den meisten Gewinn verspricht. Die bisherige Behandlung der Schmerzsymptome im Darm ist nicht zuletzt wegen der hohen Placebo-Heilungsrate unbefriedigend, jedoch liegen einige psychotherapeutische Studien mit guten Ergebnissen vor.

9. Literatur

1 Enck P, Rathmann W, Czerner D, Tschöpe D, Lübke HJ. Are gastrointestinal symptoms overestimated in diabetes mellitus? Gastroenterology 100; 1991: A5

2 Drossmann D, McKnee DC, Sandler RS, Mitchell CD, Cramer EM, Lowman BC, Burger AL. Psychosocial factors in the irritable bowel syndrome. Gastroenterology 95; 1988: 701–8

3 Heaton KW, O'Donnel LJD, Braddon FEM, Mountford RA, Hughes AO, Cripps PJ. Symptoms of irritablew bowel syndrome in a british community. Consulters an nonconsulters. Gastroenterology 102; 1992: 1962–7

4 Demling L., Hg. Klinische Gastroenterologie. G. Thieme Verlag, Stuttgart 1973

5 Richter JE, Barish CF, Castell DO. Abnormal sensory perception in patients with esophageal chest pain. Gastroenterology 91; 1986: 845–52

6 Mearin F, Cucala M, Azpiroz F, Malagelada JR. The origins of symptoms on the braingut axis in functional dyspepsia. Gastroenterology 101; 1991: 999–1006

7 Read NW, ed. Irritable bowel syndrome. Grune & Stratton, London 1985,

8 Creed F, Guthrie E. Psychological factors in the irritable bowel syndrome. Gut 28; 1987: 1307–1318

9 Wood JD. Physiology of the enteric nervous system. In: Johnson R, ed. Physiology of the gastrointestinal tract. 2nd ed. Raven Press, New York 1987, 67–116

10 Frieling T, Enck P. Viszerale Afferenzen im Verdauungstrakt. Verdauungskrankheiten 8; 1990: 193–196

11 Enck P, Frieling T. Gut brain interactions in humans. In: Wingate D, Taché I, eds. Brain Gut Interactions. CRC Press, Baton Rouge (im Druck)

12 Cevero F, Morrison JFB, eds. Visceral sensation. Progress in Brain Research, Vol 67, 1986.

13 Mayer EA, Raybould HE. Role of visceral afferent mechanisms in fuctional bowel disorders. Gastroenterology 99; 1990: 1688–1704

14 Jänig W, Morrison JFB. Functional properties of spinal visceral afferent supplying abdominal an pelvic organs with special emphasis on visceral nociception. In: Cevero F, Morrison JFB, eds. Visceral sensation. Progress in Brain Research, Vol 67, 1986, 87–114

15 Dawson AM. The origin of pain in the irritable bowel syndrome. In: Read NW, ed. Irritable bowel syndrome. Grune & Stratton, London 1985, 155–61

16 Whitehead WE. Interoception: Awareness of sensations arising in the gastrointestinal tract. In: Hölzl R, Whitehead WE, Eds. Psychophysiology of the gastrointestoinal tract. Plenum Press, New York 1983
17 Whitehead WE, Holtkoetter B, Enck P, Hoelzl R, Holmes KD, Anthony J, Shabsin HS, Schuster MM. Tolerance for rectosigmoid distension in irritable bowel syndrome. Gastroenterology 98; 1990: 1187–92
18 Ritchie J. Mechanisms of pain in the irritable bowel syndrome. In: Read NW, ed. Irritable bowel syndrome. Grune & Stratton, London 1985, 163–70
19 Whitehead WE, Engel BT, Schuster MM. Irritable bowel syndrome. Physiological and psychological differences between diarrhea-predominant and constipation-predominant patients. Dig Dis Sci 25; 1980: 404–13
20 Wienbeck M, Enck P, Erckenbrecht JF. Control of gastrointestinal motility. In: D. Hellhammer, I. Florin H. Weiner, Eds.: Neurobiological approaches to human disease. Toronto/Lewiston/Bern/Stuttgart, Huber 1988, 105–17.
21 Misra SP, Broor SL. Is gastric acid responsible for the pain in patients with essential dyspepsia? J Clin Gastroenterol 12; 1990: 624–7
22 Enck P, Whitehead WE, Schuster MM, M. Wienbeck. Psychosomatik des Reizdarms: Spezifität klinischer Symptome, psychopathologischer Merkmale und motorischer Aktivität im Rektosigmoid. Dtsch med Wschr 113; 1988: 459–462.
23 Latimer P, Sarna S, Campbell D, Latimer M, Waterfall W, Daniel EE. Colonic motor and myoelectrical activity: A comparative study of normal subjects, psychoneurotic patients and patients with the irritable bowel syndrome. Gastroenterology 80; 1981: 893–901
24 Rogers J. Henry MM, Misiewicz JJ. Increased segmental activity and intraluminal pressures in the sigmoid colon of patients with the irritable bowel syndrome. Gut 30; 1989: 634–41
25 Enck P, Holtkötter B. Whitehead WE, Schuster MM, Wienbeck M. Klinische Symptomatik, Psychopathologie und Darmmotorik bei Patienten mit «irritablem Darm». Z Gastroenterol 27; 1989: 357–361
26 Latimer P. Psychophysiologic disorders. A critical appraisal of concept and theory illustrated with reference to the irritable bowel syndrome. Psychological Medicine 9; 1979: 71–80
27 Withehead WE, Schuster MM, Functional gastrointestinal disorders. Behavioral and physiological basis for treatment. Academic Press, New York 1985
28 Kumar D, Pfeffer J, Wingate DLK. Role of psychological factors in the irritable bowel syndrome. Digestion 45; 1990: 80–7
29 Withehead WE. Perception of gastrointestinal events. In: D. Hellhammer, I. Florin, H. Weiner, Eds.: Neurobiological approaches to human disease. Huber, Toronto/ Lewiston/Bern/Stuttgart, 1988, 118–136
30 Whitehead WE, Winget C, Fedoravicius AS, Wooley S, Blackwell B. Learned illness behavior in patients with irritable bowel syndrome an peptic ulcer. Dig Dis Sci 27; 1982: 202–8
31 Miller NE. Effect of learning on gastrointestinal functions. Clin Gastroenterol 6; 1977: 533–46.
32 Whitehead WE, Enck P, Anthony JC, Schuster MM. Psychopathology in patients with irritable bowel syndrome. In: Singer MV, Goebell H. (Hrsg). Nerves and the gastrointestinal tract. MTP Press, Lancaster 1989, 465–476.
33 Enck P, Whitehead WE. Gastrointestinal Disorders. In: E. A. Blechman, K. D. Brownell, Eds.: Handbook of Behavioral Medicine for Women. Pergamon, New York 1988, 178–194.
34 Sandler RS, Drossman DA, Nathan HP, McKnee DC. Symptom complaints and health care seeking behavior in subjects with bowel dysfunction. Gastroenterology 87; 1987: 314–8

35 Holtmann G, Enck P. Stress and gastrointestinal motility in humans – A review of the literature. J Gastrointestinal Motility 3; 1991: 245–54

36 Enck P, Holtmann G. Stress and gastrointestinal motility in animals – A review of the literature. J Gastrointestinal Motility 4; 1992: 83–90

37 Sarna S. Latimer P, Campbell D. Waterfall WE. Effects of stress, meal and neostigmine on rectosigmoid electrical control activity (ECA) in normals and in irritable bowel syndrome patients. Dig Dis Sci 27; 1982: 582–91

38 Frieling T, Enck P, Lübke HJ, Strohmeyer G. Gastrointestinale Funktionsstörungen und ihre Diagnostik. Deutsche Medizinische Wochenschrift 117; 1992: 349–57.

39 Wienbeck M. Enck P. Langzeit-pH-Metrie des Ösophagus. Z. Gastroenterol. 24; 1986: 328–9.

40 Richter JE, Johns DN, Wu WC, Castell DO. Are esophageal motor abnormalities produced during intraesophageal acid perfusion test? JAMA 2253; 1985: 1914–7

41 Waldron B, Cullen PT, Kumar D, et al. Evidence for hypomotility in non-ulcer dyspepsia: a prospective multifactorial study. Gut 32; 1991: 246–51

42 Enck P. Whitehead WE, Shabsin H, Nikoomanesh P. Schuster MM. Stability of myoelectrical slow waves and pressure waves recorded from the distal colon. Psychophysiology 26; 1989: 62–69

43 Frieling T, Enck P, Wienbeck M. Cerebral responses evoked by electrical stimulation of rectosigmoid in normal subjects. Dig Dis Sci 34; 1989: 202–205.

44 Frieling T, Enck P, Wienbeck M. Cerebral responses evoked by electrical stimulation of the esophagus in normal subjects. Gastroenterology 97; 1989: 475–478.

45 Rathmann W, Enck P, Frieling T, Gries FA. Visceral afferent neuropathy in diabetic gastroparesis. Diabetes Care 14; 1991: 1086–9

46 Enck P, Musial F, Wallstein U, Lefhalm C, Bielefeld K, Erckenbrecht JF. Perception of rectal distension: Influenece of stimulus location and local and systemic anesthesia. Gastroenterology 98; 1990: A348

47 Whitehead WE, Engel BT, Schuster MM. Perception of rectal distension is neccessary to prevent fecal incontinence. In: G. Adam, I. Meszaros, E. I. Banyai, Eds. Advances in physiological sciences, Vol 17, 1981

48 Enck P, Lübke HJ. Medikamente, Diät und Psychotherapie bei funktionellen Störungen des Magen-Darm-Traktes. Verdauungskrankheiten 8; 1990: 217–222

49 Kruis W. Obstipation als Begleitsymptom und als unerwünschte Arzneimittelwirkung. In: S. Müller-Lissner, L. Akkermans, Hrg. Chronische Obstipation und Stuhlinkontinenz. Springer Verlag, Heidelberg 1989, 201–211

50 Klein, KB. Controlled treatment trials in the irritable bowel syndrome: A critique. Gastroenterology 95; 1988: 232–41

51 Heaton KW. The role of dietary fibre in irritable bowel syndrome. Grune & Stratton, London 1985, 203–18

52 Cuntz U, Pollmann H, Enck O. Verhaltenstherapie bei gastrointestinalen Funktionsstörungen. Z Gastroenterol 30; 1992: 24–34

Psychoneuroimmunologische Forschungsstrategien: Klassische Konditionierung und Streßparadigma

J. Kugler

1. Einleitung

In den letzten Jahren sind Beziehungen zwischen zentralem Nervensystem, Immunsystem und endokrinem System verstärkt untersucht worden (Ader, Felten & Cohen, 1990; Cooper, 1984; Jankovic et al., 1987). Grundannahme ist hierbei, daß das Immunsystem nicht ausschließlich autoreguliert ist, sondern auch nervalen und endokrinen Einflüssen unterliegt (Solomon, 1984). Es ist vorgeschlagen worden, dieses Forschungsgebiet Psychoneuroimmunologie zu nennen (Ader, 1980; Abb. 1).

Psychoneuroimmunologische Forschung steht in engem Zusammenhang zur psychosomatischen Theoriebildung zu Erkrankungen, in denen das Immunsystem für den Verlauf mitbestimmend ist (Schulz & Raedler, 1986; Klosterhalfen, 1987). Inbesondere für die Psychorheumatologie erscheinen Ergebnisse psychoneuroimmunologischer Forschung interessant zur Klärung der Rolle psychischer Faktoren in der Ätiologie und in der Therapie rheumatischer Erkrankungen.

Der Einfluß psychischer Faktoren auf das Immunsystem soll anhand zweier typischer Forschungsparadigmen dargestellt werden:

- klassische Konditionierung von Immunparameter sowie
- Einfluß von Streß auf das Immunsystem.

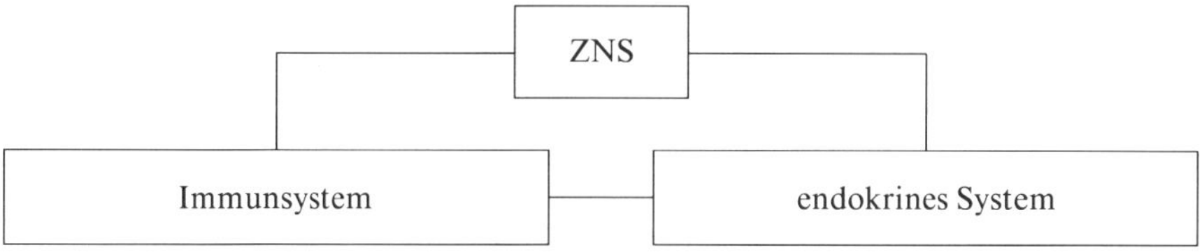

Abbildung 1: Psychoneuroimmunologie als interdisziplinäre Wissenschaft, die Beziehungen zwischen zentralem Nervensystem (ZNS), Immunsystem und endokrinem System untersucht

2. Klassische Konditionierung von Immunparameter

Die erste Beschreibung der Konditionierbarkeit physiologischer Vorgänge geht auf das Werk von Pawlow (1928) zurück. Das Paradigma der klassischen Konditionierung besteht aus zwei Schritten:

a) Zunächst wird gezeigt, daß bestimmte Stimuli (= unkonditionierter Stimulus; US) regelmäßig eine physiologische Reaktion (= unkonditionierte Reaktion; UR) auslösen.

b) Durch systematische Kopplung des unkonditionierten Stimulus mit einem neutralen Stiumlus wird erreicht, daß aus dem neutralen ein konditionierter Stimulus (KS) wird, der ebenfalls die physiologische Reaktion auslösen kann. Die physiologische Reaktion kann in ihrer Stärke oder Dauer verändert sein, weshalb man von konditionierter Reaktion (KR) sprechen kann.

Wenn eine physiologische Reaktion klassisch konditionierbar ist, zeigt dies, daß sie nicht ausschließlich autoreguliert ist, sondern daß zentrale Vorgänge die Auslösung der betreffenden physiologischen Reaktion modulieren können.

Die klassische Konditionierbarkeit von Immunparametern ist in den letzten Jahren Gegenstand eines intensiven Forschungsinteresses geworden. Erste Untersuchungen zur klassischen Konditionierbarkeit von Immunfunktionen gehen auf Arbeiten von Metal'nikov & Chorine (1926) zurück. Hierbei wurden z.B. Bacillus anthracis Injektionen als unkonditionierter Stimulus, Wärmereiz als neutraler Stimulus sowie die Anzahl polynukleärer Zellen im Peritonealexusat als konditionierte Reaktion verwendet.

In einer klassischen Arbeit von Ader & Cohen (1975) wurde die Wirkung des immunsuppressiven Pharmakons Cyclophosphamid klassisch bei Ratten konditioniert. Cyclophosphamid wurde in dieser Untersuchung als unkonditionierter Stimulus (US), die nachfolgende Immunsuppression als unkonditionierte Reaktion (UR) angesehen. Als neutraler Stimulus wurde Saccharin verwendet, das keinen Effekt auf das Immunsystem hat.

Das Grunddesign bestand aus 6 Untersuchungsgruppen (Tab. 1.):

Die Konditionierungsgruppen (KK0, KK1 und KK2) erhielten am Tag 0 eine Injektion mit Cyclophosphamid kombiniert mit saccharinhaltigem Trinkwasser. Die Gruppe KK1 bekam drei Tage später, die Gruppe KK2 drei und sechs Tage später wieder saccharinhaltiges Trinkwasser kombiniert mit Kochsalzinjektionen. Zur Kontrolle erhielt die Gruppe KK0 keine weitere Exposition mit Saccharin.

Die nicht konditionierte Gruppe (NK) erhielt am Tag 0 eine Cyclophosphamidinjektion gekoppelt mit unverändertem Trinkwasser. Am Tag 3 wurde der Gruppe saccharinhaltiges Trinkwasser kombiniert mit einer Kochsalzinjektion appliziert. Eine Kontrollgruppe (US) zur Wirkung des

Tabelle 1: Experimentelles Protokoll zur klassischen Konditionierung von Immunparametern (modifiziert nach Ader & Cohen, 1981)

Gruppen	Konditionierungstag	3 Tage später	6 Tage später
konditionierte Gruppen:			
- eine SAC Replikation (KK1)	SAC + CY	SAC + Sal	H_2O
- zwei SAC Replikationen (KK2)	SAC + CY	SAC + Sal	SAC + Sal
- keine SAC Replikationen (KK0)	SAC + CY	H_2O + Sal	H_2O
- eine CY Replikation(US)	SAC + CY	H_2O + CY	H_2O
nicht konditionierte Gruppe (UK)	H_2O + CY	SAC + Sal	H_2O
Placebo (P)	H_2O + Sal	H_2O	H_2O

SAC = Saccharin
CY = Cyclophosphamid
P = Placebo (Kochsalz oder Vehikel in dem sonst Cyclophosphamid gelöst wird)
Sal = Kochsalzinjektion

unkonditionierten Stimulus erhielt zwei Cyclophosphamidinjektionen. Eine Placebogruppe (P) erhielt ausschließlich unverändertes Trinkwasser und eine Injektion mit Kochsalz oder dem Vehikel ohne jegliches Cyclophosphamid.

Die Ergebnisse zeigen, daß die Antikörperproduktion (z.B. nach Antigengabe in Form von sheep red blood cells) bei der Placebogruppe (P) ohne Cyclophosphamidinjektion am höchsten und der Kontrollgruppe (US) mit zwei Cyclophosphamidinjektionen am niedrigsten ist. Die nicht konditionierte Gruppe (NK) sowie die Kontrolle der Konditionierung (KK0) mit nur

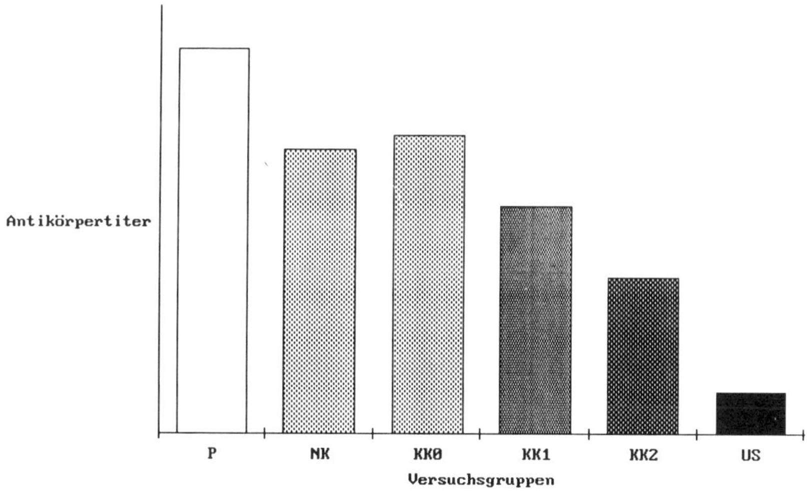

Abbildung 2: Antikörpertiter nach klassischer Konditionierung (modifiziert nach Ader & Cohen, 1975; Beschreibung der Untersuchungsgruppen s. Text)

einmaliger Cyclophsosphamidinjektion und Saccharinexposition unterscheiden sich nicht und liegen zwischen der Placebogruppe (P) und der Kontrollgruppe (US) mit zwei Cyclophosphamidinjektionen. Die Konditionierungsgruppe (KK1) mit einmaliger Reexposition von Saccharin nach dem Konditionierungstag zeigt eine niedrigere Antigenproduktion als die nicht konditionierte Gruppe (NK) und die Konditionierungskontrolle (KK0). Die Konditionierungsgruppe (KK2) mit zweimaliger Reexposition von Saccharin nach dem Konditionierungstag zeigt sogar eine noch geringere Antikörperproduktion als die Konditionierungsgruppe (KK1) mit einmaliger Reexposition von Saccharin.

Die Untersuchungen belegen, daß Saccharin als neutraler Stimulus durch klassische Konditionierung immunsuppressiv wirken kann. Die Ergebnisse verschiedener Untersuchungen zur Immunkonditionierung sind bemerkenswert konsistent: z.B. konnten auch bei Verwendung anderer unkonditionierter immunsuppressiver Stimuli, wie Methotrexat, und anderer Immunreaktionen, wie T-Zell mediierte Immunantwort, Konditionierungseffekte gezeigt werden (Ader & Cohen, 1985). Daß Immunkonditionierung auch bei rheumatoiden Erkrankungen relevant sein kann, zeigen Untersuchungen an Tieren mit Systemischen Lupus Erytemathodes (Ader & Cohen, 1982), deren Lebenserwartung sich verlängerte, oder mit experimentell induzierter Arthritis (Klosterhalfen & Klosterhalfen, 1983), deren Gelenkschwellung unterdrückt werden konnte.

3. Streß und Immunfunktion

Eine wichtige psychoneuroimmunologische Forschungsfrage ist, inwieweit das Immunsystem durch psychische Belastungen («Streß») beeinflußt wird. Erste Untersuchungen gehen auf Ishigami (1919) zurück, der berichtete, daß «nervöse» und «überaktive» Tuberkulosepatienten eine schlechtere Verlaufsprognose hatten. In tier- und humanexperimentellen Studien stellte er Beziehungen zwischen Tuberkuloseaktivität einerseits und Adrenalinsekretion sowie Glukosestoffwechsel andererseits her.

Seit den Arbeiten von Cannon (1929) und Selye (1936) sind Einflüsse psychischer Belastungen auf das vegetative Nervensystem und das endokrine System oft dokumentiert worden, während jedoch über Einflüsse auf das Immunsystem zunächst wenig bekannt war (Hall, 1985; Klosterhalfen & Klosterhalfen, 1987; Cousins, 1988).

Henry & Stephens (1978; Abb. 3) fassen in einem Modell, die verschiedenen Wirkungen von Bedrohungen für einen Organismus zusammen: Ein als Bedrohung der Kontrolle einer Situation eingeschätzter Reiz, wird mit Flucht-, bzw. Angriffsverhalten beantwortet, gekoppelt mit Gefühlen von Angst oder Ärger, begleitet von einer Aktivierung des Nebennierenmark-Systems, was zu einer erhöhten Ausschüttung von Katecholaminen und

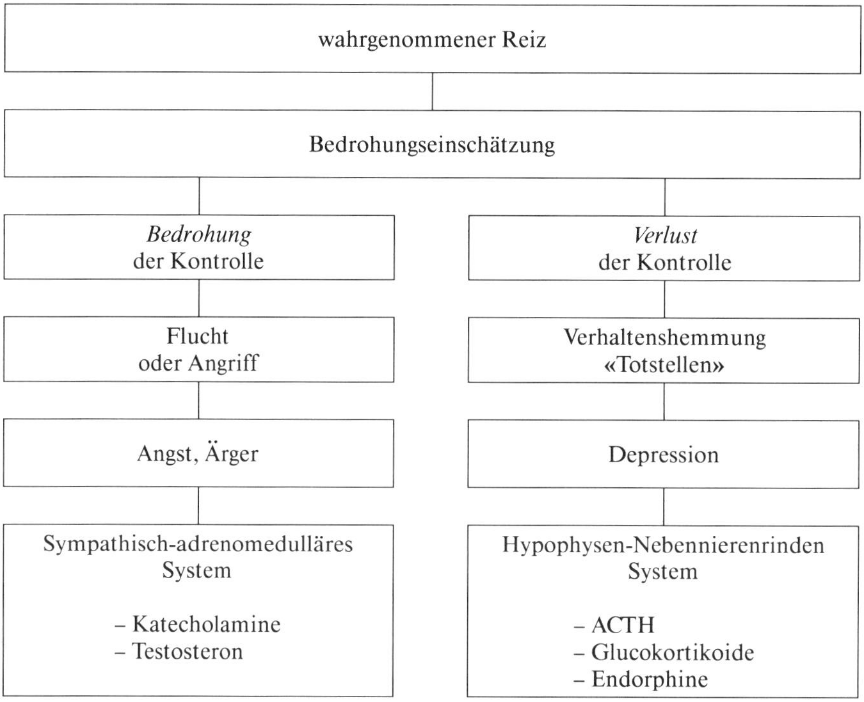

Abbildung 3: Streßmodell von Henry and Stephens (1977; modifiziert)

Testosteronen führt. Führt ein wahrgenommener Reiz zum Verlust der Kontrolle über eine Situation, kommt es zu einer Verhaltenshemmung («Totstellreflex»), begleitet von depressiven Verstimmungen und einer Aktivierung der Hypophysen-Nebennierenrinden-Systems, was zu einer erhöhten Ausschüttung von ACTH und Glukokortikoiden sowie zu einer erhöhten Ausschüttung von Endorphinen führt .

Tierexperimentell wurden vorwiegend Wirkungen des Kontrollverlust (unvorhersagbare Applikation aversiver Stimuli, wie Elektroschock oder Lärm) auf Immunparameter untersucht (Shavit et al., 1984; Laudenslager et al., 1983; Monjan & Collector, 1977; Kugler et al., 1990). Es zeigten sich vorwiegend immunsuppressive Effekte.

Beim Menschen wurden die immunmodulativen Effekte von Kontrollverlust z.B. in der Trauerphase um den Tod einen nahen Angehörigen (Bartrop et al., 1977; Schleifer et al., 1983) oder bei endogen Depressiven (Stein et al., 1991) untersucht. Es zeigten sich den Tierexperimenten vergleichbare immunsuppressive Effekte.

4. Diskussion

Die psychoneuroimmunologischen Untersuchungen zur klassischen Konditionierung sowie zu Effekten von Streßsituationen zeigen, daß das Immunsystem keineswegs ausschließlich autoreguliert ist. Gelernte Reizkopplungen sowie Einschätzung (und Bewältigung) von Bedrohungen können immunmodulierend wirken. Wie psychoneuroimmunologische Effekte mediiert werden, ist Gegenstand der Diskussion. Ob und inwieweit eine hormonelle Mediation stattfindet, zu denken wäre an die Hypophysen-Nebennierenrinden-Achse, Katecholamine oder Endorphine, oder ob eine direkte Interaktion zwischen Nervensystem und Immunkompetenen Zellen relevant ist, muß derzeit offen bleiben (vgl. Ader & Cohen, 1991).

Bislang sind vor allem immunsuppressive Effekte in psychoneuroimmunologischen Untersuchungen berichtet worden. Es bleibt zu fragen, ob es psychische Faktoren gibt, die mit einer Immunstimulation verbunden sind.

Während die meisten psychoneuroimmunologischen Studien sich auf das systemische Immunsystem beziehen, liegen nur wenige Untersuchungen über lokale Immunfunktionen vor (vgl. McClelland et al. 1985; Kugler, 1991).

Auch muß derzeit offen bleiben, ob die signifikanten replizierten Effekte der psychoneuroimmunologischen Forschung auch klinisch relevant sind. Es ist eine Zukunftsaufgabe zu zeigen, daß durch psychologische/psychotherapeutische Interventionen, Einfluß auf das Immunsystem beim Menschen genommen werden kann (erste Befunde: Hall & O'Grady, 1991).

Trotz der Einschränkungen erscheint Psychoneuroimmunologie als wichtiges interdisziplinäres Forschungsgebiet, welches psychosomatische Wirkungszusammenhänge auf naturwissenschaftlicher Basis aufzuzeigen vermag.

5. Literatur

Ader, R. (1980): Psychosomatic and psychoimmunologic research. Psychosomatic Medicine 42: 307–321

Ader, R. (ed.) (1981): Psychoneuroimmunology. Academic Press, Orlando

Ader, R. & Cohen, N. (1975): Behaviorally conditioned immunosuppression. Psychosomatic Medicine 37, 333–340

Ader, R. & Cohen. N (1982): Behaviorally conditioned immunosuppression and murine systemic lupus erythematosus. Science 215: 1534–36

Ader, R. & Cohen, N. (1985): CNS – immune system interactions: conditioning phenomena. Behavioral and Brain Sciences8, 379–394

Ader, R. & Cohen, N. (1991): The influence of conditioning on immune responses. In: Ader, R., Felten, D. L. & Cohen, N.: Psychoneuroimmunology. 2nd edition. Academic Press, San Diego

Ader, R., Felten, D. L. & Cohen, N. (1991): Psychoneuroimmunology. 2nd edition. Academic Press, San Diego

Bartrop, R. W., Lazarus, L., Luckhorst, E. Kiloh, L. G. & Penny, R. (1977): Depresed lymphocyte function after bereavement. Lancet i: 834–836

Cannon, W. B. (1929): Bodily changes in pain, hunger, fear and rage. Appleton & Co., New York

Cooper, E. L. (ed.) (1984): Stress, immunity, and aging. Marcel Dekker Inc., New York

Cousins, N. (1988): Intangibles in medicine: an attempt at a balancing perspective. Journal of the American Medical Association 260: 1610–1612

Hall, J. G. (1985): Emotion and immunity. Lancet 2: 326–327

Hall, N. R. S. & O'Grady, M. (1991): Psychosocial interventions and immune function. In: Ader, R., Felten, D. L. & Cohen, N.: Psychoneuroimmunology. 2nd edition. Academic Press, San Diego

Henry, J. P. & Stephens, P. M. (1977): Stress, health, and the social environment. Springer, New York

Ishigami, T. (1919): The influence of psychic acts on the progress of pulmonary tuberculosis. American Review of Tuberculosis 2: 470–484

Jankovic, B. D., Markovic, B. M. & Spector, N. H. (eds.) (1987): Neuroimmune interactions. Annals of the New York Academy of Sciences 496: whole volume

Klosterhalfen, W. (1987): Experimenteller Streß und Adjuvans-Arthritis: Ein Beitrag zur Psychoimmunologie. Athenäum, Frankfurt/Main

Klosterhalfen, W. & Klosterhalfen, S. (1983): Pavlovian conditioning of immunosuppression modifies asjuvant arthrits in rats. Behavioral Neuroscience 97: 663–66

Klosterhalfen, W. & Klosterhalfen, S. (1987): Psychoimmunologie. In: Amelang, M. (ed.): Bericht über den 35. Kongreß der Deutschen Gesellschaft für Psychologie in Heidelberg 1986. Hogrefe Verlag, Göttingen

Kugler, J., Lange, K. W. & Kalveram, K. T. (1990): Acute not chronic exposition to noise stimuli affects splenic lymphocyte population and plasma corticosterone. International Journal of Neurosciences 51, 233–234

Kugler, J. (1991): Emotionale Befindlichkeit und Immunglobulin A im Speichel – Eine Literaturübersicht. Psychotherapie, Psychosomatik, Medizinische Psychologie 41, 232–242

Laudenslager, M. L., Ryan, S. M., Drugan, R. C., Hyson, R. L. & Maier, S. F. (1983): Inescapable but not escapable shock suppresses lymphocyte proliferation. Science 211: 568–570

Metal'nikov, S. & Chorine, V. (1926): Role des reflexes conditionnels dans l'immunite'. Ann. Inst. Pateur, Paris 40, 893–900

Monjan, A. A. & Collector, M. I. (1977): Stress-induced modulation of the immune response. Science 196: 307–308

McClelland, D. C., Ross, G., Patel, V. (1985): The effect of an academic examination on salivary norepinephrine and immunoglobulin levels. Journal of Human Stress 11 (2): 52–59

Pawlow, I. P. (1928): Lectures on conditioned reflexes. Liveright, New York

Schleifer, S. J., Keller, S. E., Camerino, M., Thornton, J. C. & Stein, M. (1983): Suppression of lymphyocyte stimulation following bereavement. Journal of the American Medical Association 250: 374–377

Schulz, K. H. & Raedler, A. (1986): Tumorimmunologie und Psychoimmunologie als Grundlagen für die Psychoonkologie. Psychotherapie, Psychosomatik und Medizinische Psychologie 36: 114–129

Selye, H. (1936): A syndrom produced by diverse nocuous agents. Nature (London) 148: 84–85

Shavit, Y., Lewis, J. W., Terman, G. W., Gale, R. P. & Liebeskind, J. V. (1984): Opioid peptides mediate the suppressive effect on natural killer cell cytotoxicity. Science 233: 188–190

Solomon, G. F. (1969): Emotions, stress central nervous system and immunity. Annals of the New York Academy of Sciences 124: 335–343

Stein, M., Miller, A. H. & Trestman, R. L. (1991): Depression and the immune system. In: Ader, R., Felten, D. L. & Cohen, N.: Psychoneuroimmunology. 2nd edition. Academic Press, San Diego

Physiologische und psychologische Schmerztheorien

Plädoyer für die Entwicklung eigenständiger medizin-psychologischer Schmerztheorien

Gabriele Ostkirchen

1. Einleitende Bemerkungen aus medizin-psychologischer Sicht

Die Medizin-Psychologie hat sich die Aufgabe gestellt,

> «Erkenntnisse und Methoden der Psychologie auf Probleme der Medizin» (Rösler & Szewczyk, 1987, 13)

anzuwenden. Dadurch steht sie wie die Medizin im Brennpunkt zwischen Grundlagenforschung und deren systematischer Anwendung und Überprüfung. Grenzen des biologischen, chemischen, physikalischen und psychologischen Grundlagenwissens werden bei Übertragung und Anwendung auf konkret beobachtbare körperliche und geistige Vorgänge im Menschen immer wieder offenbar. Vorwiegend anwendungsbezogene Mediziner und Psychologen wenden sich hermeneutischen Erklärungen zu, wenn die Diskrepanzen zwischen dem zu messenden und naturwissenschaftlich zu objektivierenden Befund und dem entsprechenden Befinden des Patienten zu groß sind oder wenn eindeutige Befunde aufgrund des aktuellen medizinischen Wissens trotz andauernden Krankheitserlebens des Patienten nicht erhebbar bzw. nicht vorhanden sind. Derartige Diskrepanzen können auch als Grundlage und Triebfeder für eine größere Praxisorientierung theoretischer Überlegungen und für die Einschätzung der Relevanz grundlagenorientierten Wissens verstanden werden. Erfahrungen mit dem semantischen Konstrukt Schmerz gehören zu den herausragenden und provozierenden Beispielen für die immer wieder auftretende Reibung zwischen grundlagenorientierter und anwendungsbezogener Forschung und zwischen natur- und geisteswissenschaftlichem Vorgehen. Medizin-Psychologie und jede in dieser Disziplin zu entwickelnde Forschung steht zwischen den Fronten: sie beruft sich auf grundlegende Erkenntnisse sowohl der Natur- als auch der Geisteswissenschaften, sie gerät in die Diskrepanzen zwischen Grundlagen- und Anwendungsforschung, und sie hat sich gegen das in der Medizin vorherrschende, von praktisch tätigen Psychologen oft unterstützte, falsche

Psychologie-Verständnis zu wehren. In dieser Zerreißprobe begründen sich die Schwierigkeiten und zugleich die Chancen medizin-psychologischer Ansätze in der Schmerzforschung.

Als ubiquitäres Phänomen gehört Schmerz zu den Grunddimensionen des Erlebens, die den Menschen in besonderer Weise aktivieren, nach Ursachen für diese Empfindungen zu suchen. Gemäß Pschyrembel (1986) ist Schmerz zunächst das psychische Korrelat eines vitalen Schutzreflexes. Er kann durch eine Vielzahl von den Körper schädigenden Einwirkungen und Reizarten verursacht werden. Jede Schmerzempfindung besitzt primär eine emotional unangenehme Komponente. Nach der Definition der International Association for the Study of Pain ist Schmerz

> «an unpleasant sensory and emotional experience associated with actual or potential tissue damage, or described in terms of such damage». (In: Pain, zit. nach Schmidt & Struppler, 1982, 18, 1979, 6, 249–252).

Diese Definition beinhaltet bereits die Feststellung, daß Schmerz in der Regel mehr als eine reine Sinnesempfindung ist und meistens ein unlustbetontes Gefühlserlebnis beschreibt. Anlaß für körperliche Schmerzen ist häufig eine starke Reizung von Körpergewebe, die mit einer Zerstörung einhergeht oder auf eine drohende Zerstörung hinweist. Da Schmerz aber auch ohne irgendwelche nachvollziehbaren körperlichen Schmerzreize auftreten kann, beinhaltet die IASP-Definition den Zusatz «oder mit Begriffen einer solchen Schädigung beschrieben wird». Damit wird zum Ausdruck gebracht, daß es für die subjektive Schmerzempfindung bzw. das subjektive Schmerzerlebnis völlig belanglos sein kann, ob eine solche Gewebsschädigung tatsächlich nachgewiesen wird oder nicht.

> «... denn ob und wie stark ein Mensch Schmerzen empfindet und wie sehr er daran leidet, läßt sich weder aus der Art und Stärke des Reizes noch durch Beobachten des Verhaltens eindeutig bestimmen. Je nach Umständen kann es sogar vorkommen, daß schwerste Schmerzen kaum zu einem Schmerzleiden und zu Schmerzreaktionen führen, während umgekehrt Menschen unter schwersten Schmerzen leiden können, obwohl sich nur minimale oder überhaupt keine Gewebsschädigungen nachweisen lassen» (Schmidt et al., 1983, 17).

Die einleitenden Bemerkungen zusammenfassend läßt sich feststellen, daß unter dem sprachlichen Etikett Schmerz eine Klasse von meist aversiven Erlebnissen beschrieben wird, die eine große Zahl unterschiedlicher, einzigartiger Geschehnisse mit vielschichtigen, oft unbekannten Ursachen umfaßt. Sie läßt sich gleichzeitig durch verschiedene Sinnesqualitäten charakterisieren, die entlang einer Anzahl sensorischer, vegetativer, affektiver, motivationaler, kognitiver und behavioraler Dimensionen variieren. Der Wunsch, dieses meist als aversiv erlebte, sehr variable und wandlungsfähige Phänomen zu begreifen, besser zu verstehen und dadurch gezielter unter

Kontrolle zu bringen, ist zugrundeliegender Motivator für die expandierende Schmerzforschung. Die Behauptung, daß alle Ebenen irgendwie zusammenwirken, ist zwar sehr plausibel, stellt allein jedoch keinen Erkenntnisgewinn dar. Es soll hier im Gegenteil die These vertreten werden, daß die Entwicklung von empirisch begründbaren, eigenständigen physiologischen, biochemischen, psychologischen und sozialen Schmerztheorien eine notwendige Grundlage und Voraussetzung für die zukünftige, gezieltere Überprüfung von Interaktionshypothesen in der Schmerzforschung ist.

2. Physiologische Schmerztheorien

Die theoretischen Ansätze der physiologischen Grundlagenforschung im Schmerzbereich können entweder den Intensitäts-, Spezifitäts- oder den Erregungsmustertheorien zugerechnet werden (siehe Abb. 1, A–C). Die Intensitätstheorie des Schmerzes (Goldscheider, 1894) geht davon aus, daß

> «jeder Hautreiz zunächst eine Berührungs- oder Temperaturempfindung hervorrufe, die dann mit zunehmender Intensität in Schmerz übergehe.» (Handwerker, 1984, 93)

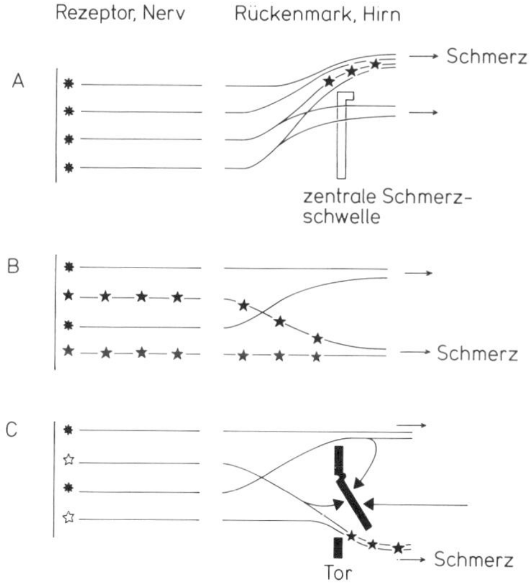

Abbildung 1: Schematische Darstellung der wichtigsten physiologischen Schmerztheorien

A: Intensitätstheorie, mit Annahme einer zentralen Schwelle;
B: Spezifitätstheorie;
C: Theorie der Torkontrolle (gate control theory).

Die schwarzen Sterne symbolisieren Entstehung und Verlauf des schmerzerzeugenden Nervensignals. Rosetten und offene Sterne symbolisieren nicht nozizeptive, bzw. unspezifische rezeptive Endigungen in den Körpergeweben. (Handwerker, 1984, 95)

Reizintensität, die zentrale Summation und das Überwinden einer bestimmten Schmerzschwelle sind diesem Modell zufolge die kritischen Determinanten des Schmerzes (siehe Abb. 1, A).

Im Gegensatz dazu stehen die Postulate der Spezifitätstheorie (siehe beispielsweise von Frey, 1894, 1914, 1922; Schmidt, 1972, 1985). Hier wird die Auffassung vertreten, daß es schmerzspezifische Rezeptoren bzw. spezifische Schmerzleitungsbahnen gibt (siehe Abb. 1, B).

> «Die Spezifitätstheorie geht davon aus, daß ein Spektrum spezifischer Schmerzrezeptoren im Körper zu einem Schmerzzentrum des Gehirns projiziert. Es wird angenommen, daß freie Nervenendigungen Schmerzrezeptoren sind (v. Frey, 1894), die Schmerzimpulse generieren, die durch A-delta- und C-Fasern in peripheren Nerven (. . .) sowie durch den Tractus lateralis spinothalamicus im Rückenmark (. . .) zu einem Schmerzzentrum im Thalamus (. . .) weitergeleitet werden.» (Melzack & Wall, 1965, 971–978; übersetzt von P. Mitterhusen in: Keeser et al., 1982, 8–29).

Von Frey (1894) postulierte erstmals, daß Schmerz neben Berührung, Wärme und Kälte eine spezifische Empfindungsqualität darstelle, die über jeweils spezifische Rezeptoren (distale Endigungen schmerzleitender Nervenbahnen = Nozizeptoren) an das Schmerzzentrum im Gehirn weitergeleitet werde. Die Allgemeingültigkeit des von Freyschen Spezifitätspostulates wurde vielfach kritisiert, u. a. weil nur ungefähr 50 Prozent aller als «Nozizeptoren« detektierten Rezeptoren in der vorhergesagten Weise reagieren; die im Gegensatz zur Vorhersage nicht reagierenden Rezeptoren werden gemeinhin als «schlafende Fasern« bezeichnet. Es bleiben zudem Ergebnisse Beechers (1956) unerklärlich, nach denen an der Front schwer verletzte Soldaten im Lazarett weniger Schmerzmittel fordern als eine Vergleichgruppe von Patienten, die vorher nicht den Todesängsten an der Front ausgesetzt waren. Auch gefundene transkulturelle Unterschiede in Schmerzexperimenten sowie die Tatsache, daß die Durchtrennung der schmerzleitenden Bahnen (z.B. frontale Lobotomie) nicht zu dauerhafter Schmerzausschaltung führt – was bei Gültigkeit der von Freyschen Hypothese zu erwarten wäre –, widersprechen der Annahme einer spezifischen 1:1-Verschaltung des Schmerzimpulses bis zum Schmerzzentrum.

Struppler räumt bereits 1975 ein:

> «In der Kontroverse um die Spezifität bzw. Unspezifität des schmerzleitenden Systems kommt wieder die von Freysche Theorie zum Tragen, die neben Rezeptoren für Druck, Wärme und Kälte ein spezifisches Rezeptionssystem und Transmissionssystem für den Schmerz annahm, unbeeinflußbar von anderen Sinnesmodalitäten. [von Frey, 1914, 1922] Eine Erregung der spezifischen Schmerzrezeptoren führe immer zum Schmerzerlebnis. In dieser einfachen, extremen Form ist die Theorie jedoch sicher

> nicht haltbar, wo schon im Rückenmark eine Erregungsmodulation durch deszendierende Einflüsse und eine starke Konvergenz von peripheren Erregungen auf einzelne Neuronen stattfinden, deren räumliche und zeitliche Bahnung erst zum fortgeleiteten Aktionspotential führen. Für die Empfindung Schmerz ist nicht nur der periphere Reiz entscheidend, sondern die Anzahl der nozizeptiven Afferenzen, welche die höher gelegenen Zentren erreichen. Dieser afferente Zustrom wird von verschiedenen bahnenden und hemmenden Einflüssen bereits an der ersten sensiblen Schaltstelle modifiziert [. . .] ob ein Reiz als Schmerz empfunden wird, hängt außerdem von der gegenseitigen Beeinflussung der langsam- und der schnell-leitenden Schmerzfasern ab.» (Struppler, 1975, 19/20)

Alle Argumente, die zur Verteidigung des Nozizeptor-Konzeptes ins Feld geführt werden, sind auch als Stützung der Spezifitätstheorie zu verstehen. Die Tatsache der Vielfältigkeit der Erscheinungsweisen des Schmerzes jedoch und seine Abhängigkeit von der bewußten Wahrnehmung sind die Argumente der Gegenseite. Diese Kritik mündet der radikalsten Version zufolge in der Abschaffung des Nozizeptor-Konzeptes, da die Reizung eines spezifisch auf noxische Stimuli reagierenden Hautrezeptors allein nicht zur Schmerzwahrnehmung führen muß und somit jede bisher als zwingend beschriebene Kopplung zwischen der Reizung dieser spezifisch detektierbaren Rezeptoren (= distale Endigung der A-delta- und C-Fasern) und dem Schmerzerleben für obsolet gehalten wird. Zudem werden die unterschiedlichsten – auch von Spezifitätstheoretikern nicht geleugneten – zentralen Kontrollmechanismen angenommen, die das Geschehen von der Reizung bis zur Schmerzwahrnehmung modulieren. Dieser extremen Ablehnung stehen wiederum die Befunde entgegen (z.B. Handwerker, 1987), aus denen abzuleiten ist, daß beispielsweise kurzdauernde Hitzereize auf der Haut mit einer durchschnittlichen Frequenz von einem Aktionspotential pro Sekunde regelmäßig zu einer Schmerzantwort beim Menschen führen.

Melzack (1978) kritisiert die theoretischen Annahmen, die ein ausschließlich unidimensionales Verhältnis von Schmerzreiz und Schmerzempfindung postulieren, als unbefriedigend. Sie können weder Schmerzen hinreichend erklären, die ohne andauernde noxische Reizung fortbestehen; noch chronische Schmerzen, die ständig vorhanden sind, obwohl die Schmerzleitungsbahnen pharmakologisch und neurochirurgisch ausgeschaltet wurden. Nach Melzack (1978) wird die multifaktorielle Vernetztheit des Schmerzgeschehens durch diese Annahme nicht berücksichtigt. Da das unidimensionale sensorische Schmerzmodell bei chronischen Schmerzzuständen, insbesondere bei jenen mit noch ungeklärter Pathogenese (Gerber & Haag, 1989) versagt; setzte sich seit Anfang der sechziger Jahre unter dem Einfluß der Gate-Control-Theorie (*Abb. 2*, Melzack & Wall, 1965; siehe auch Abb. 1, C;) eine multikausale Sichtweise des Schmerzes durch.

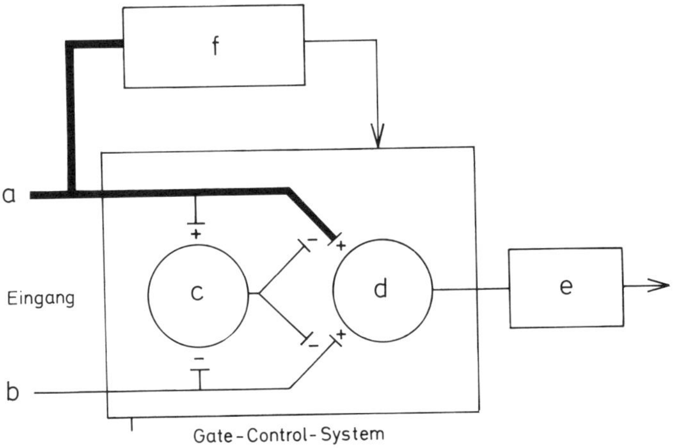

Abbildung 2: Die Gate-Control-Theorie des Schmerzes

a) bemarkte, schnelleitende Nervenfasern
b) unbemarkte, langsamleitende Nervenfasern
c) Substantia gelatinosa
d) Strangzellen
e) Aktionssystem
f) zentrale Kontrollsystem (Esslen, 1975; 32; Melzack & Wall, 1965)

Das frühe Gate-Control Modell (1965) wird von Esslen (1975) wie folgt beschrieben:

> «Die Gate-Control-Theorie ist wohl die in den letzten 10 Jahren am lebhaftesten diskutierte Schmerztheorie (Melzack & Wall, 1965; Melzack, 1972). Man kann den Namen dieser Theorie am besten mit Eingangs-Kontroll-Theorie übersetzen. Das Grundgerüst dieser Theorie ist die Annahme, daß ein im Bereich der Hinterhörner gelegener Neuronenpool, bei dessen Erregung schmerzwirkende Impulse zentralwärts ausgesendet werden, durch ein markhaltiges Fasersystem gehemmt, durch die marklosen C-Fasern dagegen erregt wird. Es besteht somit ein spinaler Schmerzeingang, dessen Öffnung oder Weite von hemmenden oder erregenden Impulsen aus der Peripherie gesteuert wird. Zusätzlich wirkt noch ein supraspinaler, efferenter Regelkreis auf die Öffnung des spinalen Eingangs (siehe Abb. 2). Namhafte Neurophysiologen haben die Gültigkeit dieser Theorie bestritten. Aber es kommt vielleicht nicht darauf an, daß sie in allen Einzelheiten stimmt, sondern daß sie die Bedeutung auch hemmender Einflüsse auf relativ weit peripheriewärts vorgeschobenem Niveau ins Bewußtsein gerückt hat. Die Gate-Control-Theorie vereinigt Elemente der Spezifitäts- und Pattern-Theorie des Schmerzes. Sie gewinnt dadurch eine große Plastizität und ist damit zweifellos auch der Gefahr ausgesetzt, konzeptuell alle Rätsel der Schmerzpathologie lösen zu wollen, ohne die empirischen Belege zu erbringen. Aber der Gedanke einer regelbaren

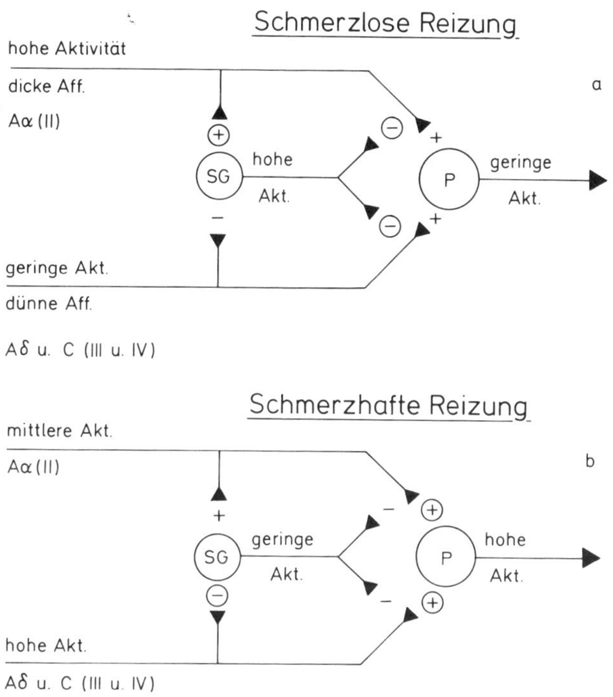

Abbildung 3: Arbeitsweise des Gate-Control-Systems

a) Hemmung der nach zentral projizierenden P-Zellen während schmerzloser Hautreizung
b) Aktivierung während noxischer Hautreizung
+ erregende;
– hemmende Wirkung der Synapsen;
+/– mit Kreis umrandet:
starke Aktivierung der Synapse unter den angegebenen Reizbedingungen nach dem Vorschlag von Melzack & Wall (1965); (Schmidt, 1986, 40)

> Schmerzschleuse auf spinalem Niveau ist doch ein sehr anregendes Arbeitsmodell, und es könnte gut sein, daß man noch eine weitere Schleuse auf zentralem Niveau postulieren muß.» (Esslen, 1975, 31/32)

Kritiker, wie beispielsweise Zimmermann (1968), Franz & Iggo (1968) und Schmidt (1986) führen experimentelle Ergebnisse an, die nachweisen, daß die durch die erste Fassung der Gate-Control-Theorie (Melzack & Wall, 1965) postulierten physiologischen Vorgänge im Hinterhorn nicht zutreffen (siehe Abb. 3).

> «Die Grundannahmen sind, daß die Aktivierung der nach zentral projizierenden P-Zellen über ein kritisches Maß hinaus die zentralen Schmerzsysteme erregt, und daß die SG-(Substantia-gelatinosa)-Zellen als Kon-

trollschranken den erregenden afferenten Zufluß zu den P-Zellen reduzieren, bevor dieser die P-Zellen erreicht. Da die P-Zellen monosynaptisch mit den primär afferenten Fasern verbunden sind, kann diese Reduktion, und dies ist der kritische Punkt der Theorie, nur über eine präsynaptische Hemmung erfolgen. Die SG-Zellen werden von dicken (nichtnozizeptiven) Afferenzen erregt und von dünnen (nozizeptiven) Afferenzen gehemmt. Bei schmerzloser Reizung, beispielsweise eines Hautareals, bei der vorwiegend dicke Afferenzen feuern, werden die P-Zellen wenig oder nicht aktiviert, da die gleichzeitig kollateral erregten SG-Zellen einen starken präsynaptisch hemmenden Einfluß ausüben (Abb. 3, a). Geht diese schmerzlose Hautreizung in eine schmerzhafte über (Abb. 3, b), so werden immer mehr dünne Afferenzen erregt, während die dicken durch Adaptation ihrer Rezeptoren in ihrer Impulsfrequenz eher nachlassen. Dies reduziert die Aktivität der SG-Zellen, die Kontrollschranke öffnet sich, und die P-Zellen senden mehr Impulse zum Zentrum. Es treten jetzt Schmerzen auf.» (Schmidt, 1986, 40/41).

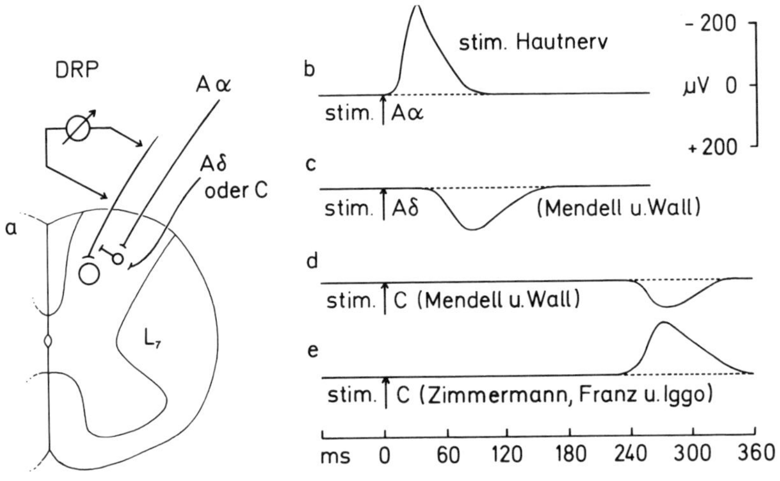

Abbildung 4: Widersprüchliche, empirische Ergebnisse zum Hinterwurzelpotential nach elektrischer Reizung von Hautnerven

a) Schema der Ableitung von DRP (dorsal root potentials) nach Aktivierung dicker myelinisierter (A-Alpha-), dünner myelinisierter (A-Delta-) und dünner nicht myeliniserter (C-) Afferenzen.

b)-e) Schematische, zeitsynchrone Wiedergabe der nach isolierter Reizung dieser Fasergruppen auftretenden DRP

c)+d) nach Mendell & Wall (1964)

e) nach Zimmermann (1968) und Franz & Iggo (1968) (Schmidt, 1986, 41)

Zum Nachweis dieser physiologischen Postulate hatten Mendell & Wall (1964) und Wall (1964) hintere Wurzelpotentiale (DRP = dorsal root potentials) abgeleitet. Ihren Setzungen zufolge führte in den zitierten Experimenten die präsynaptische Hemmung zu einem negativen und die präsynaptische Enthemmung zu einem positiven hinteren Wurzelpotential. In Abbildung 4 werden die Ergebnisse von Mendell & Wall (1964) und die im Widerspruch dazu stehenden Ergebnisse von Franz & Iggo (1968) und von Zimmermann (1968) dargestellt. Diese widersprüchlichen empirischen Resultate zur Wirkung von A-delta- und C-Fasern auf die Hinterhornzellen führten zu der immer wieder zum Ausdruck gebrachten Kritik an den physiologischen Setzungen der Eingangs-Kontroll-Theorie, die Schmidt bereits 1972 als eine unwahrscheinliche Hypothese bezeichnete. Er wendet sich aufgrund der Befunde aus der physiologischen Grundlagenforschung vehement gegen die aus der Klinik kommende Begeisterung für die Gate-Control-Theorie (1986). Zwar liefere diese Theorie widerspruchsarme Erklärungen für viele sonst unerklärt bleibende physische und psychische, physiologische und pathophysiologische Befunde bei der Schmerzrezeption, jedoch sei die experimentelle Absicherung für ein derart weitgehendes Postulat nicht ausreichend. Ungeachtet der experimentellen Widersprüche, wurden in der klinischen Praxis Methoden zur Schmerzreduktion entwikkelt, die auf dem von Melzack et al. (1978) postulierten Kontrollmechanismus im Hinterhorn basieren. Beispiele derartiger medizinisch-therapeutischer Techniken sind:

- die Reizung der Hinterstränge über in den Rückenmarkkanal eingepflanzte Elektroden (DCS, dorsal column stimulation);
- die transkutane elektrische Nervenstimulation (TENS) und
- die tiefe elektrische Gewebsstimulation (TEGS).

Diese Methoden haben zum Ziel, über starke Reizung dicker Afferenzen das Schließen des Kontrolltores und damit die gewünschte Schmerzhemmung zu erreichen.

Schmidt & Struppler (1983) beurteilen die mit derartigen Methoden erzielten Langzeitergebnisse als außerordentlich enttäuschend und schätzen die Effizienz ihrer Wirkung als ungefähr gleichwertig zu der von Placebos ein.

> «Melzack und Wall (1983) haben unterdessen unter dem Eindruck der negativen Versuchsresultate ihre Theorie erheblich modifiziert. Sie sagt jetzt nicht viel mehr aus, als daß es im Nervensystem Mechanismen gibt, die in der Lage sind, nozizeptive Informationen bei ihrem Weg von der Peripherie zum Bewußtsein ebenso zu modulieren und evtl. zu unterdrükken, wie dies von praktisch allen anderen Sinnesmodalitäten ebenfalls bekannt ist. Unmittelbare therapeutische Konsequenzen, auch falsche,

lassen sich aus diesen sehr allgemeinen Vorstellungen nicht mehr ableiten. Pharmakologische Verfahren, die auf dieser Theorie aufgebaut hätten, sind ohnehin nicht bekannt geworden» (Schmidt, 1986, 42).

Im Gegensatz dazu wird für Keeser & Bullinger (1985) die Fruchtbarkeit der Gate-Control-Theorie sowohl für die Forschung als auch für die Therapie durch drei Aspekte bestärkt:

- «durch die Integration zweier bisher als inkompatibel geltender Theorien 'Spezifitäts- und Patterntheorie';
- durch die Vorstellung eines Gating-Mechanismus schon an der ersten neuronalen Schaltstelle der Schmerzübertragung, nämlich den Hinterhörnern des Rückenmarks;
- durch die Postulierung einer absteigenden zentralen Kontrolle; Dieses Postulat, nach dem psychologische Prozesse wie Aufmerksamkeit, Emotion und Erinnerung an frühere Erlebnisse einen direkten Einfluß auf den sensorischen Input schon an der ersten synaptischen Schaltstelle ausüben können, eröffnete erstmals die Möglichkeit, verhaltenswissenschaftliche Behandlungsverfahren systematisch anzuwenden» (Keeser & Bullinger, 1985, 46).

In Weiterführung seiner theoretischen Überlegungen und auf der Grundlage seiner experimentellen Befunde zu Vorgängen im Hinterhorn plädiert Wall (1988) für eine kontingente kontextabhängige Klassifikation von Schmerzreizen, da keine feste Beziehung zwischen der Erregung bestimmter afferenter Kategorien und sensorischem oder verhaltensrelevantem Outcome zu bestätigen sei (Wall & McMahon, 1985) und weil es nicht gelingt, eine feste Beziehung zwischen dem In- und dem Output individueller Hinterhornzellen nachzuzweisen (Price & Dubner, 1977; Willis & Coggeshall, 1978; Yaksh, 1986).

> «Individual cells change their input-output categories. This sentence, which we will now justify, abolishes at a stroke the concept of a hard-wired, dedicated, modality-specific system. At the same time, it opens the way to questioning the circumstances under which cells change their input-output functions ... This critique does not cast doubt on the many published observations of single cells in one of the modes for operation contained in their repertoire ... Lamina 1 cells include a particular high proportion of nociceptive-specific cells (...). However, the modality of a particular cell depends crucially on the circumstances under which it is observed. The overall tonic effect of blocking descending impulses is to decrease the excitability of such cells. A cell which is a wide-dynamic-range cell in the decerebrate state becomes nociceptive-specific with a small receptive field in the spinal state» (Wall, 1988, 18).

Wall unterscheidet zeit- und situationsabhängig variable Reaktionen von Zellen im Hinterhorn und postuliert drei unterschiedliche Reaktionsweisen der Kontrollschranke: die rapid gate control, die slow-sensitivity control und die prolonged connectivity control. Es ist zu beachten, daß auch mit diesen Befunden die von Schmidt postulierte spezifische Funktionalität von bestimmten Rezeptoren in der Peripherie nicht geleugnet wird. Die Diskussion zwischen Vertretern der Spezifitäts- und der Gate-Control-Theorie wird von Schmidt jedoch immer noch höchst kontrovers geführt:

> «Die Spezifitätstheorie des Schmerzes blieb in den letzten Jahrzehnten keineswegs unwidersprochen. Sie konnte aber bisher allen Attacken aus den Reihen der Anhänger der Intensitätstheorie widerstehen. Diese Theorie wurde teilweise im Lichte neuerer anatomischer, physiologischer und klinischer Befunde abgewandelt (Stichworte: Mustertheorie [Patterntheorie], Gate-Control-theory). Aber auch diese Abkömmlinge der Intensitätstheorie waren nicht in der Lage, die Spezifitätstheorie zu verdrängen (Literatur dazu bei Schmidt, 1972, 1973). Im Gegenteil, die Spezifitätstheorie des Schmerzes ging jeweils neu gestärkt aus den verschiedenen wissenschaftlichen Kontroversen hervor. Sie bildet damit eine verläßliche Grundlage für die klinische, vor allem auch die therapeutische Auseinandersetzung mit dem Schmerz» (Schmidt, 1988, 33/34).

Schmidt (1988) scheint gar nicht zur Kenntnis zu nehmen, daß die moderne Form der Intensitätstheorie, wie er die Gate-Control-Theorie nennt, das von Schmidt vertretene peripher funktionelle Spezifitätspostulat ebenfalls als Grundlage für jede Schmerztheorie anerkennt (Melzack & Wall, 1982).

Es ist hier nicht der Ort, in die Auseinandersetzung zwischen Intensitäts-, Spezifitäts- und Patterntheoretikern einzugreifen, die über viele Jahre die physiologische und biochemische Schmerzforschung belebte. Dem neurophysiologischen und biochemischen Laien erscheinen diese Theorienstreitigkeiten – zumindest zwischen den modernen Varianten von Spezifitäts- und Gate-Control-Theorie – von einer gewissen Künstlichkeit; zumal der Eindruck erweckt wird, daß die so vehement vertretenen Unterschiede häufig nur auf einseitigen Festlegungen der jeweils anderen Seite beruhen, die bei näherem Hinsehen so unterschiedlich gar nicht sind bzw. im Lichte neuerer Befunde immer wieder auch korrigiert wurden.

Die Ausführungen insgesamt zeigen, daß physiologische Theorien komplexeste Strukturen und Prozesse zum Gegenstand haben – und zwar in der Sprache der Neurophysiologie. Die neuere molekulare Schmerzforschung ist überwiegend biochemisch-pharmakologisch orientiert (siehe auch Artikel von Zimmermann in diesem Buch). Die mittlerweile für den Laien nahezu unüberschaubar vielen Einzelergebnisse werden in dieser Forschungsrichtung aufgrund von Plausibilitätsüberlegungen eher willkürlich zur Erklärung von beobachtbaren Schmerzformen herangezogen. Eine stringente physiologisch-biochemische Theorie des akuten und chronischen Schmerzes zur

Systematisierung bestehenden Wissens und zur Integration neuerer Befunde steht noch aus. Aber auch unabhängig von dieser Tatsache kommen immer häufiger berechtigte Zweifel auf, daß das personale Konstrukt «Schmerz» je mit einer subpersonalen, biophysikalischen Theorie allein erklärbar sein wird. Die Komplexität des hier diskutierten Phänomens läßt es eher plausibel erscheinen, daß rein physiologisch-biochemisch orientierte Theorien nicht ausreichen, und der Vielfältigkeit der Erscheinungsweisen des Schmerzes, der zudem Bewußtsein zur Voraussetzung hat, nicht gerecht werden. Daß Schmerz an Bewußtsein geknüpft ist, gilt unabhängig vom Forschungsfortschritt auf physiologisch-biochemischer Ebene. Auf diese Tatsache stützt sich die Anästhesie bei Vollnarkosen wie selbstverständlich.

> «Dies wird in somatisch orientierten Kreisen oft verkannt. Einen unbewußten Schmerz gibt es nicht. Mit unbewußt meine ich: Ein Schmerz, der nicht erlebt wird, existiert nicht. Das zeigt sich eindeutig daran, daß die Narkose das beste und einfachste Mittel für Schmerzausschaltung ist. Mit der Ausschaltung des Bewußtseins ist sofort jeder Schmerz beseitigt» (Hassler, 1968, 47-55).

Diese Feststellung leitet zur Diskussion philosophischer Grundlagen des Schmerzphänomens über.

3. Philosophische Grundlagen des Schmerzphänomens

Gemäß der traditionellen Auffassung vom Hirn – der Auffassung, in der die Nervenzelle als die grundlegende Einheit der Hirnfunktion angenommen wird – ist das Bemerkenswerteste an seinen Funktionsweisen einfach folgendes.

> «Die gesamte enorme Vielfalt an Inputs, die das Hirn empfängt – die Photonen, die auf die Retina treffen; die Schallwellen, die das Trommelfell reizen; der Druck auf die Haut, der die Nervenenden aktiviert, die für Druck zuständig sind; Wärme; Kälte; Schmerz; und so weiter – all diese Inputs werden in ein gemeinsames Medium umgesetzt: Salven neuronalen Feuerns (mit unterschiedlichen Entladungsraten der Nervenzellen). Zudem, und das ist genauso bemerkenswert, erzeugen die unterschiedlichen Entladungsraten von Nervenzellen, die in verschiedenen neuronalen Netzen und unter verschiedenen örtlichen Bedingungen im Hirn stattfinden, die gesamte Vielfalt unseres geistigen Lebens. Der Geruch einer Rose, die Erfahrung des Blaus des Himmels, der Geschmack von Zwiebeln, der Gedanke an eine mathematische Formel: all das wird von unterschiedlichen Entladungsraten von Nervenzellen in verschiedenen Verbänden relativ zu verschiedenen örtlichen Bedingungen im Hirn erzeugt. Was genau sind nun diese verschiedenen neuronalen Verbände und welches sind die

verschiedenen lokalen Umgebungen, aus denen sich die Unterschiede in unserem geistigen Leben erklären? Im einzelnen weiß das niemand, aber wir haben gute Belege dafür, daß gewisse Bereiche des Hirns auf gewisse Arten von Erfahrungen spezialisiert sind.» (Searle, 1986, 9)

Mit diesem Zitat wird ein Problemkreis angesprochen, der oft im Mittelpunkt philosophischer Überlegungen stand und steht. Die Rätsel, vor denen die einseitig physiologischen Schmerztheorien immer wieder stehen, hält Bieri (1985) nämlich für eine Facette des größeren Leib-Seele-Problems, welches ebenfalls mit der Rolle der Natur von Bewußtsein zu tun hat. Seiner Meinung zufolge ist es notwendig, zwischen der subpersonalen und der personalen Analyseebene zu unterscheiden (siehe Abb. 5):

«Auf der subpersonalen Ebene sind wir an den verschiedenen Subsystemen interessiert, die zusammen das ganze System bilden. Hier sprechen wir über das Nervensystem, das Gehirn, über Neuronenverbände, einzelne Neuronen und ihre Teile, über elektrochemische Prozesse und ihre Elemente bis hinunter auf das molekulare, atomare oder sogar subatomare Niveau. Auf der personalen Ebene betrachten wir biologische Systeme als Ganzes. Wir betrachten ein System als eine Person in dem Sinne, daß wir ihr nicht nur körperliche Eigenschaften und Fähigkeiten, sondern auch mentale und psychische Fähigkeiten, Charakteristika und Zustände zuschreiben. Eine Person ist ein System, das Meinungen und Gedanken, Wünsche und Materie hat, das wahrnimmt und das mentale Bilder, Träume, Emotionen und körperliche Empfindungen wie beispielsweise Schmerz erlebt ... Es ist wahr, daß wir Schmerzen oft an einer bestimmten Stelle, also in einem Teil unseres Körpers empfinden. Doch das heißt nicht, daß dieser Körperteil, dieses Subsystem, das logische Subjekt des Schmerzerlebens ist. Wir als ganze Personen erleben den Schmerz – einen

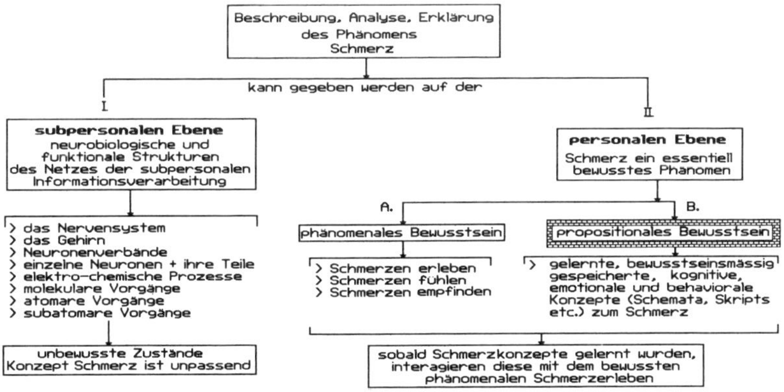

Abbildung 5: Die Unterscheidung zwischen personaler und subpersonaler Ebene des Schmerzgeschehens nach Bieri (1985)

Schmerz, der eine örtliche Bestimmtheit mit sich führt. Psychologische Begriffe wie Gedanke, Gefühl oder eben Schmerz sind nicht für die subpersonale Ebene gemacht worden. Wenn man sie vom personalen Niveau auf das subpersonale Niveau transportiert, so entstehen begriffliche Verwirrungen (oder wie die Philosophen sagen) Kategorienfehler» (Bieri, 1985, 1/2).

Die Relevanz solcher Kategorienfehler und der von Bieri (1985) postulierte Unterschied zwischen personalen und subpersonalen Erklärungen wird durch die folgenden Beispiele noch einmal verdeutlicht:

a) Herr Müller hat Herrn Dr. Meier zu seinem Hausarzt gewählt, weil sein fachliches Können und seine positive Art mit Patienten umzugehen, ihm gefallen hat.

b) Herr Müller hat wegen biochemischer Reaktionen, die zu einer erhöhten Hypothalamus-Aktivität führten, Herrn Dr. Meier zu seinem Hausarzt gewählt.

Die Schwierigkeiten subpersonaler Erklärungen für den alltäglichen Gebrauch sind ganz offensichtlich. Die Erkärungen, die Menschen für ihre Erfahrungen und für ihr Verhalten im Alltag verwenden, beinhalten geistige Phänomene wie Gedanken, Einsichten, Empfindungen, Gefühle, Hoffnungen, Sehnsüchte und Wünsche. Sie funktionieren zur Bewältigung alltäglicher Lebenspraxis erstaunlich gut, werden jedoch immer wieder als «unwissenschaftlich» eingestuft (Searle, 1986, 41).

> «Das größte Problem ist derzeit: Wir haben ein gewisses Bild von uns selbst als Menschen, das zu unseren gewöhnlichen Alltagsauffassungen gehört; dieses Bild des gesunden Menschenverstandes ist sehr schwer mit unserer umfassenden wissenschaftlichen Vorstellung von der materiellen Welt in Einklang zu bringen. Wir denken von uns selbst, daß wir einen Geist haben, daß wir bewußt, frei und rational in einer Welt handeln, von der uns die Wissenschaft sagt, sie bestehe ausschließlich aus Materie-Teilchen ohne Geist und Bedeutung. Wie können wir diese beiden Vorstellungen nun miteinander vereinbaren? Wie kann es beispielsweise sein, daß die Welt nichts außer Materie-Teilchen ohne Bewußtsein enthält und trotzdem auch Bewußtsein in ihr ist? Wie kann ein mechanisches Universum Menschen mit Intentionalität enthalten – d. h. Menschen, die für sich die Welt repräsentieren können? Kurz, wie kann eine wesentlich bedeutungslose Welt Bedeutungen enthalten?» (Searle, 1986, 12)

Zur Lösung des althergebrachten Körper-Geist-Problems wurden letztlich immer wieder einseitige Ansätze vorgeschlagen, die direkt oder eher indirekt die Existenz der anderen (geistigen) Seite – wenn nicht bestritten, so doch ihre Wirksamkeit und Bedeutung herunterspielten. Für Searle (1986) ist es aufgrund der unbestreitbaren Erfolge der Naturwissenschaften nicht überraschend, daß der Status geistiger Phänomene schwächer ist und er fragt sich, wie nun der Realität geistiger Zustände in der wissenschaftlichen Auffassung Rechnung getragen werden soll, nach der Realität etwas vollständig Objektives ist. Das Thema «Schmerz» jedoch (und namentlich das Phänomen des chronischen Schmerzes) weist diesen einseitigen Standpunkt immer wieder in besonderer Weise in seine Grenzen. Obige Ausführungen legen es nahe, das Schmerzphänomen einmal aus psychologischer Perspektive genauer unter die Lupe zu nehmen.

4. Psychologische Schmerztheorien

Psychologische Schmerztheorien können in ihrer Entwicklung unter psychologisch-historischer Perspektive verstanden werden. So sind rein reiz- oder reaktionsorientierte Modelle (z.B. Fordyce & Steger, 1982; Sternbach, 1983) von interaktiven und transaktionalen Modellen (Leventhal & Everhart, 1979; Turk & Rudy, 1986; Flor, Birbaumer & Turk, 1984; Flor, 1984; Geissner, 1988) zu unterscheiden. Bisher konzentrierte sich die psychologische Schmerzforschung – die vorwiegend immer noch eine amerikanische ist – auf die intensive Untersuchung von behavioralen und emotionalen Veränderungen als Folge intensiver Schmerzen bzw. als Moderatorvariablen im Schmerzgeschehen (z.B. Weisenberg, 1984). Ein weiterer Forschungsschwerpunkt bezieht sich auf Untersuchungsdesigns, in denen Schmerzerleben und -verhalten in Abhängigkeit von psychosozialen Parametern wie Geschlecht, Alter, Status, kulturelle und ethnische Unterschiede (z.B. Burckhardt, 1985) oder von persönlichkeitsspezifischen Merkmalen wie Extraversion-Introversion-Neurotizismus, Angst, Hysterie, Hypochondrie, Depressivität, Repressor-Sensitizer, Feldabhängigkeit versus Feldunabhängigkeit oder individuellen Schmerzbewältigungsstilen (z.B. Lichtenberg, Swensen & Skehan, 1986) usw. untersucht wurden.

Lerntheoretisch begründete Schmerzmodelle – wie das Modell von Fordyce & Steger (1982) oder von Roberts (1986) – sind für praktisch tätige Psychologen von besonderer Relevanz. Durch diese Modelle wird der Blickwinkel auf die Konsequenzen von Schmerzerleben und deren mögliche Beiträge für das nachfolgende Schmerzgeschehen gerichtet. Der Ansatz von Fordyce unterscheidet

> «. . . zwischen innerem, d. h. nicht beobachtbarem Schmerzerleben und Reaktionen auf Schmerz in Form von motorischen, verbalen und vokalen Schmerzverhaltensweisen. Fordyce führt dazu aus, daß Schmerzverhalten – da durch andere Personen beobachtbar – Verstärkereinflüssen ausgesetzt ist. Solche beobachtbaren Schmerzaspekte sind

Schmerzkommunikation (Klagen; nonverbale Ausdrucksformen wie Stöhnen, schmerzspezifische Mimik und Gestik usw.),

- Schonverhalten (Ausruhen in vorwiegend liegender Position; berufliche wie außerberufliche Inaktivität) und
- Inanspruchnahme des medizinischen Apparates (Arztbesuche; Medikation; Gebrauch von Hilfsmitteln wie Gehstock, Halsmanschetten usw.). Diese Verhaltensformen sollen in spezifischer Weise durch Umweltkonsequenzen beeinflußbar sein (d. h. Verstärkerprozessen unterliegen)» (Geissner, 1988, 51/52).

Rein operante Schmerzmodelle ignorieren sowohl körperinterne somatische Abläufe (physiologische und biochemische Schmerzreaktionen) als auch interne psychische Phänomene (wie individuelles Schmerzerleben, Schmerzbewertung, motivationale und kognitiv-emotionale Schmerzanteile) in ihren Analysen. Sie bilden jedoch die Grundlage weit verbreiteter psychologischer Schmerztherapien (vgl. Turk, Meichenbaum & Genest, 1983). Der Vorteil der ausschließlichen Konzentration auf Verhaltensaspekte im Schmerzgeschehen und deren Konsequenzen ist eine Verringerung der Theorie-Praxis-Distanz. Diese führt in modernen operanten Ansätzen (Roberts, 1986) zu Behandlungsvorschlägen in bezug auf die Immobilität und das Behindertenverhalten, mit der Maßgabe, daß über verändertes Verhalten, mehr Mobilität erreichbar sei und damit auch veränderte Interaktionen mit der Umwelt, welche wiederum die Wahrscheinlichkeit für positive Rückkopplung des eigenen Verhaltens erhöhen.

Die Überzeugung jedoch, daß kognitive, motivationale, emotionale, behaviorale und physiologische Parameter auch im Schmerzgeschehen in komplexer Weise voneinander abhängen, führt zu starker Kritik an rein lerntheoretischen Begründungen und zur Orientierung an integrativen Theorievorstellungen, die auch für das Phänomen Schmerz geeigneter scheinen. Dabei überwiegen psycho-physiologische Ansätze (Gate-Control-Theorie: Melzack & Wall, 1965, 1982; Parallel-processing-Modell des Schmerzerlebens: Leventhal & Everhart, 1979; Diathese-Stress-Modell: Flor, 1984; Mikro-Makro-Modell aktuer und chronischer Schmerzen: Geissner, 1988). Geissner beispielsweise geht in seinem Modell von vier Komponenten der Schmerzwahrnehmung aus (sensorisch, affektiv, vegetativ und motorisch), für die er, in Anlehnung an Leventhal & Everhardt (1979), jeweils vorbewußte Instanzen (schematic memories) annimmt. Er postuliert, daß diese bereits an der vorbewußten Schmerzmodulation beteiligt sind. Durch Erfahrung und zunehmende Auseinandersetzung bilden sich diesem Postulat zufolge kognitive Strukturen aus, die wiederum Einfluß haben auf die vorbewußte Modulation des nozizeptiven Inputs.

Die Grenzen psycho-physiologischer Modelle wurden mittlerweile in zahlreichen Teilgebieten psychologischer Forschung erkannt und refelektiert (Wahrnehmung, Streßforschung, Lärmforschung usw.), und es mehren sich die Belege, nach denen die Wirksamkeit von Bedeutungsaspekten schon sehr früh – bereits vor der bewußten Registrierung und Identifizierung von Reizen – im Informationsaufnahme- und -verarbeitungsprozeß nachzuweisen ist (z.B. Zajonc, 1980). Bosshard zieht folgendes Fazit:

> «Die Entstehung semantischer Informationen im Wahrnehmungsvorgang wurde in der Psychologie vielfach als ein zeitlicher Prozeß aufgefaßt, der sich an eine erste Phase literal perception anschließt. Köhler (1913) hat die Annahme, daß die erste Phase der Wahrnehmung vollständig durch Sinnesdaten determiniert sei, als Konstanzannahme bezeichnet. Neben älteren strukturalistischen Ansätzen (kritisch zusammengefaßt von Boring, 1921) gehen einige der neueren Informationsverarbeitungstheorien ebenfalls von dieser Vorausetzung aus, wie Norman (1981) in seiner kritischen Diskussion der Kognitionswissenschaften dargestellt hat. Der Gegenposition einer einheitlichen Wahrnehmungstheorie, in der die sinnvollen semantischen Informationen nicht getrennt von einer bedeutungsleeren physischen Reizverschlüsselung gesehen werden, haben u. a. die Berliner Gestaltpsychologen und ihnen nahestehende Theoretiker (Köhler, 1913; Heider, 1977), phänomenologisch orientierte Philosophen und Psychologen (Gurwitsch, 1975; Graumann & Metraux, 1977) und in neuer Zeit Prinz (1983) vertreten. Die Einheitlichkeit phänomenaler Gegebenheiten stellt nach Prinz (1983, 30ff) den gemeinsamen Kern der Argumente für eine einheitliche Wahrnehmungstheorie dar: die perzeptive Orientierung erstreckt sich übergangslos sowohl auf physische als auch auf semantische Umgebungsbestandteile, ohne daß phänomenal ein Unterschied auszumachen ist. Außerdem ist auch die Feststellung psychophysischer Dingeigenschaften nicht durch bloße Ablesung am Reiz zu bewerkstelligen: auch bei der empirischen Ermittlung psycho-physischer Zusammenhänge kann ein Reiz erst durch den Bezug auf gespeicherte Bezugsysteme wirksam werden, und in diesem Bezug konstatiert sich Bedeutung. (Bosshard, 1988, 5)

Das Denken in Verweisungszusammenhängen scheint daher auch für psychologische Theorien angemessener. Methodisch gesehen verweist es auf systemisch-dynamische Ansätze, für die das Verhalten eben nicht nur eine Funktion von Stimulusbedingungen ist, sondern in vielfältiger Weise auf die subpersonale und personale Ebene der Person selbst und die Umwelt zurückwirkt, wobei sich das Individuum, das geschichtlich und gesellschaftlich unter ganz bestimmten Umständen lebt, auch zum Teil selbst Lebensbedingungen durch aktives Aufsuchen und Vermeiden von Situationen schafft. Diese Ergebnisse verschaltet Pekrun (1989) in seinem neu vorgestellten Persönlichkeitsmodell. Er geht davon aus, daß Person und Persönlichkeit als einheitliches dynamisches System zu konzipieren sind, die uber die Zeit hinweg Verhalten zeigen und sich verändern. Da eindimensionale Modelle auch in der Psychologie keine befriedigenden Vorhersagen des menschlichen

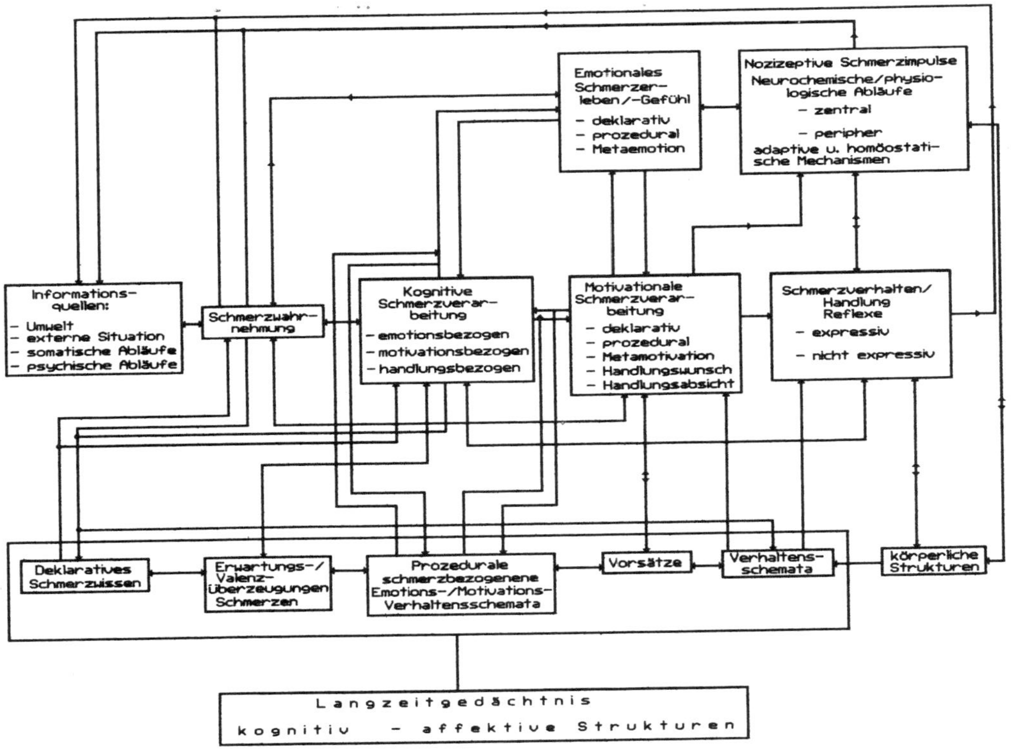

Abbildung 6: Systemisch-dynamische Betrachtungsweise des Schmerzgeschehens (in Anlehnung an Pekrun, 1988, 273)

Verhaltens gestatten, werden mit dem Ziel einer besseren Abbildung der Realität immer komplexere Modelle entwickelt. Die hochgradige Vernetztheit von Subsystemen untereinander und mit der Umwelt (in Gestalt von Vorwärts- und Rückwärtskopplungen) und das hohe Maß an Selbststeuerung sind für Pekrun (1989) zwei wesentliche Systemmerkmale. Dabei stehen nicht nur Personsystem und Umwelt sondern auch Subsysteme untereinander in hoch komplex vernetzten Funktionsbeziehungen, die über kurzfristige, mittelfristige und langfristige Rückkopplungen untereinander verbunden sind, die teilweise in loser Beziehung zueinander stehen und auch unabhängig voneinander reagieren können. Eine Denkweise, die bereits durch die vielfältige Schmerzmodulation auf subpersonaler Ebene (Wall, 1988) bekannt vorkommt und die Phänomene um den Schmerz in ihrer vielfältigen Vernetzung auch auf psychologischer Ebene heuristisch sinnvoller erklärbar macht.

Genau aus diesem Grunde wurde das Modell von Pekrun (1988) als heuristisches Instrument (*Abb. 6*) auf das psychologische Geschehen bei der Schmerzwahrnehmung und -verarbeitung übertragen, da auf diese Weise die Komplexität und Einheitlichkeit des beschriebenen Geschehens in Betracht gezogen und der Wichtigkeit kognitiv-affektiver Strukturen im Langzeitgedächtnis detailliert Rechnung getragen wird. Schmerz ist zudem nicht nur zu verbinden mit spezifischen Beziehungen zwischen hochgradig vernetzten Subebenen wie Körperempfindungen, der gemeinhin unangenehmen affektiven Komponente und ganz spezifischen Kognitionen; Schmerz ist auch verbunden mit gesellschaftlich übermittelten Bedeutungen von Krankheit und Gesundheit, die im Lernprozeß erworben und verarbeitet wurden und das aktuelle Schmerzerleben und -verhalten modulieren.

Es bleibt allerdings die Frage, welchen Nutzen derart komplizierte Modelle (Abb. 6) für die Praxis haben; oder pointierter: ob sie überhaupt in der therapeutischen Praxis benötigt werden. Welche Brücke gibt es zwischen grundlagen- und anwendungsbezogener Forschung oder welche ist denkbar? Beurteilt man das sensorische Input-Modell des Schmerzes, nach dem in der Medizin lange Zeit gehandelt wurde und – zumindest implizit – oft noch gehandelt wird, so kann eine Antwort auf die eingangs gestellte Frage einmal in der theoretischen Differenzierung von in der Praxis gängigen zu einfachen Modellvorstellungen liegen. Entwickelt aus der praktischen Anforderung des Handlungsdruckes, konkreten Patienten mit bestimmten Schmerzproblemen in spezifischen Situationen direkt helfen zu wollen und zu müssen, schleifen sich Handlungsweisen ein, deren kritiklose Übertragung auf Probleme chronisch Schmerzkranker zu überprüfen sind; eine Tatsache, die aufgrund alltäglicher Gewohnheiten möglicherweise nur schwerlich bewußt wird. Für chronische Schmerzpatienten hat der täglich empfundene Schmerz einen ganz anderen Sinnzusammenhang als für akut Kranke. Letztere können mit gutem Grund davon ausgehen, nach der Behandlung beschwerdefrei zu sein. Dies gilt definitionsgemäß nicht für chronisch

Schmerzkranke. Über lange Zeit andauernde Schmerzen beeinflussen das Leben eines Menschen auf vielfältige Weise. Theoretische Vorstellungen über die komplexe Vernetzung aller Subsysteme bieten somit ein heuristisch sinnvolles Interpretationsschema, das die komplizierten personalen Informationsaufnahme- und -verarbeitungsprozesse beim Schmerzgeschehen in den Mittelpunkt rückt und damit eine psychologisch orientierte Grundlage bietet. Dem individuellen Erleben und Verarbeiten von Schmerzinformationen (sensorischer plus konzeptbezogener Aspekte also) wird somit eine tragende Rolle zugewiesen.

Das an Pekrun angelehnte einheitliche Schmerzmodell basiert bezogen auf psychologische Sachverhalte auf grundlagenorientierten experimentellen Ergebnissen und ist daher für die psychische Seite differenzierter und fundierter. Es ordnet den körperlichen Strukturen und physiologisch-biochemischen Abläufen ihren Stellenwert innerhalb des Gesamtgeschehens zu, ohne jedoch auf sie im Detail einzugehen. Grundsätzlich ist zunächst nicht einsehbar, warum psycho-therapeutisch tätige Praktiker sich nicht auf Modellvorstellungen aus der psychologischen Grundlagenforschung stützen. Psychologisch tätige, schmerztherapeutische Praktiker verwenden hingegen vorzugsweise die Gate-Control-Theorie als Begründungsrahmen für den Einsatz von Schmerzbewältigungstherapien. Wie jedoch gezeigt wurde, ist dieses Modell aus physiologisch-biochemischer Perspektive entwickelt worden und die sich aus diesem Blickwinkel ergebenden Annahmen wurden auf subpersonaler, physiologischer Ebene empirisch gestützt bzw. verworfen. Psychotherapeutische Praktiker setzen die allgemeinen Aussagen des Gate-Control-Modells aus pragmatischen Gründen als Erklärungsbasis ein, in dem Glauben ihr Tun dem medizinischen System und dem Patienten gegenüber besser legitimieren zu können. Es sollte sich mittlerweile herumgesprochen haben, daß diese pragmatische Begründung eher kontraproduktiv ist.

Der Nachteil von komplexen Modellen – wie das in Abbildung 6 beschriebene – ist, daß sie keine konkreten Handlungsanweisungen für den psychologischen Schmerztherapeuten beinhalten. Aber auch das Gate-Control-Modell hat dieses Defizit. Aus diesem Grunde wird die Entwicklung spezifischer Modelle, aus denen sich konkrete Handlungsanweisungen für die psychotherapeutische Praxis ableiten lassen, gefordert. Das medizinpsychologische Interesse liegt darin, auf psychologischer Grundlagenforschung begründete, spezifische Schmerzmodelle als rationale Basis für konkrete psycho-therapeutische Verfahren und deren Optimierung zu entwickeln. Die auf der Grundlage von Pekrun (1988) vorgestellte, heuristische Interpretationsfolie dient als integrativer Rahmen für bisher in der psychologischen Grundlagenforschung nachgewiesene Einzelbefunde. Ob die Übertragung dieses Modells auf die Schmerzwahrnehmung und -verarbeitung zulässig ist, bleibt abzuwarten. Die Wichtigkeit kognitiv-affektiver Strukturen im Langzeitgedächtnis für das Schmerzerleben des Patienten konnte aufgrund der Pilotstudie an Rheumapatienten von Ostkirchen (1990, 1991) zumindest auch empirisch plausibel gemacht werden. Im Vergleich zu den bereits recht spezifischen Formulierungen auf physiologisch-biochemischer Ebene werden in psychologischen Schmerztheorien immer noch viel zu generelle Aussagen über die psychologischen Zusammenhänge gemacht. Dies ist ein weiterer Grund für die Überzeugung, erst fach- und bereichsspezifische Schmerzmodelle exakter zu formulieren und empirisch zu begründen, bevor Interaktionshypothesen in der Schmerzforschung überprüft werden können.

5. Konsequenzen für die medizin-psychologische Schmerzforschung

Die Frage, ob physiologisch-biochemische Schmerztheorien (wie beispielsweise die Gate-Control-Theorie) durch den Verweis auf psychologische Verarbeitungsmechanismen einen Erklärungszuwachs erhalten, muß wohl aufgrund des derzeitigen Erkenntnisstandes verneint werden. Natürlich bezweifelt niemand, daß geistige Prozesse körperliche beeinflussen können und umgekehrt. Für die genaue Vorhersage von diffizilen physiologischen und biochemischen Abläufen bringen Annahmen über die Wirksamkeit geistiger Phänomene mit derartigem Allgemeinheitsgrad nichts. Andererseits haben auch Modelle über die Wirkweise psychischer Parameter zunächst keinen wesentlichen Erklärungszuwachs durch physiologische Abläufe, wenn aufgrund des fehlenden Wissens immer nur lose Verbindungen zwischen psychologischen und physiologischen Kategorien zu konstatieren sind.

Gerade die Schmerzforschung ist ein Beispiel dafür, daß 1:1-Verschaltungen aber nicht wie selbstverständlich zu erwarten sind. Psychologische Theorien müssen – wie in den philosophischen und psychologischen Überlegungen ausgeführt wurde – eigenständige, spezifisch psychologische Konzepte entwickeln und empirische Belege dafür bereitstellen, bevor sie, eventuell in ihrer Vernetztheit mit Theorien anderer Disziplinen, überprüfbar sind. Denn auch vehemente Vertreter physiologisch-biochemischer Schmerztheorien bestreiten nicht, daß auf der Ebene persönlichen Erlebens in Interaktion mit sozialen Gegebenheiten wiederum höchst unterschiedliche und komplex vernetzte Schmerzverarbeitungsmechanismen mit ihrer Rückwirkung auf somatische Gegebenheiten erklärungswürdig und -bedürftig sind, und dies zunächst auch unabhängig davon, welche Fortschritte die Theorien der Mikroebene machen.

Rein somatische Schmerzmodelle bzw. Schmerzmodelle, die psychosoziale Aspekte des Schmerzgeschehens nur dann berücksichtigen, wenn auf der Mikroebene Erklärungen ausgehen, und diese verwerfen, sobald physiologische oder biochemische neue Entdeckungen gemacht werden, verwenden semantisch-psychologische Argumente nur als Lückenbüßer für noch nicht voll verstandene Wirkprinzipien auf subpersonaler Ebene. Allgemeine Zusammenhangserklärungen – das kann nicht oft genug betont werden – greifen als Basis für die systematische Erklärung physiologischer und biochemischer Vorgänge zu kurz – und dies gilt vor allem bei chronischem Schmerz. Daß jedoch physiologische Methodik im Gegensatz zur Untersuchung mentaler Prozesse als art of soluble oder als die Kunst, sich mit lösbaren Problemen zu beschäftigen (Handwerker, 1987, 62) gerühmt wird, kennzeichnet eher subjektive Vorlieben, als den Weg an sich. Denn das Phänomen Schmerz zwingt in besonderer Weise einseitige Perspektiven zu verlassen. Die von Searle (1986) kritisierte, lang andauernde Objektivierungstendenz in der Wissenschaft, in der lange Zeit Bewußtsein und Subjektivität als unpassende Themen betrachtet wurden, gilt – wie gezeigt werden konnte – in passender Weise ebenfalls für die Schmerzforschung. Auch für Bischof (1981) führt die strenge und ausschließliche Orientierung der Psychologie an den Maßstäben Galileischer Physik, deren Grundlage die materielle Reduktion darstellt, zu einer

> «Pseudo-Physik [. . .], die nichts zu verstehen und schon gar nichts vorherzusagen gestattet.» (Bischof, 1981, 38).

Physikalische Gesetze mögen physiologische und biochemische Abläufe in ihrer Kausalität bezogen auf andere subpersonale Prozesse erklären, sie sind aber kein zwingendes Argument für menschliche Sinnzusammenhänge. Begriffliche Festsetzungen auf der semantischen Ebene verlaufen im Alltag häufig unabhängig von denen der Materialqualitäten ab. Aus physikalischer Sicht erscheinen diese semantischen Ordnungen oft willkürlich. Ein Phänomen, dem klinisch tätige Ärzte beim Vergleich von Schmerzbeschreibungen des Patienten mit den Laborberichten ständig begegnen. Die durch Bedeutungsaspekte geschaffenen Prägnanzstufen haben etwas mit dem Gebrauch dieser Kategorien im Alltag zu tun. Es ist aus dieser Perspektive gar nicht verwunderlich, daß die Konzepte des Arztes eher mit der materiellen Ebene korrelieren mögen als die des Patienten. Engels (1987) unterstützt die beschriebene Eigengesetzlichkeit von Erklärungen im Alltag wie folgt:

> «Im Kontext unserer alltäglichen Lebenswelt hängt die Verläßlichkeit unseres Handelns nicht von der Kenntnis physikalischer und anderer naturwissenschaftlicher Theorien ab. Es wäre sinnlos, in diesem Rahmen alltäglicher Erfahrungszusammenhänge die Objektivität des Phänomens Purpur unter Berufung auf die physikalische Theorie des Lichtes zu leugnen. Letzte Autorität sind hier nicht die naturwissenschaftlichen Theorien, sondern unsere phänomenologisch beschreibbare Erfahrung, die in bestimmte Handlungs- und Verhaltenszusammenhänge eingebettet ist.» (Engels, 1987, 249/250)

Die Feststellung, daß Bedeutungskategorien eventuell physikalisch Zusammenhängendes trennen bzw. physikalisch Unzusammenhängendes verklammern, kann für die semantische Ebene völlig irrelevant sein. Semantische und physikalische Ordnung – so das Fazit – sind eben nicht identisch, keine von ihnen ist schwächer oder stärker, sie sind einfach andere Ordnungen desselben Phänomens mit unterschiedlichen Zielsetzungen. Diejenigen psychologischen Theorien, die lediglich reduktionistisch vorgehen, haben dieser Meinung zufolge keine Chance, zum Verständnis des Menschen und zur Vorhersage seiner Verhaltensweisen in konkreten Situationen Wesentliches beizutragen. Reduktion auf physiologisch-biochemische Subsysteme mag zu Erklärungen subatomarer Teilprozesse führen, die Makroeigenschaften des Systems Mensch können mit dieser Vorgehensweise nicht erklärbar gestaltet werden. Selbst bei exaktem Verständnis der Mikroprozesse sind Verhaltensweisen nur unter Bezug auf den jeweils für das Individuum relevanten Bedeutungshorizont verstehbar. Das galileische Prinzip der materiellen Reduktion hat zur Formulierung der allgemein bekannten physiologischen Gesetze geführt. Das Ziel der unbedingten Übersetzbarkeit psychologischer in die hirnphysiologische Sprache führt zum Verlust der Eigenständigkeit psychologischer Theorien. Psychologie so verstanden ist ein Plagiat physiologisch-biochemischer Theorievorstellungen. Die fehlende Originalität ist dabei leichter zu verkraften als die Tatsache, daß diese Art von Theorien allein keinen Beitrag zur Vorhersage menschlichen Verhaltens leisten.

Die medizin-psychologische Forschung ist gefordert, eigenständige, bereichsspezifische Schmerztheorien anzubieten, ihre Setzungen empirisch zu überprüfen und aus ihnen folgende praktische Konsequenzen in ihrer Anwendung zu evaluieren, wenn sie zumindest die Chance haben will, das Erleben und Verhalten von Schmerzpatienten besser zu erklären und fundiert zu behandeln. Sie wird sich dabei auch weiterhin gegenüber viele, sich auch widersprechende Meinungen behaupten müssen. Grundlagenorientierte experimental-psychologische Schmerzforschung wird den anwendungsorientierten Schmerztherapeuten zu spezifisch sein und der beobachtbaren Vielfalt klinischer Schmerzphänomene nicht gerecht werden. Demgegenüber wird die anwendungsbezogene Forschung den grundlagenorientierten Psychologen methodisch zu angreifbar erscheinen. Das Phänomen «chronischer Schmerz» wird jedoch alle, die Betroffenen und die an der Behandlung und Forschung Beteiligten, zwingen, eigene Überzeugungen an den Erfolgen bei der Behandlung real auftretender Schmerzerlebnisse von Patienten zu messen. Und hier liegt die Chance! Einerseits wird ein zu großes Abdriften in abstrakte theoretische Analysen gestoppt, andererseits wird die theoretische Durchdringung des Schmerzphänomens dem – oft genug aus Hilflosigkeit geborenen –, bloßen Aktionismus Einhalt gebieten. Durch die ständige Konfrontation mit diesen Gegensätzen jedoch und durch die Möglichkeit, Patienten in der Bewältigung ihrer konkreten Probleme helfen zu können, erhält die medizin-psychologische Auseinandersetzung mit dem Phänomen «Schmerz» ihre Faszination.

6. Literatur

Beecher, H. K. (1956). Relationship of significance of wound to the pain experienced. Journal of the Amercian Medical Association, 161, 1609–1613.

Bieri, P. (1985). Schmerz: Eine Fallstudie zum Leib-Seele Problem. Vortrag auf dem Gründungskongreß der Academia Eurasiana Neurochirurgica (25.–28. 9. 1985). Bonn.

Bischof, N. (1987). Zur Stammesgeschichte der menschlichen Kognition. Schweiz. Zeitschrift für Psychologie, 46, 77–90.

Bosshardt, H. G. (1988). Subjektive Realität und konzeptuelles Wissen. Sprachpsychologische Untersuchungen zum Begriff der Belästigung durch Lärm. Arbeiten zur sozialwissenschaftlichen Psychologie (19). München: Aschendorff.

Burckhardt, C. S. (1985). The impact of arthitis on quality of life. Nursing Research, 34, 11–19.

Engels, E. M. (1987). Kritische Überlegungen zur «kaputten» Erkenntnis- und Realismuskonzeption der Evolutionären Erkenntnistheorie und ein «Reparaturvorschlag». In W. Lütterfelds (Hrsg.), Transzendentale oder evolutionäre Erkenntnistheorie? (S. 229–260). Darmstadt: Wissenschaftliche Buchgesellschaft.

Esslen, E. (1975). Zur Frage der Gate-Control-Theorie. In A. Weintraub; R. Battegay; D. Beck; G. Kaganas; F. Labhardt; W. Müller (Hrsg.). Psyche und Rheuma: Psychosomatische Schmerzsyndrome des Bewegungsapparates (S. 31–34). Basel, Stuttgart: Schwabe & Co. Verlag, Eular Publishers.

Flor, H. (1984). Empirical evaluation of a diathesis-stress model of chronic back pain. Unveröff. Diss. Eberhard-Karls-Universität, Tübingen.

Flor, H.; Bierbaumer, N.; Turk, D. C. (1984). Ein Diathese-Stress-Modell chronischer Rückenschmerzen: Empirische Überprüfung und therapeutische Implikationen (Juni 1984). Vortrag auf dem 3. Symposium für klinisch-psychologische Forschungsarbeiten. Bad Liebenzell.

Fordyce, W. E.; Steger, J. G. (1982). Chronischer Schmerz. In W. Keeser; E. Pöppel; P. Mitterhusen (Hrsg.). Schmerz. Fortschritte der Klinischen Psychologie (Bd. 278, S. 296–348). München, Wien, Baltimore: Urban & Schwarzenberg.

Franz, D. N.; Iggo, A. (1968). Dorsal root potentials and ventral root reflexes evoked by nonmyelinated fibers. Science, 162, 1140–1142.

Frey, M. v. (1894). Beiträge zur Physiologie des Schmerzsinns. Berichte über die Verhandlung der Königlich Sächsischen Gesellschaft der Wissenschaften (Bd. 46, S. 185–196). Mathematik-Physikalische Klasse. Leipzig.

Frey, M. v. (1914). Der Schmerzsinn. Z. Biol. 63, 362–370.

Frey, M. v. (1922). Versuche über schmerzerzeugende Reize. Z. Biol. 76, 1–24.

Geissner, E. (1988). Schmerzerleben, Schmerzbewältigung und psychische Beinträchtigung. Eine Untersuchung bei chronischen Schmerzpatienten und Wirbelsäulen- und Gelenkserkrankungen (Theorie und Forschung, Bd. 56, Psycholgie Bd. 19). Regensburg: S. Roderer Verlag.

Gerber, W. D.; Haag, G. (1989). Verhaltensmedizinische Behandlung von Schmerzen – eine Übersicht. In H. Speidel; B. Strauss (Hrsg.), Zukunftsaufgaben der Medizin. Deutsches Kollegium für psychosomatische Medizin (12.–14. 11. 1987; S. 300–307). Berlin, Heidelberg, New York, London, Paris, Tokyo: Springer-Verlag.

Goldscheider, A. (1894). Über den Schmerz in physiologischer und klinischer Hinsicht. Berlin: Hirschwald.

Graumann, C. F.; Metraux, A. (1977). Die phänomenologische Orientierung in der Psychologie. In K. A. Schneewind (Hrsg.), Wissenschaftstheoretische Grundlagen der Psychologie (S. 27–54). München: Reinhardt.

Gurwitsch, A. (1975). Das Bewußtseinsfeld. Berlin: W. De Gruyter.

Handwerker, H. O. (1984). Experimentelle Schmerzanalyse beim Menschen. In M. Zimmermann; H. O. Handwerker (Hrsg.), Schmerz, Konzepte und ärztliches Handeln (S. 87–123). Berlin, Heidelberg, New York, Tokio: Springer-Verlag.

Handwerker H. O. (1987). Zur Physiologie des Schmerzes. Intentivebehandlung. Zeitschrift für Diagnostik – Therapie – Pflege, 12 (2), 62–66, München-Deisenhofen: Dustri-Verlag Dr. Karl Feistle.

Hassler, R. (1968). Das Schmerzerlebnis in Abhängigkeit von neuronalen Systemen. In D. Langen, Th. Spoerri (Hrsg), Hypnose und Schmerz (1–20). Basel: Karger.

Heider, F. (1977). Psychologie der interpersonalen Beziehungen. Stuttgart: Klett.

Keeser, W.; Bullinger, M. (1985). Psychologische Verfahren bei der Behandlung von Schmerzen. In W. Pongratz (Hrsg.), Therapie chronischer Schmerzzustände in der Praxis (S. 42–105). Berlin, Heidelberg, New York, Tokio: Springer-Verlag.

Köhler, W. (1913). Über unbemerkte Empfindungen und Urteilstäuschungen. Zeitschrift für Psychologie, 66, 51–80.

Leventhal, H.; Everhart, D. (1979). Emotion, pain, and physical illness. In C. E. Izard (Ed.), Emotions in personality and psychopathology (pp. 263–299). New York: Plenum press.

Lichtenberg, P. A.; Skehan, M. W.; Swensen, C. H. (1984). The role of personality, recent life stress and arthritic severity in predicting pain. Journal of Psychosomatic Research, 30, 327–338.

Marcel, A. J. (1983). Conscious and unconscious perception: An approach to the relations between phenomenal experience and perceptual processes. Cognitive Psychology, 15, 238–300.

Melzack, R. (1972). Mechanism of pathological pain. Scientific Foundation of Neurology. London: Heinemann, 152–165.

Melzack, R. (1978). Das Rätsel des Schmerzes. Stuttgart: Hippokrates.

Melzack, R.; Wall, P. D. (1965). Pain Mechanisms: A new theory. Science, 150, 917–979.

Melzack, R.; Wall P. D. (1982). Schmerzmechanismen: Eine neue Theorie. In W. Keeser; E. Pöppel; P. Mitterhusen (Hrsg.), Schmerz. Fortschritte der Klinischen Psychologie (Bd. 27., S. 8–29). München, Wien, Baltimore: Urban & Schwarzenberg.

Melzack, R.; Wall, P. D. (1983). The challenge of pain. New York: Basic.

Mendell, L. M.; Wall, P. D. (1964). Presynaptic hyperpolarization: A role for fine afferent fibres. Journal of Physiology, 172, 274–294.

Norman, D. A. (1981). Twelve issues for cognitive science. In D. A. Norman (Ed.), Perspectives on cognitive science (pp. 265–295). Hillsdale, NJ: L. Erlbaum.

Notermans, S. L. H.; Tophoff, M. M. W. A. (1975). Sex difference in pain tolerance and pain apperception. In M. Weisenberg (Ed.), Pain. Clinical and experimental perspectives (pp. 111–117). Saint Louis: The C. V. Mosby Company.

Ostkirchen, G. (1990). Schmerz – ein semantisches Konstrukt. Erforschung psycholinguistischer Grundlagen im Hinblick auf eine intentional-pragmatische Bewältigung chronisch-rheumatischer Schmerzzustände. Unveröff. Diss., Ruhr-Universität Bochum.

Ostkirchen, G. (1991). Chronischer rheumatischer Schmerz. Diagnostische und therapeutische Bedeutung schmerzbezogener sprachlicher Patientenäußerungen. Mannheim: B. I. -Wissenschaftsverlag.

Pekrun, R. (1988). Emotion, Motivation und Persönlichkeit. In D. Frey; S. Greif; H. Keupp; E. D. Lantermann; R. K. Silbereisen; B. Weidenmann (Hrsg.), Fortschritte der psychologischen Forschung. München, Weinheim: Psychologie Verlags-Union.

Prinz, W. (1983). Wahrnehmung und Tätigkeitssteuerung. Berlin, Heidelberg, New York, Tokio: Springer Verlag.

Pschyrembel (1986). Klinisches Wörterbuch. Berlin, New York: Walter de Gruyter.

Roberts, A. H. (1986). The operant approach to the management of pain and excess disability. In A. D. Holzman; C. Turk (Eds.), Pain management (pp. 10–31). New York: Pergamon Press.

Rösler, H. D.; Szewczyk, H. (1987). Psychologie in der Medizin. In H. D. Rösler; H. Szewczyk (Hrs.), Medizinische Psychologie. ein Lehrbuch für Studenten (S. 13). Ost-Berlin: VEB Verlag Volk und Gesundheit.
Schmidt, R. F. (1972). Temperatursinne: Kalt- und Warmrezeptoren. In O. H. Gauer; K. Kramer; R. Jung (Hrsg.), Physiologie des Menschen. Somatische Sensibilität. Geruch und Geschmack (Bd. II, S. 113–129). München. Wien, Baltimore: Urban & Schwarzenberg.
Schmidt, R. F. (1985). Nociception und Schmerz. In R. F. Schmidt (Hrsg.), Grundriß der Sinnesphysiologie (S. 140–170). Berlin, Heidelberg, New York, Tokio: Springer Verlag.
Schmidt, R. F. (1986). Physiologische und pathophasiologische Aspekte. In R. Wörz (Hrsg.). Pharmakotherapie bei Schmerz (S. 1–44). Weinheim, Deerfield Beach. FL: VCH edition medizin.
Schmdit, R. F. (1988). Physiologie und Pathophysiolgie des Arthritisschmerzes. Vortrag im Neurowissenschaftlichen Kolloquium (19. 12. 1988). Bochum: Ruhr-Universität, Medizinische Fakultät und Fakultät für Biologie.
Schmidt, R. F.; Struppler, A. (1983). Der Schmerz: Ursachen, Diagnose, Therapie (Bd. 241, 2. Aufl.). München: Piper.
Searle, J. R. (1986). Geist, Hirn und Wissenschaft. Frankfurt am Main: Suhrkamp.
Sternbach, R. A. (1983). Schmerzpatienten: Krankheitsursachen und Behandlung. Heidelberg: Verlag für Medizin Dr. Ewald Fischer.
Struppler, A. (1975). Pathophysiologie der Schmerzsyndrome des Bewegungsapparates. In A. Weintraub; R. Battegay; D. Beck; G. Kaganas; F. Labhardt; W. Müller (Hrsg.). Psyche und Rheuma: Psychosomatische Schmerzsyndrome des Bewegungspparates (S. 15–30). Basel, Stuttgart: Schwabe & Co. Verlag, Eular Publishers.
Turk, D. C.; Meichenbaum, D.; Genest, M. (1983). Pain and behavioral medicine. A cognitive-behavioral perspective. New York NY: Guilford.
Turk, D. C.; Rudy, T. E. (1986). Assessment of cognitive factors in chronic pain: A worthwhile enterprise? Journal of Consulting and Clinical Psychology, 54, 760–768.
Wall, P. D. (1964). Presynaptic control of impulses at the first central synapse in the cutaneous pathway. Prog Brain Res, 12, 92–118.
Wall, P. D. (1988). The John J. Bonica Distinguished Lecture. Stability and instability of central pain mechanisms. In R. Dubner; G. F. Gebhardt; M. R. Bond (Eds.), Pain Research and Clinical Management. Proceedings of the Vth World Congress on Pain (Vol. 3, pp. 13–22). Amsterdam, New York, Osford: Elsevier.
Wall, P. D.; McMahon, S. B. (1985). Microneurography and its relation to perceived sensation. Pain, 21, 209–229.
Weisenberg, M. (1984). Cognitive aspects of pain. In. P. D. Wall; R. Melzack (Eds.), Textbook of pain (pp. 162–173). London: Churchill Livingstone.
Yaksh, T. L. 81986). Spinal Afferent Processing. New York: Plenum.
Zajonc, R. B. (1980). Feeling and thinking. Preferences need no inferences. Amercian Psychologist, 35 (2), 151–175.
Zimmermann, M. (1968). Dorsal root potentials after C-fiber stimulation. Science, 160, 896–898.

2. Krankheitsbewältigung

Krankheitstheorien von Patienten mit Erkrankungen des Bewegungsapparates

Alfred Wittenborg, Gabriele Ostkirchen, Frank Degner

1. Chronische Krankheiten – Medizin im Wandel

Die Zahl der chronisch Kranken nimmt wegen der steigenden mittleren Lebenserwartung des Menschen durch die Fortschritte in der Medizin und durch veränderte Lebensgewohnheiten in der Industriegesellschaft zu. Aufgrund dieser Tatsache ergibt sich eine veränderte und komplexere Aufgabenstellung im modernen Gesundheitswesen, die ein interdisziplinäres Forschungs, Behandlungs- und Beratungskonzept erfordert, um die adäquate, bedürfnisgerechte und umfassende Versorgung der chronisch Erkrankten zu gewährleisten. Chronische Krankheiten werfen medizinische, psychologische und soziale Probleme von herausragender Bedeutung auf, zu deren Bewältigung in der Interaktion zwischen Arzt und Patient neue Strategien zu entwickeln sind. Kennzeichen der Andersartigkeit der Situation des Rheumakranken sind die Unvorhersehbarkeit des Verlaufs der Krankheit, die Anpassung an ein irreparables, oft progredientes körperliches Defizit, die Minderung der Lebensqualität, die mit der Einschränkung bzw. Behinderung durch die Krankheit und durch die Behandlung einhergeht (Krüskemper, 1985). Die traditionelle Asymmetrie im Arzt-Patient-Verhältnis ist aus diesem Blickwinkel im Umgang mit chronischen Krankheiten unangemessen und muß zugunsten neuer Formen der Zusammenarbeit zwischen dem «Arzt als Experten» und dem «Patienten als kompetentem oder kompetent werdendem Laien» abgelöst werden. Dabei geht es für den Patienten um ein besseres Verständnis der eigenen Krankheit innerhalb seines Lebenszusammenhanges, um größere Entscheidungsbeteiligung bei der Aushandlung des Therapieplanes, um Weckung größerer Eigeninitiative und Selbststeuerung: also um Verwirklichung von mehr Mitsprache und Mitverantwortung. Grunow (1985) kritisiert, daß die Qualität und Quantität des Laienwissens und -handlens im Gesundheitswesen zu lange unbeachtet blieben und als «Dilettantismus» betrachtet wurden. Dadurch wurden Entscheidungen fast ausschließlich aufgrund von Expertenwissen gefällt. Dies steht im Gegensatz zu den immer lauter werdenden Forderungen nach mehr Mitverantwortung des Patienten an seiner Gesundheit bzw. weitgehenden Gesundung. Diesen

Widerspruch aufgreifend formuliert Hartmann (1984) aus der medizinischen Praxis und Forschung heraus die Forderung, die ärztliche Anamnese um laientheoretische und -prognostische Aspekte des Patienten zu erweitern.

> «Was damit gemeint ist, möchte ich an zwei Fragen aufzeigen, die von Rheumatikern gewöhnlich durch den Arzt nicht erfragt werden: wie erklären sie selbst die Krankheit? und: Was befürchten sie? Tatsächlich haben die meisten Kranken sich schon Vorstellungen über ihre Krankheitsursachen gebildet: Klima, Arbeit, Ernährung. Das zu wissen ist wichtig, damit nicht unnötige Umstellungen von Lebensweisen das Leben vermiesen und damit nicht-zweckmäßige Veränderungen unterbleiben. Die Frage nach der Selbst-Erklärung der Krankheit durch den Kranken ist ein erster Schritt zur Selbstbeteiligung an der Bewältigung der Krankheit im Sinne von deren Einfügung in den zukünftigen Lebenslauf.» (Hartmann, 1984, S. 78).

Die vorliegende medizin-psychologische Untersuchung ist als ein Versuch zu verstehen, aus diesen Überlegungen heraus eine empirisch geleitete und begründete Erweiterung der medizinischen Anamnese einzuführen. Durch systematische Erfassung und Einbeziehung laienätiologischer und -prognostischer Vorstellungen wird eine bessere Kooperation zwischen Arzt und Patient möglich, auf deren Basis dem Patienten eher die Notwendigkeit eines adäquaten Übungs-, Trainings- und Gesundheitsverhaltens vermittelt werden kann. Ziel dieser Interaktion ist es, die durch die schwer beeinflußbaren, krankheitsbedingten strukturellen Schädigungen verursachten Funktionseinbußen möglichst gering zu halten und den Patienten beim sinnvollen Umgang mit seiner Krankheit zu unterstützen (Degner, 1986). Das Wissen um die Einstellung zur Krankheit, die Erwartungshaltung gegenüber der Behandlung und die Motivationslage des Patienten sind wesentlich für die Erreichung der genannten Ziele.

2. Psychologische Theorien zur Erfassung des Laienwissens

Attributionstheoretische Überlegungen sind integraler Bestandteil kognitiver Theorien der Sozialpsychologie. Im Zentrum dieser Betrachtung steht die «naive Psychologie» (Heider, 1958), die davon ausgeht, daß Menschen ein allgemeines Bedürfnis haben, Ereignisse und Verhalten auf zugrundeliegende Ursachen zurückzuführen und realitätsangemessene Ursachenerklärungen zu finden. Attributionen (Ursachenanalysen) wie sie der «Mann auf der Straße» vornimmt, beeinflussen sein Verhalten (Feldman, 1985). Ein Patient, der glaubt, er selbst könne seine Krankheit nicht beeinflussen, wird weniger aktiv sein, leichter resignieren, weniger Informationen über seine Krankheit sammeln und die «Be-handlung» eher vollkommen dem Arzt überlassen. Derzeit ist jedoch keine Attributionstheorie in der Lage, eine vollkommene Erklärung des Attribuierungsprozesses zu liefern (Feldman,

1985). Auch die Tatsache, daß Menschen als logische, rationale Informationsverarbeiter betrachtet werden, ist nicht unwidersprochen geblieben (man denke nur an Untersuchungen zum fundamentalen Attribuierungsfehler, zum Halo-Effekt, zu den Vorurteilen der Positivität und Ähnlichkeit und zur Sich-selbst-erfüllenden-Phrophezeiung). Diese Einwände führten zu differenzierteren Erkenntnissen und zur Intensivierung spezifischerer Forschungsfragen. Sillars (1982) macht zum Beispiel auf den Unterschied zwischen Attributionen, die durch kontrollierte Laborexperimente im Sinne Kelleys (1967) hervorgerufen werden können und solchen, die in natürlichen, lebensnahen Situationen spontan generiert werden, aufmerksam. Es ist plausibel, bei akuten und chronischen Krankheiten mit unterschiedlichen Attribuierungsvorgängen zu rechnen.

Zu den Parametern, die Einfluß auf das Wissen des Kranken über seine Erkrankung nehmen können, gehören möglicherweise die Diagnose, der Schweregrad der eigenen Erkrankung, die wahrgenommenen, psychischen Probleme, die mit dem Krankheitsgeschehen in Zusammenhang gebracht werden, der Familienstand, das Geschlecht, das Alter und die Dauer der Erkrankung. Diese Parameter werden nachfolgend kurz mit einer Begründung für die Aufnahme in das Design dieser Untersuchung vorgestellt. Körperliche Symptome von rheumatischen Erkrankungen, also strukturelle Veränderungen und Schmerzen im Bewegungsapparat verbunden mit Funktionseinschränkungen können sehr vielfältige, häufig jedoch immer noch unbekannte Ursachen haben. Medizinisch lassen sich grob die *drei Diagnosegruppen* des entzündlichen, des degenerativen und des Weichteil-Rheumatismus unterscheiden (Wittenborg et al, 1986). Medizinisch-diagnostische Probleme, die bei einer feineren Einteilung nicht unerheblich sind (Lakomek et al., 1984), werden im vorliegenden Zusammenhang bewußt vernachlässigt.

Tabelle 1: Einteilung der rheumatischen Erkrankungen

Diagnose	Beschreibung
I.	*Entzündlicher Rheumatismus* (z.B. chronische Polyarthritis, seronegative Spondarthriden, Kollagenosen)
II.	*Degenerativer Rheumatismus* (z.B. Wirbelsäulensyndrome mit psyeudoradikulärer und radikulärer Symptomatik, Polyarthrosen, die auch entzündlich aktiviert sein können)
III.	*Weichteil-Rheumatismus* (wie Periarthopathien, Insertionstendinosen und generalisierte Tendomypathien)

In dieser Untersuchung schätzte der behandelnde Arzt für jeden Patienten auf einer visuellen Analogskala den *Schweregrad der Erkrankung* sowie die *Beteiligung psychischer Probleme am Krankheitsgeschehen* und bei der aktuellen Krankheitsbewältigung ein. Aus Experimenten zum Erleben von Belastungen (Nitsch, 1981) ist bekannt, daß das soziale Netzwerk, in das Personen eingefügt sind, von großer Bedeutung für ihre Fähigkeiten ist, mit Belastungssituationen umzugehen. Der *Familienstand* wurde daher als ein wichtiger Einflußfaktor bei der Verarbeitung einer chronischen Krankheit angesehen. Studien zur kognitiven Kontrolle (Lefcourt, 1981), die sich mit Attributionen und deren Effekt auf das Patientenverhalten im Krankenhaus befassen, berichten widersprüchliche Ergebnisse über den Einfluß des Faktors *Geschlecht.* Um diese Variable zu kontrollieren, wurde sie mit in das Untersuchungsdesign aufgenommen. Die Versuchspersonen gaben ferner ihr *Alter* und die *Dauer* ihrer Erkrankung an, da angenommen wird, daß jüngere und ältere Patienten und solche mit kurzer bzw. längerer Erkrankungsdauer unterschiedliche Erklärungsmuster verwenden.

3. Fragestellung dieser Untersuchung

Die vorliegende Untersuchung interessiert sich für Attributionen chronisch an Rheuma Erkrankter in der lebensnahen Situation eines stationären Aufenthaltes. 201 Patienten der Rheumaklinik St. Josef-Krankenhaus, Herne II, füllten einen Fragebogen zur Laitentheorie aus. Sie wurden danach gefragt,

1. *wie sie sich die Entstehung ihrer Beschwerden erklären;*
2. *welche Probleme sich aus der Krankheit und deren Bewältigung im täglichen Leben für sie ergeben und*
3. *welche Befürchtungen sie aufgrund der chronischen Erkrankung für die Zukunft haben.*

4. Methoden

Die erste der drei gestellten Fragen wurde in gebundener Form mit Hilfe des Fragebogens von Zenz (1985) erfaßt. Die sonst freie Beantwortung der zweiten Frage wurde in 12 Lebensbereiche, in denen im Alltag Probleme auftreten können, vorstrukturiert. Die dritte Frage zu den Befürchtungen für die Zukunft war völlig frei beantwortbar.

4.1 Statistische Methoden

Zur Feststellung der Faktorenstruktur des laienätioloischen Fragebogens wurde eine varimaxrotierte Hauptkomponentenanalyse durchgeführt. Die Berechnung von Korrelationen und Chi-Quadrat-Verteilungen erlaubt einen Überblick über den Einfluß der für Laientheorien als wichtig erachteten Parameter. Die Diskriminanzanalyse soll die Genauigkeit überprüfen, mit der die Versuchspersonen dieser Untersuchungs-Stichprobe mit Hilfe der Fragebogenitems und der erhobenen Einflußparameter den medizinischen Diagnosegruppen zuzuordnen sind. Eine vierfaktorielle Varianzanalyse mit den unabhängigen Faktoren «Diagnose, Schweregrad der Erkrankung, Ausmaß der selbst wahrgenommenen psychischen Beteiligung am Krankheitsgeschehen, Dauer der Erkrankung, den Kovariaten Geschlecht, Familienstand und Alter und den abhängigen Variablen (Antworten im Fragebogen) verdeutlichen das Auftreten von Haupt- und Interaktionseffekten (SPSS, Hull et al, 1981).

4.2 Die Bedeutung des Einsatzes des Zenz-Fragebogens zur Erfassung der Krankheitsentstehungstheorie des Patienten

Tabelle 2: Der Fragebogen von ZENZ (1985) mit den Items 1–44 und fünfstufiger Antwortmöglichkeit (sicher nicht, wenig wahrscheinlich, möglich, sehr wahrscheinlich, ganz sicher)

Item-Nr.	Können Ihre Beschwerden dadurch mitverursacht werden, daß...
1	...Sie früher eine bestimmte Krankheit hatten, die sich bis heute auswirkt?
2	...Ihre Mitmenschen Sie nicht verstehen oder nicht ernst nehmen?
3	...Sie manchmal nicht genug Willenskraft aufgebracht haben oder nicht aufbringen können?
4	...Sie in letzter Zeit zu oft den Schlaf vernachlässigt haben?
5	...Sie sich zu wenig Ruhe gönnen?
6	Könnten Ihre Beschwerden durch einen Witterungswechsel ausgelöst werden?
7	...Sie andauernd ohne ersichtlichen Grund erschöpft sind?
8	...Sie einen schwachen Kreislauf haben?
9	...Sie sich häufige Selbstvorwürfe machen?
10	...Sie mit Ihren Problemen nicht fertig werden?
11	...Sie mit Ihren Lebensbedingungen unzufrieden sind?
12	...Sie zu schlecht schlafen?
13	...Sie Ängste haben, die Sie in manchen Fällen nicht überwinden?
14	...Sie unangenehme Dinge nicht verarbeiten können?
15	...Sie sich aus Bequemlichkeit zu sehr gehen ließen oder gehen lassen?
16	...Sie Krankheitszeichen nicht wahrhaben wollen?
17	...Ihnen Personen, die Ihnen nahe stehen, Sorgen machen?
18	...Sie zu wenig an die frische Luft gehen?

Tabelle 2 (Fortsetzung)

Item-Nr.	Können Ihre Beschwerden dadurch mitverursacht werden, daß...
19	...Sie häufig in niedergeschlagene Stimmung geraten?
20	...Könnten Ihre Beschwerden jahreszeitlich bedingt sein
21	...Personen, die Ihnen viel bedeuten, Sie enttäuscht haben?
22	...Sie sich in die allgemeine Hetze des heutigen Lebens einlassen?
23	...bei Ihnen eine gesundheitliche Anfälligkeit vererbt ist?
24	...Sie sich irgendwo angesteckt haben?
25	...Sie Ihre Freizeit zu wenig zur Erholung nützen?
26	...Sie Gefühle von Minderwertigkeit haben?
27	...Sie mitunter zu streng gegen sich selbst sind?
28	...Kollegen, Nachbarn oder Vorgesetzte Sie oft in Auseinandersetzungen verwickeln?
29	...Sie zu oft im Leben Pech haben?
30	...Sie sich in einer Lebensphase befinden, wo sich der Körper umstellt?
31	...Sie bei Ihrer Arbeit gesundheitsschädlichen Einflüssen ausgesetzt sind?
32	...Sie Lärmbelastungen/Luftverschmutzungen oder anderen Umweltbelastungen ausgesetzt sind?
33	...Sie bestimmte Medikamente, die Ihnen der Arzt verschrieben hat, nicht vertragen?
34	...die Anforderungen im Beruf oder Haushalt zu hoch sind?
35	...Sie in letzter Zeit leichtsinnig mit Ihrer Gesundheit umgegangen sind?
36	...Sie altersbedingte körperliche Verschleißerscheinungen haben?
37	...Sie wenig Lust haben, sich körperlich zu betätigen?
38	...Sie einen Menschen verloren haben, der Ihnen viel bedeutete?
39	...Ihr Alltag zu eintönig ist?
40	...Sie eine angeborene Neigung haben, bei seelischer Aufregung mit körperlichen Beschwerden zu reagieren?
41	...Ihre Drüsen nicht richtig arbeiten?
42	Die Krankheit schon lange in Ihnen versteckt war und jetzt zum Ausbruch kommt?
43	...Sie eine ungesunde Lebensweise haben (Rauchen/Essen/Trinken)?
44	...Sie unangenehme Dinge häufig auf die lange Bank schieben oder geschoben haben?

«Der Fragebogen von Zenz (1985) siehe Tabelle 2 ist zum systematischen Einsatz bei verschiedenen Krankheiten entwickelt worden. Implizite Krankheitstheorien der Laien werden als wichtige Moderatorvariablen bei der Beurteilung differentieller medizinischer und psychologischer Therapieformen gesehen. Mit Hilfe des standardisierten Fragebogens teilen Zenz et al (1985) die Konzepte der Patienten nach globalen Attribuierungsmustern ein. Diese lassen sich nach psychosozialen und somatologischen (naturalistischen) Kategorien und einem Faktor der Verantwortlichkeit im Umgang mit dem eigenen Körper im Sinne von Gesundheitsverhalten strukturieren. Der Gesamtscore des Testes wird interpretiert als Entschiedenheit des Patienten, sich überhaupt ein eigenes Bild von der Krankheit zu machen. Die Validierung dieses Testinstrumentes mit bisher 44 Fragen und fünfstufiger Antwortmöglichkeit steht nocht aus» (Krüskemper et al., 1986).

Attribuierungsprozesse bei chronischen Krankheiten wurden bisher noch selten untersucht (Zenz, 1985). Psychologische Untersuchungen über rheumatische Erkrankungen zeichnen sich durch widersprüchliche Ergebnisse aus (Krüskemper, 1986). Aus diesem Grunde werden für die vorliegende Untersuchung keine gerichteten Hypothesen formuliert, sondern zunächst aufgrund theoretischer Überlegungen als relevant erachtete Faktoren in ihrer Auswirkung auf das Attribuierungsverhalten analysiert. Alle im nachfolgenden präsentierten Ergebnisse dienen der Hypothesenbildung und sind daher von heuristischem Wert für die weitere Forschung.

5. Beschreibung der Stichprobe

201 Rheuma-Patienten der Rheumaklinik Herne II nahmen an der Untersuchung teil. Dabei entfielen

- 87 VPN auf die Diagnose I (entzündliches Rheuma)
- 97 VPN auf die Diagnose II (degeneratives Rheuma)
- 17 VPN auf die Diagnose III (Weichteilrheuma)

Übersicht über die Verteilung der Versuchspersonen

Schweregrad der Erkrankung:	
- leicht	29 PatientInnen
- mittel	89 PatientInnen
- schwer	77 PatientInnen
Psychische Belastung:	
- keine	107 PatientInnen
- leichte	50 PatientInnen
- mittlere	26 PatientInnen
- schwere	18 PatientInnen
Erkrankungsdauer:	
- bis 5 Jahre	63 PatientInnen
- 5 bis 10 Jahre	42 PatientInnen
- über 10 Jahre	96 PatientInnen
Familienstand:	
- ledig	17 PatientInnen
- geschieden	10 PatientInnen
- verheiratet	122 PatientInnen
- verwitwet	52 PatientInnen
Alter:	
- bis 60 Jahre	97 PatientInnen
- über 60 Jahre	104 PatientInnen
Geschlecht:	
- männlich	62 PatientInnen
- weiblich	149 PatientInnen

Wie sich diese Versuchspersonen auf die in die Untersuchung aufgenommenen Einflußparameter verteilen, kann der obigen Übersicht entnommen werden.

6. Darstellung der Ergebnisse

6.1 Ergebnisse zur Beantwortung des Zenz-Fragebogens

Tabelle 3: Signifikante Zusammenhänge zwischen den Parametern des Untersuchungsdesigns und den Items des ZENZ Fragebogens

Item-Nr.	Psychol. Beteilig.	Erkr. Dauer	Schwere-grad	Alter	Sex	Familien-stand
1			.02			
2	.01					
3		.004				
4	.001	.004				.05
6		.02				
8				.05		
9	.03					
10	.002	.04				
11	.001					
12	.01				.006	
13		.02				
14		.04				
15		.01				.04
17			.02			
18			.008	.01		
19	.001					
21	.02		.04			
22	.02		.02	.001		
23				.004	.04	
25			.02		.05	
26				.02		.01
28	.03					.004
29	.01		.03			.007
30			.01	.04	.00	
31			.01	.001	.00	.009
32			.01	.04		.04
33						.04
34	.03			.001		.01
35	.01	.03		.01		
36		.05		.001		.0001
37		.04	.01			
38					.008	.0000
39					.05	
41						.003
42		.004				
43		.01		.005	.004	

Die von Zenz (1985) vermutete 5dimensionale Struktur konnte in dieser Stichprobe nicht nachvollzogen werden. Resultat einer durchgeführten Hauptkomponentenanalyse mit anschließender Varimaxrotation (SPSS, Hull et al., 1981) ist eine rheumatypische 3faktorielle Lösung (Ostkirchen, Willweber, 1989). Die nachfolgend vorgestellten Ergebnisse beziehen sich jedoch nicht auf die gefundene Faktorenstruktur, sondern entweder auf die Gesamtskala oder auf einzelne Items des Fragebogens.

Um einen ersten Überblick über die Stärke des Einflusses der als relevant erachteten Parameter auf die einzelnen Items des Fragebogens zu geben, werden nachfolgend signifikante Chi-Quadrat-Werte und Spearman'sche Korrelationen (SPSS, Hull et al., 1981) aufgeführt. Auf eine Korrektur des Alpha-Niveaus wird wegen des hypothesengeneierenden Charakters dieser Studie verzichtet (siehe Tab. 3).

Weder auf der Gesamtskalen- noch auf Einzelitemebene ergeben sich nennenswerte diagnoseabhängige Unterschiede. Die Mittelwerte der beantworteten Items liegen für die Gesamtstichprobe in der Regel zwischen 1,5 und 2, 5 (min. 1,0; max. 5.0).

Um so erstaunlicher ist es, daß es gelingt, aus der Konfiguration der Parameter Schweregrad der Erkrankung, wahrgenommene psychische Beteiligung, Erkrankungsdauer, Alter, Familienstand, Geschlecht und der Items des Fragebogens ein diskriminanzanalytisches Modell (SPSS, Hull et al, 1981) zu entwickeln, mit dem jede Versuchsperson aufgrund ihrer Werte in den diskriminierenden Variablen mit einer Genauigkeit von 80% den Diagnosegruppen zuzuordenen ist (siehe Tab. 4). Damit erhalten der Fragebogen

Tabelle 4: Klassifikationsergebnis der Diskriminanzanalyse mit den Faktoren Schweregrad, psychische Beteiligung, Erkrankungsdauer, Alter, Familienstand, Geschlecht und den Items des Fragebogens.

Klassifikationsresultate der Diskriminanzanalyse				
Aktuelle Gruppe	Anzahl VNP	Vorhergesagte Gruppenzugehörigkeit Diagnosegruppen I	II	III
I entzündl. Rheuma	87 100%	72 82,8%	12 13,8%	3 3,4%
II degenerat. Rheuma	97 100%	18 18,6%	75 77,3%	4 4,1%
III Weichteil Rheuma	17 100%	2 11,8%	1 5,8%	14 82,4%
Korrekt klassifizierte Zugehörigkeit zu den Diagnosegruppen: 80,10%				

von Zenz (1985) und die zusätzlich erhobenen Einflußparameter für den einzelnen Patienten eine sehr gut diskriminierende Valenz und können dem Arzt bei der exakten Differentialdiagnose Hilfe leisten.

In einer vierfaktoriellen Varianzanalyse mit den unabhängigen Variablen Diagnosegruppe, Schweregrad der Erkrankung, subjektiv wahrgenommene, psychische Beteiligung, Dauer der Erkrankung, den Kovariaten Alter, Familienstand und Geschlecht und den abhängigen Variablen des Fragebogens konnten signifikante Varianzen auf unterschiedliche Haupteffekte und/oder Effekte zwei- bzw. dreifacher Interaktionen zurückgeführt werden. Die Unterschiedlichkeit der auf Itemebene zur Signifikanz führenden Ergebnisse macht die Wichtigkeit weiterer, komplexer multivariater Analysen deutlich.

6.2 *«Welche Probleme ergeben sich aus Ihrer Erkrankung für Sie im alltäglichen Leben?»*

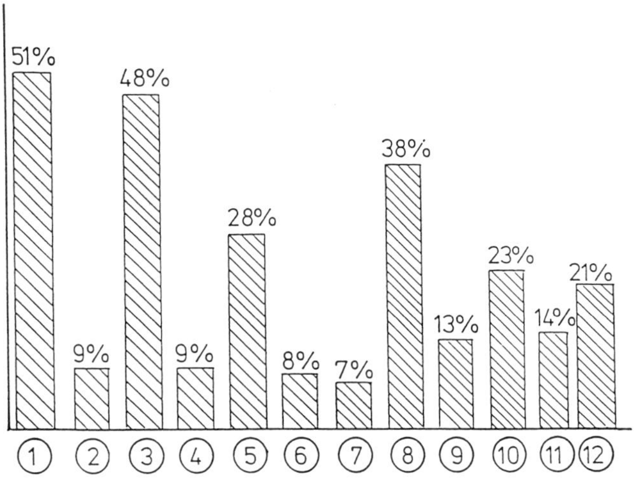

Abb. 1: Probleme von Rheumapatienten in unterschiedlichen Lebensbereichen: (1 = Arbeit; 2 = Weiterbildung; 3 = Freizeit; 4 = Wohnsituation; 5 = Finanzen; 6 = Gesetze; 7 = Religion; 8 = Körper/Gesundheit; 9 = Partner/Partnerin; 10 = Familie; 11 = Verwandtschaft; 12 = Freunde/Bekannte)

Zur Beantwortung dieser Frage wurden den Versuchspersonen 12 Lebensbereiche, in denen Probleme auftreten können, vorgegeben. Eine rein quantitative Betrachtung weist darauf hin, daß die Patienten im Rahmen dieser Fragebogenaktion sehr zurückhaltend in der Nennung von Problemen sind. Die meisten Probleme werden in den Lebensbereichen Arbeit, Freizeit, Körper und Gesundheit angegeben.

6.3 «Welche Ängste? und Befürchtungen ergeben sich aus Ihrer Erkrankung für Sie für die Zukunft?»

76 Prozent der untersuchten Rheumapatienten geben an, daß sie aufgrund ihrer Erkrankung Ängste und Befürchtungen für die Zukunft haben. Die Antworten sind aus psychologischer Sicht von besonderem Interesse und sollen abschließend noch in einer groben inhaltichen Übersicht aufgeführt werden:

- *32 Patienten gaben keine Antwort*
- *15 Patienten hatten keine Befürchtungen für die Zukunft.*
- *152 Patienten gaben durchschnittlich mehr als 2 Befürchtungen an; diese Äußerungen bezogen sich inhaltlich*

auf die Krankheit selbst	
99	Angst vor Verschlimmerung der Krankheit und dem Fortschreiten der körperlichen Behinderung
76	Angst, die Unabhängigkeit zu verlieren und immer auf die Hilfe anderer angewiesen zu sein
18	Angst, sich nur noch mit dem Rollstuhl fortbewegen zu können
auf andere Ängste	
31	daß die Familie oder Freunde unter der eigenen körperlichen Behinderung leiden könnten
22	Ängste vor der unsicheren Zukunft
18	Ängste, den Arbeitsplatz zu verlieren
14	Ängste, die Arbeit nicht mehr so gut wie vorher verrichten zu können
13	Angst vor dem Tod 6
6	Angst vor Einsamkeit
5	Angst, daß die Schmerzen von anderen nicht geglaubt werden
5	andere Ängste massiver Art
1	Angst vor der Angst

Bei diesen Antworten waren Mehrfachnennungen möglich.

7. Diskussion der Ergebnisse und Impulse für die zukünftige Forschung

Rheumapatienten erwiesen sich bei der Beantwortung des Fragebogens als eher zurückhaltend in der Nennung von Erklärungen für ihre Krankheiten. Es konnten jedoch wichtige individuelle Unterschiede registriert werden. Der Zenz-Fragebogen kann daher zur Erfassung dieser Unterschiede eingesetzt werden, um zum Beispiel rein somatisch orientierten Patienten gegen ihren Willen keine psychotherapeutsiche Betreuung aufzuzwingen, die den psycho-sozial orientierten Patienten helfen kann. So scheint es eher möglich, dem einzelnen Patienten eine bedürfnisgerechte und an seinen Problemen orientierte Unterstützung in der Krankheitsbewältigung anzubieten.

Bei der Auswertung ließen sich weder auf Gesamtskalen- noch auf Einzelitemebene signifikante, von den Diagnosegruppen abhängige Unterschiede in der Beantwortung des Fragebogens finden. Dies mag als ein erneuter Hinweis dafür gelten, daß medizinische Kategorien zur Erklärung psychischer Phänomene suboptimal sind. In der geschichtlichen Entwicklung psychologischer Theorien für Rheumapatienten sind ohnehin viel zu früh medizinische Kategorien, die auf die somatische Therapie ausgerichtet sind, zur Erklärung herangezogen worden, ohne zu berücksichtigen, daß die Einteilung psychischer Phänomene anderer Katagorien als die somatischer Phänomene bedarf. Die Weiterentwicklung einer psychologischen Denkweise sollte der Erarbeitung relevanter, psychologischer Kategorien z.B. der positiven Krankheitsverarbeitung Vorrang einräumen.

Die Ergebnisse der Varianzanalyse weisen darauf hin, daß mit vielfachen Interaktionen zwischen medizinischen, sozialen und psychologischen Variablen zu rechnen ist. Die Komplexität der Zusammenhänge ist noch zu wenig bekannt und bedarf der Erhellung, bevor plausibel erscheinende Konzepte als neue psychologische Erkenntnisse akzeptiert werden können.

Rheumapatienten dieser Stichprobe sind ebenfalls sehr zurückhaltend in der Nennung von Problemen, die sich aus ihrer Erkrankung für den Alltag ergeben. Dieses Ergebnis kann auch in Verbindung mit dem Arzt-Patient-Verhältnis gesehen werden. Es ist das methodische Problem von Fragebogenerhebungen und strukturierten Fragesituationen nicht sehr tiefgehende Antworten zu erbringen. In längeren persönlichen Gespräche, in denen es gelingt, eine vertrauensvollere Atmosphäre zu schaffen, steigt hingegen die Anzahl der angegebenen Probleme (Ostkirchen, 1990). Es scheint – darauf weisen die reinen Häufigkeitsauszählungen hin – jedoch Bereiche zu geben, wie z.B. den der Arbeit, der Freizeit, des Körpers und der Gesundheit, in denen es leichter ist, Probleme offen zu benennen.

Bedeutsam ist die häufige Nennung von Ängsten und Befürchtungen, die sich aus der Krankheit für die Zukunft des Patienten ergeben. Aus Erfahrungen in intensiven Interviews zur Krankengeschichte läßt sich ebenfalls ein qualitativer Unterschied bei der Nennung von Ängsten in einem Fragebogen und solchen in Gesprächen erkennen. Komplizierte, intime Sachverhalte, wie das Einverständnis einer an Rheuma erkrankten Frau, die aufgrund ihrer Funktionseinschränkungen und Schmerzen die eheliche Untreue ihres Mannes duldet, dankbar für jede zärtliche Geste ihres Mannes ist und Angst hat, der Umgang mit seiner kranken Frau könnte ihm lästig werden, kommen wohl nur in vertrauensvoller Atmosphäre zur Sprache.

Bei der bloßen Nennung dieser Ängste kann der in der Rheumaklinik tätige Psychologe nicht stehenbleiben. Die Verarbeitung derartiger Erfahrungen mit dem Patienten bedarf großer Geduld und ist zeit- und damit personal- und kostenintensiv. Dieses Ergebnis ist sowohl für den in einer

Rheumaklinik tätigen Arzt als auch für den Psychologen wichtig. Psychotherapeutische, ambulante Angebote zur Aufarbeitung von Ängsten in schweren Fällen sind eine konsequente Forderung aus den Ergebnissen dieser Untersuchung.

Interessante Hinweise für die Arzt-Patient-Interaktion sind die signifikanten Zusammenhänge zwischen der vom Arzt eingeschätzten Beteiligung psychischer Probleme am aktuellen Krankheitsgeschehen und den vom Patienten beantworteten Items, die zum Inhalt haben, daß er von seiner Umwelt enttäuscht ist, sich nicht ernst genug genommen fühlt und eigentlich mit seiner Lebenssituation unzufrieden ist. Diese Zusammehänge sind ein Hinweis dafür, daß der Arzt in der Lage ist, aus Untersuchungs- und Visitengesprächen diese globalen Muster des Patienten zu erkennen und diese Erkenntnis in einer Einschätzung auf der visuellen Analogskala zum Ausdruck zu bringen. Welches Wissen verarbeitet der behandelnde Arzt bei der Einschätzung? Wie kommt es zu dieser hohen Übereinstimmung? Welche Erfahrungen zwischen Arzt und Patient führen zu Einschätzungen des einen bzw. des entgegengesetzten Extrems? Die Klärung dieser Fragen können für die Charakterisierung typischer Arzt-Patient-Interaktionen wichtig sein und sollten differenzierter aufgeschlüsselt werden.

Die Erfassung globaler Attribuierungsmuster wie von Zenz (1985) vorgeschlagen, hat sich vorerst als unzureichend erwiesen. Vom Standpunkt neuer Erkenntnisse in der Attributionsforschung wird dies ebenfalls verständlich. Viele Studien weisen auf die Notwendigkeit hin, unter Einbeziehung von Variablen wie «Selbstwertgefühl, Intentionalität, Relevanz der Situation usw.» situationsspezifische Attribuierungen in ihrer Interaktion mit den Dispositionen zu untersuchen. Welche Erklärung gibt ein Patient, wenn er sich bei seinem Übungs- und Trainingsprogramm anstrengt bzw. wenn er keine Lust dazu empfindet, vorgeschlagene Übungen durchzuführen? Welche Intentionen hat der Patient? Welche Wichtigkeit mißt er dem Übungsprogramm bei? Wie tragen solche Erklärungen dazu bei, seine Motivationslage zu verbessern oder zu verschlechtern? Wie ist es möglich, solche Erklärungen verhaltensrelevant zu verändern?

Die vorliegende Studie hat Fragen geklärt, aber auch neue aufgeworfen. Die Verarbeitung von Informationen über laienätiologische und -prognostische Theorien scheint jedoch ein wichtiger Aspekt zu sein auf dem Wege des Patienten vom passiv *«Behandelten»* zum aktiv *«Handelnden»*. Jeder Rheumatologe hält es für seine Pflicht, den Patienten an die Notwendigkeit des eigenen Tuns zu erinnern. Der rheumatologische Experte kann seinem Patienten seine reichhaltige Erfahrung und sein Wissen bereitstellen; er kann dem Patienten aber nicht die Verantwortung dafür abnehmen, wie er dieses Wissen um seine Krankheit in sein Leben einbezieht und welche Bewältigungsstrategien in seinem Lebenssystem angebracht sind. Dabei sollte der behandelnde Arzt der Tendenz des Patienten verständnisvoll Einhalt gebieten, ihm als dem «Mächtigen anderen, der besser weiß wo es lang geht», die

Verantwortung zuzuschieben. Für die Bewältigung einer chronischen Krankheit ist diese Attribuierungsstrategie lähmend, langfristig unangebracht und programmiert Enttäuschungen vor. Es ist das erklärte Ziel, die Patienten in die Lage zu versetzen, «Experten» ihres Lebens mit der Krankheit zu sein oder diesem Ziel in einem fortschreitenden Auseinandersetzungsprozeß näherzukommen und dabei aus einem medizinischen, psychologischen und sozialen Unterstützungsangebot die für ihn geeignete Auswahl zu treffen. Die Aufgabe der im Gesundheitswesen Tätigen ist es, Kriterien zu erarbeiten, die die Auswahl erleichtern und den Nachweis für die Bedingungen der Effektivität dieser Angebote zu führen.

Hier schließt sich der Kreis. Aus der medizinischen Praxis und Forschung heraus wurde von Hartmann (1984) der «wissenschaftliche Technokratismus, der an der Lebenswelt der Patienten vorbeigeht», kritisiert. Die Notwendigkeit des Einbezugs laienätiologischer und -prognostischer Theorien war seine konsequente Forderung. Die systematische Einbeziehung dieser Laientheorien führt zu einer Erweiterung des Bildes vom Patienten, zur Bereitstellung von Informationen über sein Krankheitsverständnis, zur Offenlegung seiner Therapieerwartungen und wirkt somit befruchtend auf die Entwicklung praxisrelevanter Theorien.

> «Die Theorie hat Hilfscharakter, sie ist nützlich, sie ist besser, sie ermöglicht Fortschritt. Aber diese Theorie ist eben ein besonderer Umgang mit Erfahrungsinhalten; und nur dadurch überschreitet sie das reine Beisammensein von Erfahrung und unreflektierter Wiederholung von Erfahrung im Handeln. Sie veredelt empirische Praxis zu wissenschaftlicher Praxis» (Hartmann, 1984, 192).

8. Literatur

Degner, F.; Krüskemper, G. M. (1986). Zusammenhänge zwischen Diagnosekriterien (ARA), Funktion und psychologische Variablen bei Patienten mit rheumatoider Arhtritis. Zeitschrift für Rheumatologie, 45/4, 66.

Feldman, R. S. (1985). Social psychology – theories, research, and applications. New York: McGraw-Hill.

Grunow, D. (1985). Lebensphasen, soziale Netze und Gesundheitsselbsthilfe: Ansatzpunkte der Gesundheitspolitik. In: Drogalkohol, ISPA-Press, Lausanne 9, 174–193.

Hartmann, F. (1984). Patient, Arzt und Medizin. Göttingen: Verlag für Medizinische Psychologie, Van den Hoeck & Ruprecht.

Heider, F. (1958). The psychology of interpersonal relations. New York, London, Sydney: J. Wiley & Sons, Inc.

Hull, C. H.; Nie, N. H. (1981). SPSS Update 7-9; New procudures and facitilities for releases 7–9. New York: McGraw Hill Book Company.

Kelley, H. H. (1967). Attribution theory in social psychology. Nebraska Symposium on Motivation, 15, 192–238.

Krüskemper, G. M. (1985). Patienten mit rheumatischen Beschwerden. In Basler, H. D.; Florin, I., Klinische Psychologie und körperliche Krankheit (146–161). Stuttgart: Kohlhammer.

Lakomek, H. H.; Bremme, M.; Richter, O.; Husmann, K.; Jacobi, E.; Heydthausen, M.; Krüskemper, H. L. (1984). Ein Rheumaregister in der klinischen Anwendung. Zeitschrift für Rheumatologie 43, 18–22.
Lefcourt, H. M. (Hrsg.) (1981). Research with the locus of control construct (Vol. 1, Assessment Methods). New York: Academic Press.
Nitsch, J. R. (Hrsg.) (1981). Stress – Theorien, Untersuchungen, Maßnahmen. Berlin: Huber.
Ostkirchen, G. (1991). Chronischer rheumatischer Schmerz. Diagnostische und therapeutische Bedeutung schmerzbezogener Patientenäußerungen. Mannheim: Bibliographisches Institut & F. A. Brockhaus AG.
Ostkirchen, G.; Willweber, A. (1989) Laientheorien chronisch rheumatisch Erkrankter. In Bischoff, C.; Zenz. H. (Hrsg.), Patientenkonzepte von Körper und Krankheit. Bern, Stuttgart, Toronto: Verlag Hans Huber.
Ostkirchen, G.; Krüskemper, G. M.; Eichenauer, M.; Wittenborg, A. (1986). Attribution theories of the chronically ill. IAAP; 21st International Congress of Applied Psychology, Jerusalem, 13.–18. 7. 1986.
Sillars, A. L. (1982). Attribution and communication: Are people «naive scientists» or just native? In Roloff, M. E.; Berger, C. R. (Eds.), Social cognition and communication (73–106). Beverly Hills, CA: Sage.
Wittenborg, A.; Eichenauer, M.; Ostkirchen, G.; Krüskemper, G. M. (1986). Laienätiologische und -prognostische Theorien chronisch Kranker. Kongreß für Klinische Psychologie und Psychotherapie, DGVT, Berlin, 16.–21. 2. 1986.
Zenz, H. (1985). Das Krankheitsbild des Patienten – Laitentheorie-Projekt. Unveröffentlichtes Manuskript der Abt. für Medizinische Psychologie der Unviersität Ulm.

Selbsthilfemotivation von Patienten mit chronischer Polyarthritis im gesellschaftlichen Umfeld der ehemaligen DDR

Gert Leuschner, Peter Schneider

1. Gesellschaftliche Rahmensituation

40 Jahre DDR waren durch ein oktroyiertes Gesellschaftssystem mit einer reglementierten Lebensqualität gekennzeichnet. Die dadurch geschaffene Lebenssituation und ihre Zukunftsperspektiven für die Menschen im Osten Deutschlands wurden von Christoph Hein (1990) folgendermaßen literarisch aufbereitet: «Nichts war tödlicher als die versteinerten Verhältnisse, wo ich voraussagen konnte, wie die nächsten zehn Jahre ablaufen werden, welche Länder ich sehen werde und in denen ich als 20jähriger wußte, wieviel Rente ich als 65jähriger bekommen werde».

Es blieb nicht aus, daß diese Verhältnisse nicht nur eine Gesellschaft mit ihren Menschen deformiert, sondern auch ihre Spuren bei Patienten und Personal im Gesundheitswesen hinterlassen haben. Als eine der folgenschwersten Grundpositionen erwies sich dabei die verbreitete Paradoxie, daß der Bürger für den Staat da zu sein habe. Über seine gesamte Entwicklung hinweg lernte der Mensch so, sich als Staatsobjekt zu sehen und seine Rolle als aktiv handelndes Gesellschaftssubjekt abzulegen. Die Komplexität menschlichen Zusammenlebens und die Lebensbewältigung des Einzelnen wurden auf eine mechanistische, vormundschaftlich ausgerichtete Sichtweise verkürzt, die im Bereich der Krankheitsbewältigung ihren Niederschlag in einer Desorientierung des Patienten über seine eigenen Bewältigungskapazitäten und der Verwischung von Selbstverantwortlichkeit für den eigenen Gesundheitszustand gefunden hat (Leuschner & Leuteritz, 1990).

Begibt man sich auch auf diesem Gebiet auf den langen Weg der Aufarbeitung und Wiedereingliederung, so ist es sinnvoll, mit einer Analyse der Unterschiede in der psychosozialen Verarbeitung rheumatischer Erkrankungen in Ost und West vor dem deutschen Einigungsprozeß einzusetzen. In den folgenden Ausführungen soll es dabei vor allem um die Frage gehen, inwieweit die gesellschaftlich bedingte Desorientierung des Patienten empirisch faßbare Auswirkungen auf die bei rheumatischen Erkrankungen so bedeutsame Selbsthilfemotivation gehabt hat.

2. Untersuchungsansatz

Die Voraussetzungen für einen Ost-West-Vergleich wurden bereits 1988, also vor den Ereignissen die zur deutschen Einheit führten, durch die Planung eines grenzüberschreitenden Forschungsprojektes der beiden Autoren und seiner fachlichen Förderung durch Frau Prof. Dr. G. M. Krüskemper gelegt. Ab diesem Zeitpunkt wurde als *Erhebungsinstrument* der «Bochumer Patientenfragebogen zu rheumatischen Beschwerden und deren Bewältigung» (Schneider, 1988) an der ersten Medizinischen Klinik des Klinikums Dresden-Friedrichstadt bei Patienten mit einer chronischen Polyarthritis eingesetzt. Diesem Fragebogen liegt ein theoretisch aufgearbeitetes, biopsychosoziales Modell der Krankheitsbewältigung zugrunde, daß die Ebenen der aktuellen Beschwerdenverarbeitung und -bewältigung, ihre Beeinflussung durch laientheoretische Krankheitskonzepte und die Auswirkungen auf das somatische Erkrankungsgeschehen erfaßt. Je nach dem Auflösungsgrad der Fragestellung erlaubt er eine sinnvolle Betrachtung einzelner Problemschwerpunkte in der Verarbeitung des Patienten oder eine komplexere Aufbereitung des Bewältigungsverhaltens in Skalen und Indices.

Für die Zwecke des beabsichtigten Vergleichs wurde eine *Untersuchungsstichprobe* aus insgesamt 110 Patienten mit einer nach den ARA-Kriterien gesicherten chronischen Polyarthritis gebildet. Den 55 Patienten eines Erhebungskollektivs in Dresden wurden dabei 55 westdeutsche Patienten aus einer größeren Stichprobenerhebung an der Abteilung für Endokrinologie und Rheumatologie der Universitätsklinik Düsseldorf zugeordnet. Als Parallelisierungskriterien dienten Krankheitsdauer, Lebensalter und Geschlecht.

Mit einem durchschnittlichen Lebensalter von 50 Jahren, einer Geschlechterrelation von drei zu eins und einer durchschnittlichen Erkrankungsdauer von acht Jahren folgen beide Stichproben den bisher bekannten Repräsentativitätskriterien. In der Bewegungsfunktionsskala des Patientenfragebogens, die die Einschränkungen des Betroffenen bei alltäglichen Akti-

Tabelle 1: Stichprobencharakteristik der nach Krankheitsdauer, Lebensalter und Geschlecht (W = weiblich, M = männlich) parallelisierten Dresdener und Düsseldorfer Patienten

Krankheitsdauer	N	(W + M)	Lebensalter ($\overline{X}$)
bis 1 Jahr	12	(9 + 3)	50.0 Jahre
1 bis 5 Jahre	15	(9 + 6)	49.2 Jahre
5 bis 10 Jahre	12	(10 + 2)	46.4 Jahre
über 10 Jahre	16	(12 + 4)	52.4 Jahre
TOTAL	55	(40 + 15)	49.7 Jahre

vitäten und Lebensfunktionen erfaßt, zeigte sich darüber hinaus kein signifikanter Unterschied im t-Test zwischen den Patientengruppen (Dresden/ Düsseldorf: x=29.2/27.7, s=12.0/13.3, Variationsbreite (VB)=0-54). Ein mögliches Stadt-Land-Gefälle wird durch die Untersuchungsorte ausgeschlossen, die, bezogen auf ihr jeweiliges gesellschaftliches Umfeld, zwei vergleichbaren Großstädten Deutschlands entsprechen.

In der *Auswertungsmethodik* wurde die schrittweise Diskriminanzanalyse als heuristisches Vorgehen zur Auswahl eines maximal trennenden Variablensatzes zwischen den Patienten beider Erhebungsorte verwendet. In die Auswertung wurden Skalen und Indices des Fragebogens aufgenommen, von denen die Autoren einen Zusammenhang mit der Selbsthilfemotivation der Patienten erwarteten. Zur Ermittlung der Varianzhomogenitätsvoraussetzung wurde der Box-M-Test verwendet. Die in die Diskriminanzfunktion aufgenommenen Variablen wurden anschließend einer detaillierteren Analyse unterzogen. Alle aufgeführten Ergebnisse sind mindestens auf dem 5%-Niveau signifikant.

3. Ergebnisse: Ost-West-Akzente in der Selbsthilfemotivation

Tabelle 2 enthält die bedeutsamen Ladungen des resultierenden Diskriminanzfaktors einer schrittweisen Diskriminanzanalyse für zwei Gruppen.

Charakterisiert wird dieser Diskriminanzfaktor vor allem durch das Einflußgewicht der Variablen «Informationspersonen», mit der die Anzahl derjenigen Personen erfaßt wurde, bei denen die Patienten in der letzten Zeit vor der Befragung Informationen über ihre Erkrankung eingeholt haben. Beachtenswert erscheint außerdem das Einflußgewicht des subjektiv empfundenen Informationsbedürfnisses in der erhaltenen Linearkombination. Die empirischen Werte dieser beiden Variablen tragen im Kontext der Erwartung über die weitere Entwicklung des Gesundheitszustandes und der Aktivitäten zur Konsultation weiterer Informationsquellen wie Printmedien, Rundfunk usw. am besten zu einer Unterscheidung der beiden Orte

Tabelle 2: Gewichtungskoeffizienten der Variablen auf dem erhaltenen Diskriminanzfaktor

Diskriminationsmerkmale	Gewichtung
(1) Informationspersonen	.92
(2) Informationsbedürfnis	–.49
(3) Informationsquellen	.24
(4) Gesundheitserwartung	.21

Tabelle 3: Trennmerkmale der Diskriminanzanalyse zwischen Dresdener und Düsseldorfer Patienten

Diskriminationsmerkmale	Dresden	–	Düsseldorf
(1) Informationspersonen	wenig	–	viel
(2) Informationsbedürfnis	hoch	–	niedrig
(3) Informationsquellen	wenig	–	mehr
(4) Gesundheitserwartung	destruktiv	–	positiv

bei. Die Reklassifikationsrate für diese Stichprobe beträgt annähernd 100%, so daß die Dresdener Patienten fast ausschließlich negative und die Düsseldorfer Patienten positive Diskriminanzfaktorwerte erhalten. Unter Berücksichtigung der negativen Gewichtung des Indexes zur Erfassung des Informationsbedürfnisses läßt dies darauf schließen, daß in der Düsseldorfer Stichprobe die Informationssuche eindeutig größer und das Informationsbedürfnis dementsprechend kleiner ist, während es sich bei der Dresdener Patientengruppe genau umgekehrt verhalten sollte. Diese Annahme spiegelt sich dann auch im Profil der einzelnen Diskriminationsvariablen wider.

Die Dresdener Patienten geben signifikant weniger Personen an, bei denen sie Informationen über ihre Beschwerden einholen (Dresden/Düsseldorf: x=2.8/13.9, s=1.9/1.5, VB=0-16). Sie nutzen weniger die sonst verfügbaren Informationsquellen (x=2.1/3.2, s=1.1/1.5, VB=0-5) und attribuieren ihre Gesundheitserwartung eher destruktiv (x=3.9/5.5, s=2.1/1.2, VB=0-9). Aufschlußreich ist auch eine detailliertere Betrachtung derjenigen Wissensgebiete, aus denen sich das erhöhte Informationsbedürfnis der Dresdener Patienten (x=13.8/6.2, s=3.1/3.5, VB=0-18) zusammensetzt. Tabelle 4 stellt die Bereiche des Erkrankungswissens dar, bei denen untersucht wurde, ob die Patienten an einer Erweiterung und Vertiefung ihrer Kenntnisse in den genannten Informations- bzw. Unterstützungsmöglichkeiten und Bewältigungsmaßnahmen interessiert waren.

Es zeigt sich, daß auch in den Interesseninhalten eine Ost-West-Akzentuierung zum Ausdruck kommt. Bei einem Spearman'schen Rangkorrelationskoeffizienten von r(s)= –.821 (mit Bindungskorrektur) ergeben sich nahezu gegenläufige Orientierungsschwerpunkte. Die ersten sechs Rangplätze bei den Dresdener Patienten entsprechen formal den letzten sechs bei den Düsseldorfer Patienten. Inhaltlich beziehen sich diese Interessenbereiche auf körperbezogene Sachverhalte im rheumatischen Erkrankungsgeschehen. Für die ostdeutschen Patienten kann somit von einer eindeutigen Somatisierung zukünftiger Erkenntnisinteressen ausgegangen werden, während bei der Düsseldorfer Vergleichsgruppe die Konzentration auf psychosoziale Bewältigungsmöglichkeiten (Psychotherapie, Beratungsstellen, Rehabilitationsmöglichkeiten, Selbsthilfegruppen) überwiegt.

Tabelle 4: Interessenbereiche des Erkrankungswissens bei Dresdener und Düsseldorfer Patienten (N = 55) mit Häufigkeitsangabe (%) und Rangplatzverteilung (Rp)

Interessenbereich	Dresden		Düsseldorf	
	%	Rp	%	Rp
Ursachen der Beschwerden	84	1	49	17
Verlauf und Zukunftsaussichten	75	2.5	40	18
Nebenwirkungen der Medikamente	75	2.5	58	14
Medizinische Behandlungsmethoden	64	4	53	16
Wirkungsweise der Medikamente	58	5	62	13
Ernährung	47	6	55	15
Allgemeine Verhaltungsregeln	44	7	80	10
Gymnastik, Bewegungsübungen	40	8	78	11.5
Entspannungsmethoden	27	9	85	8.5
Natur- und homöopatische Mittel	25	10	78	11.5
Akupunktur	22	11	89	6.5
Gesprächs- und Verhaltenstherapie	12	12	98	1.5
Rehabilitationsmaßnahmen	11	12	96	3
Hilfsmittel, Funktionshilfen	9	14.5	91	5
Selbsthilfegruppen	9	14.5	93	4
Informations- und Beratungsstellen	7	16	98	1.5
Finanzielle Unterstützungen	5	17.5	89	6.5
Soziale Unterstützungsmöglichkeiten	5	17.5	85	8.5

4. Ergebniseinordnung und Perspektiven

Das Untersuchungsziel der vorliegenden Arbeit bestand in dem Versuch, Auswirkungen des gesellschaftlichen Umfeldes auf die patienteneigene Selbsthilfemotivation bei rheumatischen Erkrankungen aufzuzeigen. Geht man von Befunden an bundesdeutschen Stichproben aus (Volle et al. 1990), so müßten sich die Auswirkungen einer verminderten Selbsthilfemotivation unter anderem in einer Verringerung des Wissens über das Erkrankungsgeschehen und der Einengung der eigenen Handlungsmöglichkeiten sowie einer Erhöhung des subjektiv empfundenen Ausgeliefertseins an den Krankheitsverlauf und der Abhängigkeit vom medizinischen Behandlungsvorgang ausdrücken. Diese Effekte lassen sich in den referierten Ergebnissen wiederfinden. Die Patienten der Dresdener Stichprobe weisen ein geringer empfundenes Wissen über ihre Erkrankung auf und zeigen eine verminderte Aktivität bei der Verringerung dieses Informationsdefizites durch die Ausnutzung sozialer Ressourcen in der Form von Informationspersonen oder anderen Informationsquellen. Patienten im westdeutschen Umfeld haben demgegenüber einen vergleichsweise ausreichenden Sachinformationsstand über die medizinischen Behandlungsmöglichkeiten und können darauf aufbauend ihren eigenen Handlungsspielraum mit psychosozialen Informationen zur Übernahme von Selbstverantwortung, zur Realisierung von Eigenaktivität und zur Ausschöpfung sozialer Unterstützung erweitern.

Das eher somatisch ausgerichtete Erkenntnisinteresse der ostdeutschen Patienten läßt darüber hinaus auf ein fremdbestimmtes Verhaltensmuster schließen, daß die persönliche Krankheitsbewältigung medizinalisiert, alle Behandlungsaktivitäten auf den idealisierten Arzt projiziert und damit psychosozialen Beratungs- und Unterstützungsangeboten nur einen geringen Stellenwert zuweist. Gefühle der Abhängigkeit und des Ausgeliefertseins sind hier naheliegend. Dies zeigt sich auch in der Einschätzung der zukünftigen Entwicklung der Erkrankung, bei der die Dresdener Patienten eher destruktiv attribuieren, während bei der Düsseldorfer Vergleichsgruppe die Hoffnung auf einen Rückgang der Beschwerden dominiert.

Insgesamt zeichnen sich die ostdeutschen Patienten somit durch gelernte Hilflosigkeit und eine resignative Wahrnehmung der chronischen Erkrankungssituation aus. Die Selbsthilfemotivation zur Kompensation und Bewältigung von erkrankungsbedingten Erlebens- und Verhaltensdefiziten ist ein Opfer der gesellschaftlichen Verhältnisse in der früheren DDR geworden. Insofern (Leuschner 1991) stellen sich psychosoziale Bewältigungsfaktoren auf dem Gebiet der ehemaligen DDR als weitestgehend ungenutzte Therapieressourcen dar, deren Entfaltung durch psychologische Unterstützungsmaßnahmen im behavioralen, kognitiven und sozialen Bereich (Krankheitsinformationsprogramme, Schmerzbewältigungskurse, Selbsthilfegruppen) sowie durch Patientenselbsthilfeorganisationen zur Überwindung defizitärer Bewältigungsmuster vorangetrieben werden kann und muß.

Durch die Vereinheitlichung der Patientenversorgung nach dem alten bundesdeutschen Modell ist eine Angleichung der Bewältigungsmöglichkeiten und Krankheitsverarbeitungsstrategien an die Bedingungen des westdeutschen Lebensgefüges zu erwarten. Unter untersuchungsmethodischen Aspekten stellt sich diese Entwicklung als eine natürliche Bedingungsvariation dar, die die Bewältigung rheumatischer Beschwerden in Abhängigkeit von gesellschaftlichen Veränderungen weiter verfolgenswert macht. In Fortsetzung des vorgestellten Vergleichsansatzes soll die Dresdener Patientengruppe deshalb in einem zweijährigen Follow-up kontrolliert werden. Beabsichtigt ist außerdem eine erweiterte Interventionsstudie über die Wirkungen der Zugehörigkeit zu Selbsthilfegruppen auf die Erkrankungsbewältigung.

5. Literatur

Hein, Ch. (1990) Interview Leipziger Volkszeitung vom 10. März 1990.

Leuschner, G. (1991) Krankheitsverarbeitung bei Rheumapatienten. In: Basler, H.-D., Rehfisch, H.-P., Zink, A. (Hrsg.): Psychologie in der Rheumatologie. Springer: Berlin, Heidelberg, New York, Tokyo.

Leuschner, G., Leuteritz, P. (1990) Psychologische Aspekte chronischer Erkrankungen. In: Thiele, W. (Hrsg.) Das Gesund heitswesen der DDR: Aufbruch oder Einbruch? Asgard: Bonn.

Schneider, P. (1988) Bochumer Patientenfragebogen zu rheumatischen Beschwerden und deren Bewältigung, Manual. Ruhr-Universität: Bochum.

Volle, B., Wiedebusch, S., Lohaus, A. (1990) Psychologische Korrelate der Selbsthilfezugehörigkeit bei Erkrankungen des rheumatischen Formenkreises. Psychother. med. Psychol. 40, 230–237.

Schmerzbewältigung bei chronischer Krankheit und Behinderung

Georg Hörmann

1. Schmerz unter pädagogischer Perspektive

Schmerz hat bislang in pädagogischen Überlegungen und Bemühungen trotz der weiten Verbreitung dieses Phänomens kaum Beachtung gefunden. Während in der Medizin dieser vernachlässigte Bereich[1] allmählich größere Beachtung erfährt und sich neuerdings auch die «klinischen Psychologen»[2] eilfertig anschicken (Wittchen/Brengelmann 1985), diesem Trend zu folgen, wird eine pädagogische Dimension des Umgangs mit Schmerzen, welche es gegen eine vorschnelle (Psycho)-Therapeutisierung und Klinifizierung des Schmerzes zu entdecken gilt, kaum wahrgenommen.

Für Verhalten und Befinden des Menschen ist Schmerz indes von elementarer Bedeutung. Als «Schadenfrühwarnsystem» hat er eine lebenserhaltende Funktion: Ohne Schmerzwahrnehmung können Mensch und Tier in lebensbedrohliche Situationen kommen. Der Ausfall anderer Sinnessysteme (z.B. Sehen, Hören) kann hingegen weitgehend ausgeglichen werden. Wenn Schmerz allerdings chronisch auftritt, hat er seine Funktion als Warnsignal meistens verloren. Er wird dann oft zum dominierenden Faktor im Leben eines Menschen und kann sogar zu schwersten Störungen bis hin zu suizidalen Folgen oder quälender Behinderung führen. Zeitdauer und Länge des Schmerzes seien hier unter den vielfältigen Aspekten der Schmerzerfahrung besonders herausgegriffen.

Akuter Schmerz ist demnach die Folge einer drohenden oder bereits erfolgten Gewebeschädigung; er ist vorübergehend und nimmt im Verlaufe des natürlichen Heilungsprozesses ab. Durch den Schmerz werden sinnvolle (nocifensive) Abwehrmechanismen in Gang gesetzt, die die Beseitigung der Ursache bezwecken (Schutzfunktion zur Auslösung motorischer und sympathischer Reflexe[3], Lernen von Vermeidungsverhalten, Motivation zu zielgerichtetem Handeln).

Chronische Schmerzen sind Folge und Ausdruck von bleibenden pathophysiologischen Veränderungen, wie sie etwa bei längerdauernder Krankheit, aber auch nach scheinbar erfolgter Heilung einer mehr oder weniger ausgeprägten Gewebeschädigung entstehen. Kennzeichnend ist, daß die Schmerzursachen durch Verhaltensreaktionen nicht beseitigt werden können. Langfristig führt dies zu physiologischen, psychischen und psychoso-

Nozizeptorschmerz
Erregung von nervösen Schmerzrezeptoren (Nozizeptoren), die in allen Organen vorkommen, z.B. Zahnschmerz

Neuropathischer Schmerz, Neuralgie
Erregung von Schmerznervenfasern unterwegs, nach chronischer Irritation und Schädigung eines Nervs, z.B. Wurzelkompression

Daefferentierungsschmerz
Abnormale Erregung von Nervenzellen im Rückenmark, nach Verlust der sensorischen Zuflüsse, z.B. Phantomschmerz

Reaktiver Schmerz
Aufschaukelung und Selbstunterhaltung der Nozizeptorerregung durch gestörte motorische oder sympathische Reflexe, z.B. Sudeck-Atrophie

Psychosomatischer Schmerz
Körperlicher Ausdruck seelischer Belastungen – alle körperlichen Schmerzen können durch diese Ursache (mit)bedingt sein, z.B. Kreuzschmerz

Abbildung 1: Pathogenese des Schmerzes (nach Zimmermann 1987, 37)

zialen Reaktionen und Anpassungen: Der Schmerz als fehlerhafte Antwort des Organismus auf einen schädigenden Reiz oder auf dessen Folgen wird zur Schmerzkrankheit, zum chronischen Leiden.

Eine Einteilung des Schmerzes nach pathogenetischen Gesichtspunkten sei hier lediglich angedeutet (Abb. 1), um die Differenzierung und Schwierigkeit möglicher Handlungsstrategien zu verdeutlichen. Sofern chronischer Schmerz zur körperlichen und seelischen Behinderung wird, stellt sich die Frage nach dem Beitrag der Heil- bzw. Körperbehindertenpädagogik zur Bewältigung dieses Leidenszustandes.

2. Schmerz im Umfeld der Heil- und Körperbehindertenpädagogik

Gezielte und systematische pädagogische Bemühungen um Menschen, für die sich häufig Behinderungen ergeben (vgl. Bach 1985, 13), haben sich im Laufe ihrer kurzen geschichtlichen Entwicklung mit unterschiedlichen Bezeichnungen artikuliert. Wenn auch die heute anzutreffenden Begriffe Heil-, Sonder-, Behinderten- oder Rehabilitationspädagogik, um nur die bekanntesten zu nennen (Bleidick 1985, 253 ff.), weitgehend synonym verwandt werden, lassen sich Abweichungen zumindest im impliziten Selbstverständnis gleichwohl schwerlich verwischen. Da hier jedoch nicht begriffliche Problematisierungen, Fragen des Selbstverständnisses und der Konstituierung eines spezifischen Gegenstandsbereichs im erziehungswissenschaftlichen Diskurs erörert werden sollen, sei aus pragmatischen Gründen auf die Bezeichnungen «Behindertenpädagogik» zurückgegriffen. In weiterer Zuspitzung dieser pragmatischen Orientierung sei der Bereich der Körperbehinderung hier gleich weiter eingegrenzt, ohne daß dafür systematische und logische Gründe ausschlaggebend sein können. Wie nämlich ein Blick auf die Differenzierung heilpädagogischer Richtungen rasch belegt, wird Körperbehindertenpädagogik nicht nur in Lehrbüchern, sondern auch an Ausbildungsstätten aus historischen und arbeitsteiligen Gründen unterschieden etwa von Geistigbehinderten-, Blinden-, Seh- und Sprachbehindertenpädagogik, obwohl hier die körperlichen Bezüge nicht weniger augenscheinlich sind. Um nicht durch weitere Unterteilungen, etwa die Einführung einer Klinischen Pädagogik (Hischer 1978, 28 f.) oder Krankenpädagogik (Lange 1983) einer fortschreitenden Zersplitterung von Heil- und Behindertenpädagogik Vorschub zu leisten, sei exemplarisch am Beispiel des Verhältnisses von Krankheit und Behinderung ein Ausschnitt herausgegriffen aus einem zwar bereits eingegrenzten, aber zweifellos weitaus breiteren Spektrum der Körperbehindertenpädagogik: weder ist diese nämlich auf Schule oder die Adressatengruppe von Kindern, wie es für den Bereich Krankheit ein naives Verständnis von Pädagogik (Wienhues 1979) nahelegt, noch auf die dem Alltagsbewußtsein geläufige Gruppe von Rollstuhlfahrern zu reduzieren, obwohl etwa allein im Bereich Dortmund rund 23.000 Rollstuhlfahrer leben[4], was die quantitative Dimension allein dieser Behinderungsform verdeutlicht.

Die fließenden Übergänge von Krankheit und Behinderung verdeutlicht die folgende Begriffsklärung. Krankheit und Behinderung lassen sich nämlich nach Dauer und Ausmaß bzw. Schwere der Beeinträchtigung folgendermaßen gegenüberstellen (Abb. 2):

		Dauer der Beeinträchtigung	
		vorübergehend	nicht nur vorübergehend
Ausmass der Beeinträchtigung	gering bis mittelmäßig	Kranke	chronisch Kranke
	wesentlich	Schwerkranke	**Behinderte**

Abbildung 2: Krankheit und Behinderung (aus: Landesbehindertenplan NRW 1979, 27)

Damit ergibt sich zunächst das Ergebnis, daß nur solche Kranke als Behinderte gelten können, die schwer und chronisch krank sind. Krankheit und Behinderung stellen folglich zwei sich überschneidende Kreise dar. Ohne hier entscheiden zu können, was «wesentlich» und «nicht nur vorübergehend» im Einzelfall bedeutet, seien die bisherigen Aussagen in der folgenden Definition, wie sie sich im Landesbehindertenplan NRW (1978, 27) findet, zusammengefaßt:

«Behindert ist derjenige, der nicht nur vorübergehend infolge eines regelwidrigen körperlichen, geistigen und/oder seelischen Zustandes in der Fähigkeit der Daseinsbewältigung im Sinne einer sozialstaatsgerechten Denkweise wesentlich beeinträchtigt ist und deshalb besonderer Maßnahmen zur Eingliederung in Arbeit, Beruf (Schule) und/oder Gesellschaft bedarf. Den Behinderten stehen diejenigen gleich, denen eine Behinderung droht».

Um Mißverständnisse angesichts der Aussage eines regelwidrigen Zustandes als einer Abweichung von der Norm erst gar nicht aufkommen zu lassen, wird allerdings sofort klargestellt:

«Die Behinderten wollen aus guten Gründen nicht als 'abnorm', sondern als 'normale' Mitglieder der Gesellschaft gelten, die lediglich einen Startnachteil zusätzlich zu bewältigen haben.»

Behinderung wird neben Krankheit, die ihrerseits bereits eine Folge sozialer Einflüsse sein kann, durch eine Vielzahl von Faktoren bedingt (Hörmann 1985, 60 ff.).

Die Folgen (Abb. 3) liegen im persönlichen, familiären und gesellschaftlichen Bereich, frühe oder späte Hilfen setzen als Primär-, Sekundär- und Tertiärprävention an. Im neuzeitlichen Krankheitspanorama fallen zunehmend die chronischen Krankheiten des Stütz- und Bewegungsapparates, Schäden des zentralen und peripheren Nervensystems, Erkrankungen des Herzens und der Kreislauforgane, Behinderungen infolge von chronischen Erkrankungen der Nieren und des Urogenitaltraktes, Verdauungs- und Stoffwechselerkrankungen, Erkrankungen der Haut und der Sinnesorgane, des Abwehrsystems (AIDS) und bösartige Neubildungen sowie Behinderungen infolge des Alters in den Mittelpunkt.

Daß in diesem Fall kurative Anstrengungen ebenso in eine Sackgasse führen wie eine zügellose Therapeutisierung des Leidens, bedarf keiner Erläuterung.

Wichtig für einen pädagogischen Umgang mit behinderten Menschen sind daher die Konsequenzen, die der bekannte amerikanische Medizinepidemiologe WEINER (1983, 30) als Resultat seiner Überlegungen zum Verständnis von Gesundheit und Krankheit wohlgemerkt für die medizinische Praxis vorschlägt. Er schreibt:

«Jedem Arzt schwebt das Ideal vor, Krankheit zu heilen. Das ist eine Ideologie, die, wie viele Ideologien, zu einer übertriebenen und oft schlecht beratenen Handlungsweise führt. Wir sind noch weit davon entfernt, die vielfältigen Vorläufer, Auslösungsmechanismen und die psychologischen und körperlichen Anpassungen an diese Mechanismen zu verstehen; das gilt für die Mehrzahl der Krankheiten. Deshalb ist die Möglichkeit einer vollständigen Heilung ebenfalls noch weit entfernt. Das Ziel

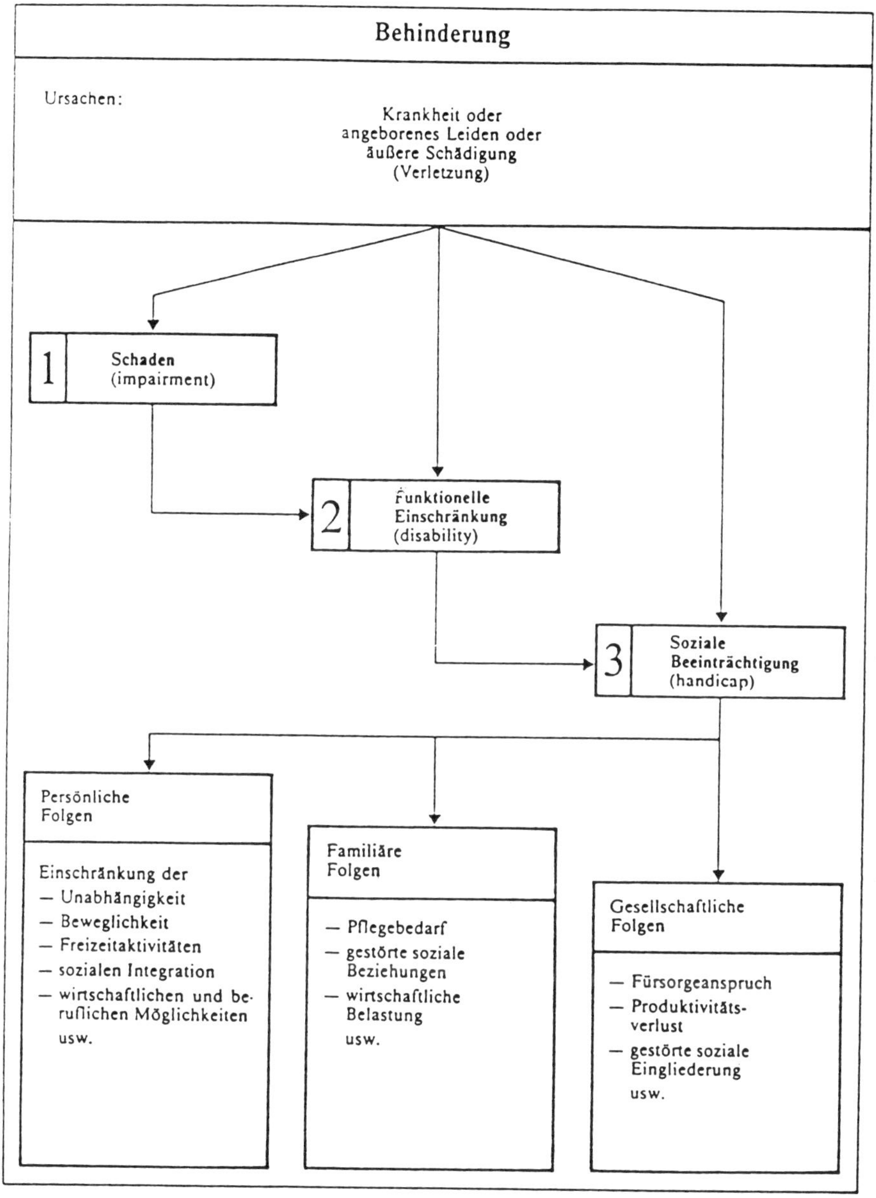

Abbildung 3: Behinderung (aus: Rehabilitation Behinderter 1984, 15)

bleibt natürlich immer die Heilung, wenn diese möglich ist. Ist diese nicht möglich, so besteht das Ziel darin, Leiden zu mildern und dem Patienten Mut und Trost zuzusprechen. Dem Patienten soll dazu verholfen werden, mit seiner Krankheit oder seinem Zustand, seiner Behinderung und der

Behandlung zu leben. Diese erzieherischen Ziele der Medizin werden oft in der Hitze des therapeutischen Übereifers, der oft gar nicht angebracht ist, übersehen».

Es scheint, als sei die Medizin bereit, in Umkehrung einer notorischen Einbahnstraße[5] von der Pädagogik lernen zu wollen und sich angesichts der Kritik an einer zügellosen Heilsucht (Masuhr 1982) allmählich wieder der Anfänge ihres Lateins zu besinnen, daß nämlich

> «in der gelehrten Sprache ihres Faches . . Heilung nicht Befreiung von Krankheit oder Lebensverlängerung um jeden Preis (bedeutet). Die 'curatio' hat vielmehr mit Fürsorge und Pflege zu tun» (Halter 1981, 124).

Welche Auswirkungen eine solche Betrachtungsweise auf das zweifellos mit chronischen Krankheiten und Behinderungen in gehäuftem Maße verknüpfte Phänomen des Schmerzes hat, soll im folgenden gezeigt werden.

3. Schmerz und Training

Training im Bereich des Sports gilt gemeinhin als selbstverständlich. Niemand zweifelt daran, daß zur Erbringung sportlicher Leistungen Übung ebenso erforderlich ist wie zur Aufrechterhaltung einer körperlichen Kondition Training. Gilt indes eine solche Beziehung nicht nur für den Sport, sondern auch für andere Bereiche, etwa die Bewältigung von Schmerz in gleicher Weise?

Zunächst scheint dies keineswegs selbstverständlich. Zumindest belehrt uns ein Blick in die Geschichte rasch eines besseren. Fangen wir nämlich mit der berühmten Beschreibung des Schmerzes bei Descartes (1644) an, so finden wir folgende Auffassung vom Weg des Schmerzes:

> «Gelangt beispielsweise Feuer (A) in die Nähe des Fußes (B), so haben die winzigen Feuerteilchen, die sich bekanntlich mit großer Geschwindigkeit bewegen, die Kraft, diejenige Stelle am Fuß in Bewegung zu setzen, mit der sie in Berührung sind. Auf diese Weise wird an dem zarten Faden (c c), der an jener Hautstelle ansetzt, Zug ausgeübt. Im selben Moment öffnet sich die Pore (d e), die am Ende des Fadens sitzt – so, als zöge jemand an einem Seilende, um dadurch eine am anderen Ende hängende Glocke läuten zu lassen» (zit. nach Melzack/Wall 1982, 9; Melzack 1978, 124).

Zweifellos hat sich unser Wissen über den Verlauf der Schmerzbahnen seither erheblich vergrößert – der Ausgang von den Nociceptoren über die Umschaltung im Rückenmark und den aufsteigenden und absteigenden Bahnen des neo- und paläo-spino-thalamischen Systems (vgl. etwa das Schema bei Nittner u. a. 1987, 117) ist nur außerordentlich vereinfacht dargestellt.

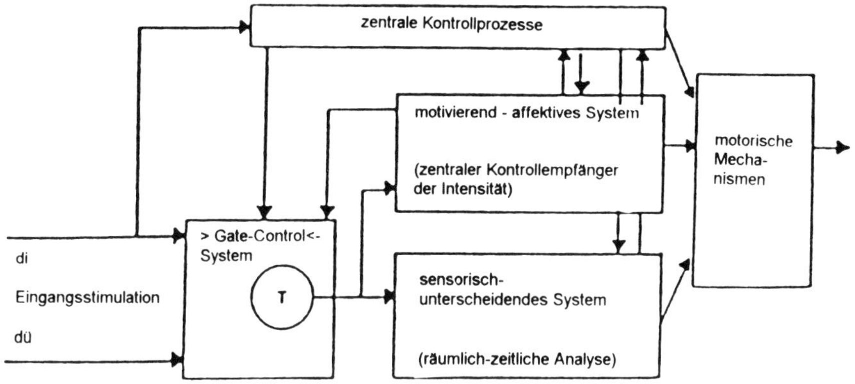

Abbildung 4: Interaktionsmodell sensorischer, motivierender, motorischer und zentraler Schmerzaspekte nach der Gate-Control-Theorie (nach Melzack 1978, 163; Larbig 1982, 52)

Trotz der Anreicherung der physikalischen Reizdimension um die psychisch-sensorische Verknüpfung folgt aus der genaueren Kenntnis der Schmerzausbreitung noch nicht automatisch die Verwerfung des Schmerzkonzepts von Descartes, sondern zunächst bloß dessen Spezifizierung und Verfeinerung.

Gegenüber einer ausschließlich somato-sensorischen Betrachtung des Schmerzes, wie sie sich in den Varianten der Spezifitäts- und Pattern-Theorien niederschlug, versuchten Melzack/Wall (1982) mit ihrer Gate-Control-Theorie (Abb. 4) ein Interaktionsmodell sensorischer, motivierender, motorischer, psychischer und zentral kontrollierender Schmerzaspekte vorzulegen. Diesem anfänglich einflußreichen Konzept zufolge werden die Ausgangsreize der T-Zellen des Gate-Control-Systems (über spinothalamische Fasern) an das sensorisch-unterscheidende System und an das motivierend-affektive System (über das paramedian aufsteigende System) weitergeleitet. Das zentrale Kontrollsystem erhält Impulse von dicken Fasern (di) und projiziert auf das Schleusen-System, das motivierend-affektive und sensorisch-diskriminative System zurück, wobei alle Schmerzsysteme mit dem motorischen System interagieren.

Die Schlüssigkeit des Konzepts von einer Balance zwischen präsynaptischer Hemmung und Enthemmung dicker (L: Aß) und dünner (S: Aδ, C) Bahnen ließ sich jedoch experimentell nicht bestätigen. Im Gegensatz zur Gate-Control-Theorie fanden sich sowohl bei den Aß- als auch den Aδ- und C-Fasern präsynaptische Hemmungen (in Abb. 5 dargestellt an der beidmaligen präsynaptischen Depolarisation statt der erwartbaren Hyperpolarisation). Wenn daher auch Zimmermann (1982, 61) zu dem Urteil gelangt: «Die Gate-Control-Theorie war also eher eine symbolische, vereinfachte und mechanistische Formulierung eines vorwiegend psychologischen Konzepts der Autoren über den Schmerz», so blieb ihr Anstoß zur Etablierung einer

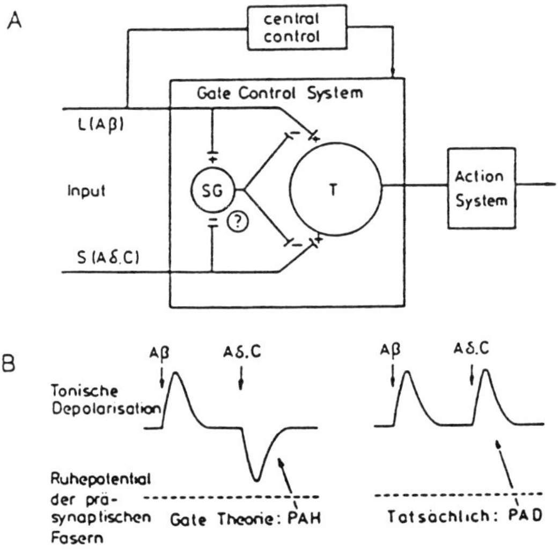

Abbildung 5: Die «Gate-Contol»-Theorie des Schmerzes und ihre experimentelle Überprüfung (Nach Zimmermann 1982, 60)

interdisziplinären Sicht des Schmerzes gleichwohl nicht ungehört, wie zahlreiche neueren Publikationen zum Schmerz als interdisziplinärem Thema eindrücklich belegen (Zimmermann/Handwerker 1984; Wall/Melzack 1984; Doenicke 1986; Bergmann 1986; Bergener/Herzmann 1987). Es kann daher nicht darum gehen, einem ominösen «medizinischen Modell» in um so leuchtenderen Farben ein alternatives «sozialwissenschaftliches Modell» gegenüberzustellen, wie dies einige Zeit üblich war (Keupp 1973; Kardorff 1978), sondern höchstens gegen die Reduktionen eines *medizinistischen* Modells eine sachangemessen und mehrfaktorielle Sichtweise zu pflegen. Dabei dürfte es selbstverständlich sein, daß sozialwissenschaftliche Interventionen auf keinen fragwürdigen Grundlagen aufbauen können. Andererseits vermag jedoch die Erweiterung der Perspektiven der Schmerzthematik um soziale und kulturelle Faktoren ebenso nützlich zu sein wie die Einbeziehung ästhetischer und historischer Dimensionen[6].

Nicht weniger wichtig ist eine Rückbesinnung auf die Funktion des Schmerzes als Signal des Körpers (vgl. Larbig 1982, 20). Vielleicht könnte der Beitrag der Sozialwissenschaften nicht zuletzt darin liegen, gegen vorschnelle Heilungserwartungen und Therapieansprüche das Ziel des Umgehens mit Schmerzen wieder bescheidener zu formulieren: nämlich weniger gänzliche Schmerzfreiheit oder Leidvermeidung, sondern eben Schmerzbewältigung möglicherweise mit Verzicht auf den Anspruch einer völligen Schmerzausschaltung. Vielleicht erweist sich in diesem Blickwinkel dann weniger der homo patiens in seinem Schmerzgeschehen therapiebedürftig, als eine Wissenschaft in einer «anästhesierten Gesellschaft», welche den Schmerz entweder betäubt oder umstandslos psychotherapeutisiert.

Wenn daher hier bewußt nicht von der Psychotherapie des Schmerzes (Wittchen/Brengelmann 1985), sondern dem Training zur Schmerzbewältigung die Rede ist, steht eine pädagogische Absicht im Vordergrund gegenüber einer defizit-orientierten therapeutischen Perspektive im Banne eines pathologisierenden Blicks. Nicht zu Unrecht bemerkt Larbig (1982, 20), daß unter der Dominanz eines klinischen Blicks «der in der westlichen Medizin vorherrschende Anspruch einer totalen Schmerzbeseitigung bzw. eines schmerzfreien Lebens die Entwicklung adäquater Schmerztherapien» (oder wie es korrekter heißen müßte, angemessener Umgangsformen mit Schmerz) blockiert hat. Allerdings nützt der an sich richtige, gut gemeinte Vorschlag, «mit dem Schmerz leben zu lernen», wenig ohne Hinweise auf Möglichkeiten des Lernens solcher Wege. Ohne die für das praktische Handeln wichtigen grundsätzlichen Überlegungen zu einem gelassenen Umgang mit dem zweifellos belastenden Phänomen Schmerz weiter erörtern zu können, welcher psychologische, physiologische, soziale und spirituelle Aspekte[7] miteinander verbindet, sollen im folgenden lediglich einige Elemente der Schmerzthematik herausgegriffen werden, welche einem psychologisch-pädagogischen Training zugänglich sind.

4. Komponenten des Schmerzes

Bezüglich des Schmerzerlebens lassen sich zunächst global folgende Dimensionen angeben (vgl. Larbig 1982, 50 f.):

1. Eine sensorisch-unterscheidende Dimension, mit welcher räumliche, zeitliche und quantitative Eigenheiten von Schmerzimpulsen registriert werden. Intensität, Lokalisation und Richtung des Schmerzes stehen hier im Vordergrund.
2. Eine motivierend-affektive Dimension: Belohnungs- und Bestrafungstendenzen, Annäherungs-, Flucht- und Vermeidungsverhalten bei schmerzlicher Reizeinwirkung spielen hier eine Rolle.
3. Eine kognitiv-bewertende Dimension: Aufmerksamkeit, Wertvorstellungen, Vorerfahrungen mit Schmerzerlebnissen, Schmerzbewertungen haben einen wesentlichen Einfluß auf die Schmerzwahrnehmung. Ohne hier auf die von Melzack angesprochene Beziehung zu dem neuroanatomischen Korrelat einzugehen, bliebe schließlich als weitere Ebene zu beachten:

4. Eine kommunikative Dimension: Schmerz in seiner spezifischen Bedeutung als Medium der Interaktion mit primären Bezugspersonen (Eltern, Ehepartner, Kinder) und ihr Stellenwert im sozialen Beziehungsgeflecht von Aufgabenzuschreibung und Rollenerfüllung wären hier zu betrachten (Operante Funktion).

Diese Dimensionen stellen sich mit folgenden Reaktionstypen dar (Larbig 1982, 25):

a) Offene Reaktionen: Hierher gehören Klagen über Schmerzen, Weinen, Schreien, Gespräche über vergangene, aktuelle und zukünftige Schmerzen, Bitten um Schmerzmedikamente gehören zu den verbalen Reaktionen. Nonverbal äußert sich das Schmerzverhalten in mimischen Reaktionen, Schonhaltung, Rückzug usw.

b) Verdeckte Reaktionen: Subjektive Ereignisse wie Gedanken, Gefühle und Vorstellungen im Unterschied zu direkt beobachtbaren Verhaltensweisen kennzeichnen die Schmerzcharakteristik. Die Bedeutung verdeckter Reaktionen wurde eindrucksvoll nachgewiesen beispielsweise bei Soldaten und Zivilpersonen, die bei entsprechendem Ausmaß einer Läsion beträchtliche Unterschiede in der Schmerzreaktion aufwiesen[8].

c) Physiologische Reaktionen: Statt eindeutiger schmerzspezifischer physiologischer Reaktionen oder eines nicht nachweisbaren Schmerzzentrums lassen sich eine Vielzahl autonomer, pyramidaler und extrapyramidaler Symptome als Zeichen einer generellen somatischen Aktivierung belegen. Allerdings ist schwer zu trennen, was vorausgehende Bedingung (antezendenter Stimulus) oder physiologische Reaktion (Konsequenz) ist.

Lösen chronische Affektionen tiefer Gewebe (wie Muskulatur, Fascien, Sehnen, Bandapparat, Periost usw.) zwar motorische Reaktionen oder Reflexe

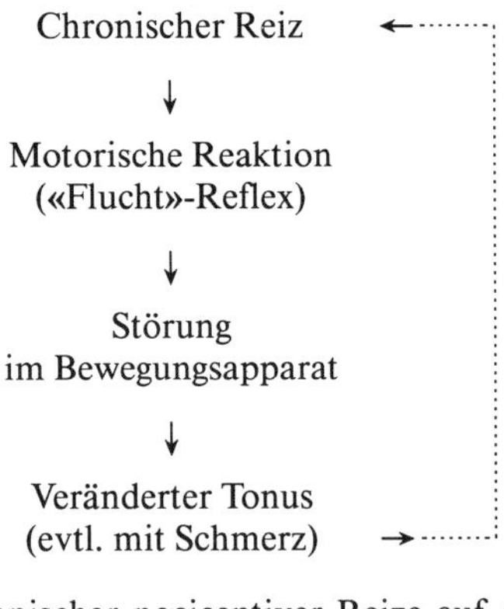

Abbildung 6: Rückwirkung chronischer nociceptiver Reize auf das Bewegungssystem (nach: Struppler & Geßler 1984, 4)

der Skelettmuskulatur aus (Abb. 6), die aber weniger zu einer «Fluchtreaktion» im Sinne einer Bewegung führen, sondern zu weiterer Tonisierung bzw. Detonisierung, können sekundäre Muskelverspannungen den Schmerz intensivieren. Diese führen ihrerseits zu erneuter Verstärkung muskulärer Anspannungen und damit zu einem sich selbst aufrechterhaltenden Circulus vitiosus. Dieser selbstverstärkende Mechanismus wird vollends durch das begleitende psychische Empfinden von Angst, Hilflosigkeit oder Depression derart erschwert, daß ein Ausbrechen aus dem Schmerzkreis nur mühsam möglich wird.

Eine genaue Verhaltensanalyse des Schmerzes ist somit nicht nur erforderlich, um respondente Bedingungen zu identifizieren, sondern auch operante Anteile oder den Beitrag aus Faktoren des sozialen Modell-Lernens zu erkennen. So berücksichtigt das operante Modell nicht den Schmerz an sich, sondern positive oder negative Konsequenzen, die dem Schmerzverhalten folgen und Intensität und Dauer der Schmerzen kontrollieren. Es ist folglich verständlich, daß vermehrte Zuwendung und Anteilnahme seitens des Ehepartners, positive Aufmerksamkeit durch Verwandte, Ärzte und Juristen ebenso wie schmerzkontingente Medikation wirkungsvolle Verstärker für die Zunahme der Auftretenshäufigkeit von Schmerzen sein können. Allerdings gilt es hier vor dem Mißverständnis zu warnen, als bewirke unterlassene Zuwendung – wie man es bei oberflächlicher Betrachtung aus einem operanten Schmerzkonzept ableiten könnte –, eine Schmerzhemmung; denn zweifellos führte ein solcher fehlerhafter Entzug zu Unsicherheit und Niedergeschlagenheit, was eine weitere Intensivierung der Schmerzen zur Folge hätte. «Wenn der Patient hingegen klar erkennen kann, daß die Zuwendung nicht auf seine Schmerzäußerung, sondern zur Verstärkung seiner Bewältigungsversuche (Zuwendung zeitlich kontingent auf Bewältigungsversuche wie Aktivitäten, Humor, Entspannung usw.) erfolgt, wird dies nicht zu gelerntem Schmerzanstieg führen» (Birbaumer 1984, 134 f.). Welche Trainingsmöglichkeiten zur Erhöhung erwünschten Verhaltens bestehen, soll anschließend skizzenhaft demonstriert werden. Als eine Art Zwischenbilanz bleibt indes festzuhalten, daß Schmerz keineswegs ein automatisiertes oder wenig beeinflußbares Geschehen ist, sondern daß die Glocke, welche – um im Bild von Descartes zu sprechen –, die Schmerzwahrnehmug im Gehirn ertönen läßt, durch eine Vielzahl von Möglichkeiten sowohl zum Verstummen (etwa bei Entspannung, Ablenkung, Aktivität) als auch quälendem Lärm (etwa durch Angst, Depressionen, Inaktivität usw.) gebracht werden kann.

5. Formen des Trainings zur Schmerzbewältigung

Wenn wir uns daher nach der Einsicht in die Wichtigkeit einer sorgfältigen Schmerzdiagnostik Schmerzkontrollstrategien zuwenden, können wir je nach schwerpunktmäßigem Ansatz auf der kognitiven, der behavorialen und physiologischen Ebene ansetzen (vgl. Larbig 1982, 320). Da wir unsere Aufmerksamkeit bewußt steuern können, wobei Schmerz neben der Konzentration des Bewußtseins auf verschiedene Sinnesorgane wie Hören, Sehen, Riechen, Tasten, Schmecken, Fantasie und Temperatur nur einen ausschnittweisen Sektor in einem weit umfassenderen Erfahrungsraum einnimmt[9], seien aus dem Bereich der kognitiven Schmerzkontrollverfahren folgende Strategien zur Ablenkung der Aufmerksamkeit und zur Uminterpretation der Schmerzempfindung bzw. Schmerzzuschreibung (Larbig 1982, 320; Bullinger/Turk 1982, 253 f.) kurz skizziert[10]:

1. Externe Aufmerksamkeitsablenkung: hier wird die Aufmerksamkeit anstelle der Beschäftigung mit dem Schmerz auf Charakteristika der Umgebung, z.B. die Ausstattung eines Raumes fokussiert.
2. Internale Aufmerksamkeitsablenkung: die Konzentration erfolgt auf eine geistige Aktivität z.B. Kopfrechnen oder Nachdenken.
3. Somatisierung: die Aufmerksamkeit wird auf die stimulierte Körperstelle gelenkt bei gleichzeitiger Distanzierung von der Empfindung, z.B. stellt man sich vor, die Körperstelle wäre insensitiv, oder man nimmt sich quasi in der Rolle eines Wissenschaftlers vor, einen biologischen Bericht über die Körpervorgänge zu schreiben.
4. Imaginative Unaufmerksamkeit: Ablenkung durch Tagträumereien oder Fantasieren von angenehmen Szenen bewirkt mit Schmerz inkompatiblen Reaktionen.
5. Imaginative Transformation des Schmerzes: Ein Schmerzreiz wird umdefiniert, z.B. Interpretation der Stimulierung als willkommene Erfahrung.
6. Sensorische Fokussierung: um den Schmerz wird eine Geschichte gebaut, in welcher dieser eine andere Bedeutung gewinnt (vgl. hierzu die Beispiele bei Rehfisch 1986).

Im Rahmen der Kausalattribution, der Zuschreibung von Ursachen für das Schmerzgeschehen wären etwa folgende Modalitäten zu nennen: internal versus external (d. h. die Situation gilt als grundsätzlich steuerbar etwa durch Fähigkeit/Anstrengung oder wird als abhängig vom Zufall oder organischen Faktoren betrachtet); stabil versus variabel (jemand hält sich immer unfähig, die Situation zu meistern oder glaubt, die Situation vorübergehend nicht zu meistern, etwa infolge momentaner Müdigkeit); global versus spezifisch (jemand traut sich keine Intelligenz zu und zweifelt generell an seiner Kompetenz oder gesteht demgegenüber bescheidener ein, daß ihm für eine bestimmte Aufgabe die Fähigkeiten fehlen; vgl. Larbig 1982, 102; 32).

Die Überschrift «Psychotherapeutische Schmerzkontrollstrategien» bei Larbig (1982, 320) für eine Sammlung von Schmerzbewältigungsmethoden scheint mir aufgrund eines Selbstmißverständnisses unglücklich gewählt, da hier suggeriert wird, als sei Schmerz von psychologischer Seite aus nur einer therapeutischen Einflußnahme zugänglich. Angesichts der Gegenüberstellung: psychogener versus organischer Schmerz ist zu fragen, ob mit dieser zwar geläufigen, aber nichtsdestoweniger fragwürdigen Gegenüberstellung nicht überhaupt eine falsche Alternative aufgebaut wird. Denn entsprechend dem Vier-Ebenen-Modell von Schmerz sind psychologische Variable ein mehr oder weniger zentraler Faktor bei einer großen Zahl von Schmerzpatienten, ohne daß Befund und Befinden deckungsgleich sein müssen. Da jedoch das Ausmaß psychopathologischer Zeichen bei den psychogen bedingten Schmerzen höher zu veranschlagen ist (Birbaumer 1984, 140), mag es angemessen sein, diesen Fall der Psychotherapie zu reservieren. Ansonsten vermitteln psychologische Verfahren eher Hilfen und Möglichkeiten der Schmerzbewältigung, gerade bei somatischen Schmerzen. Das pädagogische Moment des Lernens und Übens, also die Erweiterung eines Handlungspotentials oder dessen systematischer Ausbau steht somit im Vordergrund gegenüber psychotherapeutischer Umstrukturierung und Störungsbeseitigung.

In welcher Form Trainingselemente in den folgenden psychologischen Verfahren zum Tragen kommen, soll daher anhand einer groben Einteilung ausschnitthaft angedeutet werden.

Psychologische Verfahren
bei der Behandlung von Schmerzen

I. Physiologische Ebene
1. Akupunktur und transkutane Nervenstimulation (TENS)
2. Biofeedback

II. Imaginative Ebene
3. Entspannungsverfahren
3.2 Progressive Relaxation
3.2 Autogenes Training
3.3 Meditationsverfahren (Zen, Yoga)
4. Musiktherapie, Entspannungstraining mit Musik
5. Hypnose

III. Kognitiv-emotionale Ebene
6. Psychoanalyse, Tiefenpsychologische Konzepte
7. Transaktionaler Ansatz
8. Kognitiv-verhaltensmodifizierende Verfahren

IV. Verhaltensebene
9. Operanter Ansatz
10. Verhaltensstrategien

V. Multimodales Breitbandkonzept
11. Schmerzimmunisierungstraining

Abbildung 7: Psychologisch-pädagogische Ansatzebenen bei der Bearbeitung von Schmerzen

Nach ihrem hauptsächlichen Ansatzpunkt können wir diese nach der physiologischen, imaginativen, kognitiv-emotionalen und Verhaltensebene sowie komplexen Settings einteilen (Abb. 7). Da die Wirkungsmechanismen etwa der Akupunktur über eine Reihe etwa neuerer neurohumoraler Hypothesen hinaus (Herz 1982; Pauser 1987) in unterschiedlicher Weise diskutiert werden und somit ihre Zuordnung zu psychologisch-pädagogischen Verfahren (Larbig 1982, 302 ff; Larbig 1982 a) umstritten ist, soll hier lediglich das Biofeedback herausgegriffen werden. Ohne auf verschiedene Ausprägungen, Fragen der Indikation, Kontraindikation und Effizienz eingehen zu können, bleibt für unsere Fragestellung lediglich festzuhalten, daß der Erfolg von Biofeedback nach Keeser/Bullinger (1985, 74) «entscheidend davon abhängt, daß der Patient täglich übt». Dazu empfehlen die Autoren, ein tragbares Gerät nach Hause mitzugeben und parallel dazu ein alternatives Entspannungstraining durchzuführen und dies zunehmend anstelle der häuslichen Biofeedbackübung einzusetzen[11].

Beim Übergang zu den imaginativen Verfahren steht die progressive Muskelentspannung nach Jacobson. Neben der Erklärung des Verfahrens in einem edukativen Prozeß, welchem für die Motivation des Patienten ein wesentlicher Raum auch zur Vorbeugung gegen sonst erwartbare Schwierigkeiten beigemessen wird, erfolgt auch hier der eindringliche Hinweis auf die Wichtigkeit der regelmäßigen täglichen Übung (möglichst 2 mal pro Tag mit einem Abstand von mindestens 3 Stunden). In gleicher Weise wird einhellig betont, daß für den Erfolg des Autogenen Trainings ein tägliches Üben (minimal einmal, besser 2- bis 3 mal) absolut erforderlich ist. In beiden Fällen wird empfohlen, den Patienten über seine täglichen Übungen Protokoll führen zu lassen, wie ja überhaupt bereits die Protokollierung des eigenen Verhaltens eine subtile Aktivitätssteigerung darstellt. Obwohl ein gewisses Training der Hypnotisierbarkeit eingeräumt wird, limitieren offensichtlich interindividuelle Unterschiede der Suggestibilität die unspezifische Propagierung eines Hypnosetrainings (Larbig 1982a; Orne/Dinges 1984; Hoppe 1986).

Da kognitiv-verhaltensmodifizierende[12] Verfahren im Rahmen des Schmerzimmunisierungstrainings aufgegriffen werden, sei hier nur festgehalten, daß fehlende Bewältigungsfertigkeiten entweder auf einem Skilldefizit, also einem Mangel entsprechedner Coping-Strategien oder aber einem Produktionsdefizit beruhen können, d.h. also, daß etwa vorhandene Copingskills nicht angewandt werden. Daß zur Erhöhung der Produktionsrate Training erforderlich ist, bedarf keines Kommentars.

Der operante Ansatz von Fordyce und Steger (1982) zielt

1. auf die Beseitigung positiver Verstärkung für Schmerzverhalten

2. auf die Erhöhung körperlicher Aktivität und

3. auf die schrittweise Reduktion einer schmerzkontingenten Medikation und Inanspruchnahme medizinischer Einrichtungen. Der Zusammenhang von Aktivitätsanstieg mittels Training und Abnahme des Schmerzverhaltens wird etwa daran deutlich, daß mit zunehmender Anzahl von ausgeführten Übungen die Schmerzreaktionen umgekehrt proportional abnehmen (vgl. Birbaumer 1984, 142).

Verhaltensstrategien zum Erwerb sozialer Kompetenz umfaßen Übungen zumeist in Gruppen oder mit sozialen Bezugspersonen, Üben des nonverbalen Ausdrucks, Lernen positiver Gefühlsäußerungen und assertive Verhaltensweisen in spezifischen Situationen.

Am Beispiel des Streßimpfungstrainings (Bullinger/Turk 1982, 258 ff.), in welchem dem Patienten in einem Training antizipatorische und reaktive Streßbewältigung vermittelt wird, soll schließlich die Bedeutung des Übungselements abschließend beleuchtet werden. Das Streßimpfungsprogramm umfaßt drei Phasen:

1. eine edukative Phase, in welcher die Patienten über sensorische und affektive Dimensionen der Schmerzerfahrung aufgeklärt werden.
2. eine Übungsphase, in welcher eine Reihe von Verhaltenstrategien wie Entspannung, meditative Verfahren, Bewegungsübungen und kognitive Copingstrategien wie beispielsweise positive Selbstverbalisierungen eingeübt werden.
3. eine Anwendungsphase, in welcher das gelernte Verhalten in einer spezifischen Situation erprobt wird. Untersuchungen zur Wirksamkeit der Komponenten des Streßimmunisierungstrainings weisen darauf hin, daß die Kombination von Informationen, umfassendem Bewältigungstraining (Entspannung, Aufmerksamkeitslenkung, Selbstkontrolle) und kognitiver Umstrukturierung eine potente Strategie zur ambulanten Behandlung chonischer Schmerzen darstellt. Ob letzen Endes das Training an sich entscheidend ist, oder das mit diesem Training vermittelte Selbstkontrollkonzept, welches zum Ausdruck bringt, daß der Mensch kein passiver Empfänger von internalen oder externalen Reizen ist, sondern mittels verschiedener selbstregulativer Kontrollmöglichkeiten aktiv auf den Stressor einzuwirken vermag (selfefficacy; Bandura 1978), bleibe einstweilen dahingestellt.

6. Zusammenfassung

Training für den Prozeß der Schmerzbewältigung beruht insgesamt letztlich auf einem bewährten pädagogischen Prinzip. Wie schwierig indes eine Motivierung zum Training ist, zeigen uns die Beispiele gerade aus dem Bewegungsbereich im Rahmen der Prävention von Herz-Kreislauf-Krankheiten, wenngleich der Leidensdruck bei Schmerzpatienten eher zu einer höheren Trainingsrate motivieren dürfte. Warum sollte aber wiederum ein Training komplexer Fertigkeiten zur Schmerzbewältigung einfacher durchzuführen sein als andere Trainingsarten, so daß mancher Mißerfolg weniger auf ineffizenten Strategien als deren mangelnder Umsetzung beruhen dürfte? Andererseits könnte uns gerade die pädagogische Distanz gegenüber Auswüchsen und Verzerrungen sportlichen Trainings vor der Gefahr warnen, durch einseitiges Training und Fehlbelastung, ehrgeizigen Leistungsperfektionismus oder überzogene Ansprüche selbst neue Schmerzen zu erzeugen.

7. Literatur

Bach, H., Grundbegriffe der Behindertenpädagogik. In: Bleidick 1985, 3–24

Bandura, A.: Self-efficacy: Toward a unifying theory of behavorial change. In: Psych. Rev. 1977, 84, 191–215

Basler, H.-D./Franz, C./Kröner-Herwig, B./Rehfisch, H. P./Seemann, H. (Hg.), Psychologische Schmerztherapie. Berlin: Springer 1990

Berger, M./Gerstenbrand, F./Lewit, K. (Hg.), Schmerz bei Funktionsstörungen des Bewegungssystems. Stuttgart: Gustav Fischer 1984

Bergener, M./Herzmann, C. E. (Hg.), Das Schmerzsyndrom – eine interdisziplinäre Aufgabe. Weinheim: edition medizin VCH 1987

Bergmann, H. (Hg.), Schmerztherapie – eine interdisziplinäre Aufgabe. Berlin: Springer 1986

Birbaumer, N., Psychologische Analyse und Behandlung von Schmerzzuständen. In: Zimmermann & Handwerker 1984, 124–153

Bleidick, U., Pädagogik der Behinderten. Berlin: Marhold 1978[13]

Bleidick, U. (Hg.), Theorie der Behindertenpädagogik. Handbuch der Sonderpädagogik Band I. Berlin: Marhold 1985

Bullinger, M./Turk, D. C., Selbstkontrolle: Strategien zur Schmerzbewältigung. In: Keeser u. a. 1982, 241–283

Doenicke, A. (Hg.), Schmerz – eine interdisziplinäre Herausforderung. Berlin: Springer 1986

Eisner, M., Schmerz und Leiden, Glück und Freude. In: Doenicke 1986, 84–93

Fordyce, W. E./Steger, J., Chronischer Schmerz. In: Keeser u. a. 1982, 296–349

Gerber, W. D./Haag, G. (Hg.), Migräne. Praxis der Diagnostik und Therapie für Ärzte und Psychologen. Berlin: Springer 1982

Herz, A., Endorphine und Schmerz. In: Keeser u. a. 1982, 69–82

Hischer, E., Das Kind im Krankenhaus – Eine Herausforderung der Sozialpädagogik. München: Minerva 1978 (Eichstätter Hochschulreden 8)

Hoppe, F., Direkte und indirekte Suggestionen in der hypnotischen Beeinflussung chronischer Schmerzen. Frankfurt: Peter Lang 1986

von Kardorff, E., Modellvorstellungen über psychische Störungen: Gesellschaftliche Entstehung, Auswirkungen, Probleme. In: Keupp, H./Zaumseil, M. (Hg.), Die gesellschaftliche Organisierung psychischen Leidens. Frankfurt: Suhrkamp 1978, 539–589

Keeser, W./Pöppel, E./Mitterhusen, P. (Hg.), Schmerz. München: Urban & Schwarzenberg 1982

Keeser, W./Bullinger, M., Psychologische Verfahren bei der Behandlung von Schmerzen. In: Pongratz 1985, 42–105
Keupp, H., Modellvorstellungen von Verhaltensstörungen: «Medizinisches Modell» und mögliche Alternativen. In: Kraiker, C. (Hg.), Handbuch der Verhaltenstherapie. München: Kindler 1973, 117–148
Landesbehindertenplan Nordrhein-Westfalen. Düsseldorf 1979
Larbig, W., Schmerz. Stuttgart: Kohlhammer 1982
Larbig, W., Behandlung mit Hilfe von Hypnose, Akupunktur und transkutaner Nervenstimulation. In: Gerber, W. D. & Haag, G. (Hg.), Migräne. Berlin: Springer 1982, 172–186
Melzack, R./Wall, P. D., Schmerzmechanismen: Eine neue Theorie. In: Keeser u. a. 1982, 8–29
Muthny, F. A./Broda, M./Koch, U., Psychosoziale Probleme im Umfeld der Nierentransplantation und psychotherapeutische Betreuung. In: Balck, F. u. a. (Hg.), Psychonephrologie. Berlin: Springer 1985, 445–474
Nittner, K./Buchhaas, U./Koulousakis, A., Zur stereotaktischen Behandlung der Schmerzsynsdrome im Gesichtsbereich. In: Bergener/Herzmann 1987, 103–124
Oder, W./Barolin, G. S., Nicht-medikamentöse Entspannungsverfahren in der Schmerztherapie. In: Bergmann 1986, 149–158
Orne, M. T./Dinges, D. F., Hypnosis. In: Wall/Melzack 1984, 806–816
Pauser, G., Akupunktur. In: Bergmann 1986, 134–141
Pongratz, W. (Hg.), Stimulationsverfahren zur Schmerztherapie (einschließlich Akupunktur). In: Pongratz 1985, 106–145
Die Rehabilitation Behinderter. Herausgeg. von der Bundesarbeitsgemeinschaft für Rehabilitation. Köln: Deutscher Ärzte-Verlag 1984
Rehfisch, H. P., Schmerzbewältigungstechniken. Institut für medizinische Psychologie. Universität Marburg 1986 (Hektograph. Broschüre)
Rehfisch, H. P./Basler, H.-D./Seemann, H., Psychologische Schmerzbehandlung bei Rheuma. Berlin: Springer 1989
Rolf, H.L., Der menschliche Thrombozyt als Modell für zentrale serotoninerge Neurone bei Schmerz: Klinische und pharmakologische Untersuchungen. Münster: Paroli 1990
Schmidt, H. L./Hischer, E./Sachtleben, P. (Hg.), Die Welt unserer Kinder im Krankenhaus von heute. München: Minerva 1983
Stocksmeier, U., Lehrbuch der Hypnose. Basel: Karger19844
Struppler, A./Geßler, M., Schmerz und Motorik. In: Berger u. a. 1984, 3–16
Turk, D. C./Meichenbaum, D. H./Berman, W. H., Die Anwendung von Biofeedback bei der Schmerzkontrolle: Ein kritischer Überblick. In: Keeser u. a. 1982, 350–376
Turk, D. C./Meichenbaum, D., A cognitive-behavourial approach to pain management. In: Wall/Melzack 1984, 787–794
Wall, P. D./Melzack, R. (Eds.), Pain. Edinburg-New York: Churchill Livingstone 1984
Wittchen, H. U./Brengelmann, J. C. (Hg.) Psychologische Therapie bei chronischen Schmerzpatienten. Berlin: Springer 1985
Zimmermann, M., Neurophysiologische Mechanismen von Schmerz und Schmerztherapie. In: Keeser u. a. 1982, 46–68
Zimmermann, M., Pathophysiologische Mechanismen der Schmerzentstehung und Ansätze zur Schmerztherapie. In: Bergener & Herzmann 1987, 37–52
Zimmermann, M./Seemann, H., Schmerzforschung und schmerztherapeutische Versorgung in der Bundesrepublik Deutschland: Defizite und Zukunftsperspektiven. In: Doenicke 1986, 188–205
Zimmermann, M./Seemann, H., Der Schmerz. Ein vernachlässigtes Gebiet der Medizin? Berlin: Springer 1986

Krankheitsverarbeitung und Kontrollüberzeugungen zum Nutzen der Osteoporose-Selbsthilfegruppen

Harald Seelbach, Gaby Berthe

«Osteoporosis is a disease whose time has come» schreiben nicht nur aus soziodemographischen Gründen RIGGS & MELTON in ihrem 1988 publizierten Reader «Osteoporosis». Die Prävalenz der Osteoporose in der Bundesrepublik Deutschland ist unbekannt. «Das liegt einerseits am Mangel epidemiologischer Studien, andererseits an Unstimmigkeiten der Definition der Osteoporose. Aufgrund dieser Sachlage lassen sich exakte Angaben über Morbidität und Kosten nicht machen. Mittelt man die verschiedenen vorliegenden Schätzungen und bezieht Daten ausländischer Studien mit ein, so ist mit einer Zahl von 4 bis 6 Millionen Osteoporoseerkrankten in der Bundesrepublik Deutschland zu rechnen. Gemeint sind hiermit klinisch manifeste primäre Osteoporosen mit Frakturen und/oder Wirbelkörperverformungen.» (SEELBACH et al., 1991) Waren Frakturen bisher eine conditio sine qua non der Diagnose «Osteoporose», was hinsichtlich der sekundären Prävention sicher keine optimale Entscheidung war, so hat sich glücklicherweise die Definition seit der «Consensus Development Conference» 1990 in Kopenhagen geändert: «Die Osteoporose ist eine Erkrankung, die durch niedrige Knochenmasse und eine Verschlechterung der Mikroarchitektur des Knochengewebes charakterisiert ist, wodurch es zu einer erhöhten Knochenbrüchigkeit und zu gesteigertem Frakturrisiko kommt.» Wichtig an dieser Definition ist, daß die Osteoporose als «Krankheit» definiert ist und im Gegensatz zu früheren Definitionen die bereits eingetretene Fraktur nicht in der Definition enthalten ist. Damit sind die vorliegenden Schätzungen zu konservativ. Nicht genug damit wird dieser Anteil von 6 bis 10% der Bevölkerung, wenn bei der Prävention kein entscheidender Durchbruch gelingt, aufgrund der demographischen Entwicklung weiter ansteigen. Die im Mittel sieben Jahre längere Lebenserwartung der Frauen im Vergleich zu den Männern trägt erheblich zu der steigenden Inzidenz der Osteoporose bei, entsprechend der höheren Auftretenswahrscheinlichkeit bei Frauen. Denn die postmenopausale Osteoporose (Primäre Osteoporose Typ I) stellt das Hauptkontingent der Erkrankten dar. Während die medizinischen Aspekte der Osteoporose, wie Verbesserung von Diagnostik und Therapie, zunehmendes Interesse finden, sind medizinpsychologische Publikationen eine Rarität. «Dabei ist die primäre Osteoporose Typ I eine der wenigen chronischen Erkrankungen, die bei adäquater Krankheitsverarbeitung und Compliance zu einer wesentlichen Besserung des Gesundheitszustandes führen können, da erfolgversprechende Therapieschemata vorhanden sind, die allerdings eine Umstellung der Ernährungs- und Lebensweise verlangen. Solche Umstellungen der Lebensweise sollten Personen mit hohen internalen Kontrollüberzeugungen besser gelingen als solchen mit hohen externalen Kontrollüberzeugungen.» (SEELBACH et al., im Druck) Gesundheitsförderung zielt auf die systematische Beeinflussung von gesundheitsbezogenen Kognitionen, Handlungen und Lebensweisen. Wie Gesundheitsverhalten zustandekommt, aufrechterhalten oder verändert werden kann, ist Gegenstand von Gesundheitsverhaltenstheorien. Es gibt eine Reihe theoretisch gut begründeter und empirisch überprüfter Modelle zu verschiedenen Phasen des Erwerbs und der Aufrechterhaltung von Gesundheitsverhaltensweisen wie z.B. die «Protection Motivation Theory» (ROGERS, 1975) und die «Theory of Reasoned Action» (MADDUX et al., 1986). Ein früherer Ansatz liegt in der Verwendung von «Angstappellen», also der Kommunikation von Gesundheitsgefahren, die – in Verbindung mit der Betonung der eigenen Vulnerabilität – zum Erleben von Bedrohung führen sollten. Diese Bedrohungskomponente hat sich jedoch nicht als hinreichend erwiesen, um Menschen zur Unterlassung von Risikoverhalten und zur Aufnahme von Gesundheitsverhalten zu motivieren. Die klassische Arbeit dazu lieferten JANIS & FESHBACH im Jahr 1953. Es fehlt bis heute ein umfassender Ansatz, der den gesamten Prozeß der Gesundheitsförderung einschließlich der Motivierung und der Handlungskontrolle abzubilden in der Lage ist. Die Unterscheidung von Motivation und Volition eignet sich als Heuristik in diesem Zusammenhang. Die Motivationsphase im engeren Sinne endet mit der Bildung einer Verhaltensintention, während die Volitionsphase erst danach einsetzt. Selbstwirksamkeitserwartungen und Kontrollüberzeugungen gelten als Kognitionen, die sowohl während der Intentionsbildung als auch während der Volitionsphase eine besondere Bedeutung einnehmen und sich unmittelbar auf Intentionsstärke und Volitionsstärke auswirken. Einen Überblick gibt SCHWARZER (1990).

Krankheitsverarbeitung und Kontrollüberzeugungen

An anderer Stelle sind wir auf den Zusammenhang zwischen Krankheitsverarbeitung und Kontrollüberzeugungen eingegangen (SEELBACH et al., im Druck). Im Rahmen chronischer Krankheiten hat die adäquate Krankheitsverarbeitung einen hohen medizinischen und psychologischen Stellenwert. Allerdings hat die Coping-Forschung erst mit einiger Verzögerung Eingang in die klinische Forschung gefunden. «Die im wesentlichen aus der Streßforschung entstandene Coping-Forschung wird als Ausdruck einer teilweisen Verschiebung des Betrachtungsfokus von der Seite objektivierbarer Belastungsbedingungen (Stressoren) auf die Seite der individuellen Bewertung und Reaktion gesehen.» (MUTHNY, 1989) In der transaktionalen Streßkonzeption von LAZARUS & LAUNIER (1978) wird psychologischer Streß verstanden als die subjektive Einschätzung einer Beanspruchung oder Überforderung durch situativ gestellte Anforderungen, so daß das persönliche Wohlbefinden gefährdet ist; diese Einschätzung entsteht und verändert sich infolge wechselseitiger Person-Situation-Einflüsse (Transaktion). Diese Transaktionen werden nach unserer Meinung sicher auch durch das Konstrukt «locus of control of reinforcement» beeinflußt, das ROTTER (1955) im Rahmen der Sozialen Lerntheorie konzipierte. Uns interessierte der Zusammenhang zwischen Krankheitsverarbeitung und Kontrollüberzeugungen unter der Hypothese, daß Externalität, d. h. wenn eine Person Verstärkungen und Ereignisse, die eigenen Handlungen folgen, als nicht kontingent zum eigenen Verhalten wahrnimmt und dadurch ein subjektives Gefühl der Machtlosigkeit resultiert, mit «depressiven Krankheitsverarbeitungsstrategien» einhergeht. Weiterhin erwarteten wir, daß über die Dauer der Mitgliedschaft in einer Osteoporose-Selbsthilfegruppe (SHG) ein sozialer Lernprozeß stattfindet dergestalt, daß externale Kontrollüberzeugungen abnehmen und internale Kontrollüberzeugungen zunehmen, da das Lernen von Handlungskontrolle und Selbstwirksamkeitserwartungen ein integraler Bestandteil der SHG-Arbeit sein sollte und nach unseren Beobachtungen im Bundesselbsthilfeverband der Osteoporose auch ist. Einen Überblick zur Psychologie und Selbsthilfegruppen geben JACBOBS & GOODMAN (1989).

Methodisches Vorgehen

Wir untersuchten 120 Patientinnen mit einer primären Osteoporose Typ I, die Mitglied einer Osteoporose-SHG waren und deren Diagnose in der Abteilung für Endokrinologie und Rheumatologie der Universität Düsseldorf gesichert wurde. Das Durchschnittsalter der Patientinnen betrug 63,8 Jahre mit einer Streubreite von 54 bis 69 Jahren. Die Krankheitsverarbeitung operationalisierten wir mit Hilfe des «Freiburger Fragebogens zur Krankheitsverarbeitung» (FKV), der von MUTHNY (1989) publiziert wurde und 12 Subskalen enthält, die faktorenanalytisch gesichert sind. Die internen Skalenkonsistenzen (Cronbachs alpha) liegen zwischen .69 und .94 und sind damit hinreichend reliabel. Tabelle 1 zeigt die faktorenanalytisch begründeten 12 Subskalen des FKV mit ihrer inhaltlichen Benennung.

Die Interkorrelationen dieser Subskalen liegen zwischen .75 und .05, was die Nichtorthogonalität der Faktorenstruktur anzeigt. Eine sekundäre

Tabelle 1: Skalen des FKV

KV 1:	Problemanalyse und Lösungsverhalten
KV 2:	Depressive Verarbeitung
KV 3:	Hedonismus
KV 4:	Religiosität und Sinnsuche
KV 5:	Mißtrauen und Pessimismus
KV 6:	Kognitive Vermeidung und Dissimulation
KV 7:	Ablenkung und Selbstaufwertung
KV 8:	Gefühlskontrolle und sozialer Rückzug
KV 9:	Regressive Tendenz
KV 10:	Relativierung durch Vergleich
KV 11:	Compliance-Strategien und Arztvertrauen
KV 12:	Selbstermutigung

Faktorenanalyse der Skalen zeigt eine vierfaktorielle Struktur mit zwei dominierenden Faktoren, die je 21% der Varianz aufklären und als «depressive Verarbeitung» und «kognitive Verarbeitung» interpretiert wurden. Tabelle 2 zeigt das Ergebnis der sekundären Faktorenanalyse mit der jeweils erreichten Varianzausschöpfung des Faktors.

Im Zusammenhang mit unserer eingangs erwähnten Fragestellung interessierte uns hier der Faktor 1 (zweiter Ordnung) mit den Subskalen 2, 5, 6 und 8 des FKV.

Die Kontrollüberzeugungen operationalisierten wir mit Hilfe des «IPC-Fragebogen zu Kontrollüberzeugungen» (KRAMPEN, 1981). Mit diesem Meßinstrument werden drei Dimensionen von Kontrollüberzeugungen reliabel und valide erfaßt. Die Retestreliabilität über einen Zeitraum von 6 Wochen liegt für die drei Skalen zwischen .78 und .84. Erfaßt werden die Internalität (I-Skala), d. h. die subjektiv bei der eigenen Person wahrgenommene Kontrolle über das eigene Leben, die Externalität (P-Skala), die durch ein subjektives Gefühl der Machtlosigkeit bedingt ist und die Externalität, die durch Fatalismus bedingt ist (C-Skala), also durch die generalisierte Erwartungshaltung, daß die Welt unstrukturiert und ungeordnet ist.

Tabelle 2: Sekundäre Faktorenstruktur des FKV
(Die Prozentzahlen geben die Varianzausschöpfung des Faktors an)

F 1:	Depressive Verarbeitung (KV 2, KV 5, KV 6, KV 8)	21%
F 2:	Kognitive Verarbeitung (KV 12, KV 7, KV 10, KV 1)	21%
F 3:	Soziale Unterstützung und Lebensgenuß (KV 9, KV 3)	13%
F 4:	Vertrauenssetzung und Religiosität (KV 11, KV 4)	11%

Wir erwarten bei Personen mit hoher Externalität im Sinne der «powerful others external control orientations» signifikante positive Korrelationskoeffizienten mit den Skalen des Faktors 1 «depressive Verarbeitung» des FKV. Hinsichtlich der Internalität erwarten wir negative Korrelationskoeffizienten. Wir konzidierten eine Irrtumswahrscheinlichkeit von alpha .01.

Im Hinblick auf die Überprüfung unserer zweiten Hypothese, daß über die Dauer der Mitgliedschaft in einer SHG externale Kontrollüberzeugungen ab- und internale Kontrollüberzeugungen zunehmen, wurde 6 Monate nach dem ersten Maßzeitpunkt der IPC erneut vorgelegt, eingedenk der Tatsache, daß Veränderungsmessung nicht bei einer individuellen 2-Punkt-Messung und deren Interpretation stehen bleiben darf, sondern, daß die Messungen als eventuell meßfehlerbehaftet und als Realisationen eines multivariaten stochastischen Prozesses, der äußeren Einflüssen unterliegt, begriffen werden müssen. Aber zum einen ist die Fluktuation der Mitglieder in den SHG's nicht unerheblich und zum anderen testen wir gegen das «law of initial values» das besagt, daß Ausgangswerte und Reaktionswerte negativ miteinander korrelieren.

Ergebnisse

Im nächsten Schritt berechneten wir die Korrelationskoeffizienten zwischen den drei IPC-Skalen und den zwölf FKV-Skalen mit Hilfe von SPSS (BROSIUS, 1988), so daß wir eine 3 x 12 Matrix der Korrelationskoeffizienten erhielten. Nach unserer Hypothese erwarteten wir überzufällig positive Korrelationen zwischen der P-Skala des IPC und den FKV-Skalen 2, 5, 6 und 8, hingegen negative Korrelationen mit der I-Skala des IPC. Bei einer zufälligen Verteilung der Korrelationskoeffizienten zwischen den Skalen des FKV und des IPC erwarteten wir bei einer Irrtumswahrscheinlichkeit von alpha .01 achtzehn nichtsignifikante positive und negative Korrelationen. Tabelle 3 zeigt die Matrix der Korrelationskoeffizienten zwischen den Skalen des FKV und des IPC.

Insgesamt sehen wir vier negative und neun überzufällige positive Korrelationen. Zur besseren Veranschaulichung zeigen wir noch einmal einen Ausschnitt obiger Matrix in bezug auf unsere Hypothese.

Tabelle 3: Matrix der Korrelationskoeffizienten zwischen den Skalen des IPC und des FKVC

	1	2	3	4	5	6	7	8	9	10	11	12
I	.26	–.12	.12	–.02	-.11	-.07	.07	.12	.13	.11	.13	.37*
P	.23	.45*	.23	.18	.39*	.32*	.38*	.55*	.30	.35*	.09	.35*
C	.10	.31	.09	.05	.26	.39*	.31	.31	.16	.30	.19	.28

Tabelle 4: Matrix der Korrelationskoeffizienten in bezug auf unsere Hypothese

	2	5	6	8
I	–.12	–.11	–.07	.12
P	.45*	.39*	.32*	.55*

* = Kennzeichnung der mit einer Irrtumswahrscheinlichkeit von .01 signifikanten Korrelationskoeffizienten.

Die Ergebnisse zeigen, daß wir unsere Hypothese mit einer Irrtumswahrscheinlichkeit von alpha .01 konfirmieren konnten. Patientinnen mit einer primären Osteoporose Typ I und hoher Externalität im Sinne von LEVENSON's (1972) «powerful others» in generalisierten Kontrollüberzeugungen zeigen vermehrt depressive Krankheitsverarbeitungsstrategien. Im Folgenden überprüften wir unsere zweite Hypothese mit Hilfe von Student's t-Test für abhängige Stichproben und korrigierten im Sinne eines konservativen Vorgehens mit der sogenannten «Bonferroni inequality», d. h. «to set the error rates for the p separate F tests at alpha/p. This gives reasonably accurate per-comparison error rates if alpha is small (.01) and p is not to large (say, $\leq$ 10).» (BOCK, 1975) Beide Voraussetzungen sind in unserem Fall erfüllt. Die folgende Tabelle 5 zeigt die Mittelwerte und Standardabweichungen der IPC-Skalen zu den Meßzeitpunkten t_0 und t_1 im Vergleich.

Hinsichtlich der Externalität, die durch ein subjektives Gefühl der Machtlosigkeit bedingt ist und der Externalität, die durch Fatalismus bedingt ist, fand sich kein signifikanter Unterschied zwischen den beiden Meßzeitpunkten. Die Internalität erhöhte sich über die Dauer der Mitgliedschaft in der SHG im Sinne unserer Hypothese.

Tabelle 5: Mittelwerte und Standardabweichungen der IPC-Skalen zu den Meßzeiten t_0 und t_1

	Meßzeitpunkt	t_0		t_1
	MW	s	MW	s
I	34.6	4.62	44.3	4.93
P	25.8	3.85	24.2	3.72
C	27.3	4.98	28.1	4.87

Diskussion

Die Analyse unserer Daten konnte wahrscheinlich machen, daß Patientinnen mit hoher generalisierter Externalität und einer primären Osteoporose Typ I eher depressive Krankheitsverarbeitungsstrategien anwenden, während das bei Patientinnen mit hoher Internalität nicht der Fall ist. Auf die in der Literatur häufiger auftauchende Frage: Lassen sich Ursachen- und Kontrollattribuierungen von Copingstrategien unterscheiden oder sind sie diesen zuzuordnen, geht HASENBRING (1990) ein. Sie schreibt: «Ähnlich kann es sich mit dem Aspekt der Kontrollüberzeugungen verhalten: im Rahmen theoretischer Vorstellungen darüber, ob, wie und von wem eine Erkrankung beeinflußbar ist, mag eine Person im Hier und Jetzt zu einer konkreten Einschätzung ihrer Handlungsmöglichkeiten kommen.» (HASENBRING, 1990) Personen mit hoher Externalität, die durch ein subjektives Gefühl der Machtlosigkeit bedingt ist, zeigen vermehrt depressive Krankheitsverarbeitung, Mißtrauen und Pessimismus und sozialen Rückzug. Bei Personen mit hoher Internalität ist das nicht der Fall. Weiterhin konnten wir wahrscheinlich machen, daß sich die Internalität über die Dauer der Mitgliedschaft in der SHG erhöht, was im Hinblick auf die Krankheitsverarbeitung sicher erwünscht ist. Hinsichtlich des Aspekts «external-chance» im Sinne von LEVENSON (1975) zeigen unsere Daten keine bedeutsame Beziehung zu den Skalen des Faktors 1 (zweiter Ordnung) des FKV. Dieser Aspekt ändert sich in unserer Untersuchung auch nicht über die Zeit. Wie PRUYN et al. (1986) feststellten, wenden sich gerade solche Patienten SHG's zu, die selbst Kontrolle über den Verlauf der Krankheit zu haben glauben. «Dies könnte – ebenso wie neuere Befunde aus dem Umfeld der Affilitationstheorie – dafür sprechen, daß die Suche nach sozialem Anschluß bereits eine gewisse psychische Stabilität voraussetzt, die die Gefahr gering erscheinen läßt, im sozialen Vergleich nicht bestehen zu können.» (FILIPP, 1990) Allerdings ist ein Vergleich hinsichtlich der Kontrollüberzeugungen und der Krankheitsverarbeitung zwischen Mitgliedern und Nichtmitgliedern von SHG's aus pragmatischen Gründen sehr schwierig, da Randomisierungen oder Parallelisierungen beider Gruppen nur sehr schwer praktikabel sind.

Da aber bei anderen chronischen Erkrankungen sich keine bedeutsamen Korrelationen zwischen Externalität und «depressiver Stimmung» fanden, ist vielleicht über die Zeit ein interaktionaler Ablauf zwischen Persönlichkeits- und Krankheitsvariablen wahrscheinlich, dem methodisch ein nichtrekursives Kausalmodell angemessen wäre, was allerdings aufwendigere prospektive Studien erforderlich macht. Ein solches zeitkontinuierliches Panelmodell kann mit LISREL (JÖRESKOG, 1973) geprüft werden. Unglücklicherweise setzen die in LISREL verfügbaren statistischen Tests normalverteilte Variablen voraus; die meisten Längsschnitt-Datensätze enthalten aber Variablen, deren Verteilungsparameter alles andere als multivariat normal sind. Zur Spezifitätsfrage der Krankheitsverarbeitung lassen sich zur Zeit noch keine elaborierten Aussagen machen. Vielleicht ist eine entscheidende Variable die Vorhersagbarkeit des Krankheitsverlaufs, die bei der primären Osteoporose Typ I ja wesentlich besser ist als bei der z. B. rheumatoiden Arthritis. Bei informierten Mitgliedern von Osteoporose-SHG's ist die Vorhersagbarkeit sicher eine entscheidende intervenierende Variable der Patienten-Compliance, so daß in einem nächsten Schritt Kontrollüberzeugungen und Selbstwirksamkeitserwartungen in Beziehung gesetzt werden sollen zu Parametern der Knochendichte, operatonalisiert durch DPX. Denn KECK & VAN VALEN (1988) konnten zeigen, daß bei adäquater Therapie der Postmenopause-Osteoporose die Knochendichte in der Langzeittherapie zunimmt.

Literatur

Bock, R. D.: Multivariate Statistical Methods in Behavioral Research McGraw-Hill, New York, 1975

Brosius, G.: SPSS/PC Basics und Graphics McGraw-Hill, Hamburg, 1988

Filipp, S.-H.: Bewältigung schwerer körperlicher Erkrankungen: Möglichkeiten der theoretischen Rekonstruktionen und Konzeptualisierung, in: Muthny, F. A. (1990)

Hasenbring, M.: Zum Stellenwert subjektiver Theorien im Copingkonzept in: Muthny, F. A. (1990)

Ittel, T. H., Sieberth, H.-G. + Matthiaß, H. H. (Hsrg.): Aktuelle Aspekte der Osteologie Springer, Berlin, 1992

Jacobs, M. K. & Goodman, G.: Psychology and Self-Help Groups Predictions on a Partnership. American Psychologist, Vol. 44, 1989

Janis, I. I. & Feshbach, S.: Effects of Fear-Arousing Communications J. abn. soc. Psychol., Vol. 48, 1953

Jöreskorg, K. G.: A general method for estimation a linear structural equation system in: Goldberger, A. S. & Duncan, O. D. (1973)

Goldberger, A. S. & Duncan, O. D. (eds): Structural equation models in the social sciences. Seminar Press, New York, 1973

Keck, E. & van Valen, F.: Zunahme der Knochendichte bei Langzeittherapie der Postmenopause-Osteoporose. Internistische Welt, Vol. 11, 1988

Krampen, G.: IPC-Fragebogen zu Kontrollüberzeugungen Hogrefe, Göttingen, 1981

Lazarus, R. S. & Launier, R.: Stress related transactions between person and environment, in: Pervin, L. A. & Lewis, M. (1978)

Levenson, H.: Distinctions within the concept of internal-external controll: Development of a new scale, Proceedings of the 80th Annual Convention of the APA, Vol. 7, 1972

Levenson, H.: Multidimensional locus of control in prison inmates
J. appl. soc. Psychol., Vol. 5, 1975
Maddux, J. E. & Stanley, M. A.: Self-efficacy theory in contemporary psychology: An overview, J. soc. clin. Psychol., 1986
Muthny, F. A.: Freiburger Fragebogen zur Krankheitsverarbeitung FKV
Beltz, Weinheim, 1989
Muthny, F. A.: (Hrsg.): Krankheitsverarbeitung, Springer, Berlin, 1990
Pervin, L. A. & Lewis, M. (eds): Perspectives in international psychology
Plenum, New York, 1978
Pruyn, J. F. A. et al.: Theories, methods an some results on coping with cancer and contact with fellow sufferers, in: Watson, M. & Greer, S. (eds): (1986)
Riggs, B. L. & Melton, L. J. (eds): Osteoporosis. Raven, New York, 1988
Rogers, R. W.: A protection motivation theory of fear appeals and attitude change
J. of Psychol., Vol. 91, 1975
Schwarzer, R.: Überlegungen zu einer sozialkognitiven Theorie des Gesundheitsverhaltens. Natur- und Ganzheitsmedizin, Schattauer, 1990
Seelbach, H., Degner, F. & Krüskemper, G. M.: Die Osteoporose Typ I Ein Beitrag zur Varianzabschätzung der Risikofaktoren im Hinblick auf die Knochendichte
in: Werner, E. & Matthiaß, H. H. (Hrsg.): 1991
Seelbach, H., Kugler, J. & Krüskemper, G. M.: Krankheitsverarbeitung bei der primären Osteoporose Typ I, in: Ittel, T. H., Sieberth, H. G. & Matthiaß, H. H. (Hrsg.) 1992
Watson, M. & Greer, S. (eds): Psychosocial issues in malignent disease
Pergamon, Oxford, 1986
Werner, E. & Matthiaß, H. H. (Hrsg.): Osteologie – interdisziplinär
Springer, Berlin 1991

3. Medizinpsychologische Therapiekonzepte

Supervision der therapeutischen Beziehung in der Schmerztherapie Überlegungen und Konzepte

Willi Neumann

1. Die Ausgangssituation

Schmerztherapie ist heute ein Forschungsbereich, zu dessen Entwicklung Medizin und Psychologie gleichermaßen beitragen. Neben der weiteren Differenzierung medizinischer Methodik sind auf der Grundlage verschiedener Methoden der Psychotherapie integrative psychologische Modelle in Diagnostik und Therapie entstanden.

In den letzten Jahren kam es zu einer rapiden Entwicklung von psychologischen Trainingsprogrammen in der Schmerztherapie im allgemeinen und in der Rheumatologie im besonderen. Die meisten dieser Trainings haben den Charakter von Selbstmanagement-Programmen. In der Gruppe werden Übungen vorgestellt, die der Patient erlernt und dann möglichst bald allein übernehmen soll. Krüskemper weist bereits 1988 darauf hin, das es den mündigen Patienten erfordert, damit diese Programme wirksam angewandt werden können.

2. Der Patient

Rheuma ist in seiner Nosologie eine umfangreich gegliederte Erkrankungsgruppe, wobei die akute rheumatoide Arthritis, die primär chronische Polyarthritis und die Fibromyalgie die zahlenmäßig größte Gruppe darstellen. Neben den Bewegungseinschränkungen sind Schmerzen, zumeist chronische Schmerzen, das Leitsymptom bei Erkrankungen des rheumatischen Formenkreises. Lichtenberg et al (1986) zeigten , daß die Stärke der krankheitsbedingten Gelenkveränderung eine weitaus geringere Prädiktion der Schmerzbeschwerden (14%) erlaubte als die psychischen Faktoren. Die psychologischen Prädiktoren klärten mit 41% knapp die Hälfte der Gesamtvarianz für die Schmerzvorhersage. Kognitionen, Persönlichkeit und Sozialverhalten sind Bedingungen, die über die empfundene Schmerzintensität in großem Maße mitentscheiden (Hoffmann, Egle, 1988).

Engel stellte bereits 1959 seine Überlegungen vor, daß jeder Mensch sein eigenes, durch die Biographie erlebnishaft bedingtes Schmerzgedächtnis habe und beschrieb die Patientengruppe der «pain-prone patients». Rheumapatienten werden oft zu Patienten mit chronischen Schmerzzuständen.

Gildenberg und De Vaul (1985) versuchten in einem Klassifikationsvorschlag die Patientengruppe mit chronischem Schmerzen näher zu beschreiben:

Der «krankheitsbedürftige» Patient

Der «überforderte» Patient

Der psychogene Patient
- Schmerz als Symptom einer Depression
- Schmerz als Symptom von Angst
- Schmerz als hysterisches Symptom
- Schmerz als Folge unverarbeiteter Trauer
- Schmerz als wahnhaftes Symptom einer Psychose

Der iatrogene Schmerzpatient

Die Übersicht macht den engen Zusammenhang zwischen Schmerzempfinden und psychischer Disposition deutlich und zeigt das ein Schmerztherapeut oft mit mehr konfrontiert wird als «nur» mit einer Schmerzsymptomatik. Auch wenn die Gruppe der rheumatischen Patienten nicht ganz dekkungsgleich ist mit dieser Klassifikation, so wird doch deutlich wie stark psychologische und auch psychopathologische Phänomene das Schmerzerleben mitbestimmen können.

3. Die Therapeut-Patient Beziehung

Der Umgang mit dem chronisch kranken Schmerzpatienten stellt besondere Anforderungen an die Therapeuten. Die Patienten fühlen sich oft enttäuscht und von der Medizin nicht hinreichend ernstgenommen. Oft begegnen sie den Therapeuten mit einer vorwurfsvollen Grundhaltung und versuchen weitere diagnostische und therapeutische Maßnahmen einzufordern.

Das psychoanalytische Modell von Übertragung und Gegenübertragung kann helfen die Beziehungsdynamik, die sich zwischen Patient und Therapeut entfaltet, zu verstehen und einer Bearbeitung zugänglich zu machen. Unter Übertragung versteht man das Erleben von Gefühlen, Phantasien und Einstellungen des Patienten, die in einer früheren Zeit entstanden sind und in die aktuelle Situation mit dem Therapeuten hineingetragen werden. Die Gegenübertragung des Therapeuten kann dabei aus zwei Anteilen bestehen: ist er im wesentlichen offen für die aktuelle Situation so ist sein Erleben eine wichtige Informationsquelle für das Verstehen des Patienten und für angemessenes therapeutisches Handeln. Überwiegt seine eigene Übertragung von alten Beziehungsmustern so wird er im therapetischen Setting zunehmend unflexibel, reagiert mit Resignation oder Verärgerung auf die Patienten.

In der Supervision verschiedener Kliniksprojekte wurde deutlich, wie hemmend die psychologisch/psychopathologischen Probleme der Patienten auf die Vermittlung von Schmerzbewältigungsfähigkeiten sein kann. Gerade für unerfahrene Schmerztherapeuten ist es unverständlich, warum ihr gutgemeintes Methodenangebot von den Patienten nicht angenommen oder sogar abgelehnt wird. Sie neigen zu Resignation, Ärger oder emotionale Unflexibilität, wenn sie mit Widerstand gegen ihre Interventionen konfrontiert werden.

Betrachtet man das Geschehen in der Gruppe aus der Perspektive Themenzentrierter Interaktion so wird folgendes deutlich:

Auf der Sachebene sind sich Therapeut und Patient einig. Der eine vermittelt Selbstmanagementstrategien, der andere will sie lernen. Unberücksichtigt und verdeckt bleibt dann, das im Schmerzempfinden des Patienten Wut, Angst, Trauer und die Abwehr dagegen miteingeschlossen sein kann. Diese Gefühle wirken auf der Beziehungsebene und rufen Reaktionen im Erleben und Verhalten des Therapeuten hervor. Hinzu kommt das Patienten an die Autorität des Therapeuten alte, unrealistische Beziehungsmuster und Erwartungen herantragen, die der aktuellen therapeutischen Situation unangemessen sind, aber ebenfalls wirksam sind und wirken. Gelingt es dem Schmerztherapeuten nicht, über die Beziehungsebene zu reflektieren, gerät er in Gefahr, ebenfalls alte Gefühls- und Beziehungsmuster in die aktuelle Therapiesituation hineinzutragen. Es kommt zu einer Kollusion (Willi, 1975) einem uneingestandenen gegenseitig verschleiernden Zusammenspiel auf der Beziehungsebene, was die Arbeit auf der Sachebene d. h. die Vermittlung von Selbstmanagementstrategien erheblich erschweren kann.

Die Notwendigkeit von Supervision in der Schmerztherapie folgt also weniger aus den Problemen in der Vermittlung von Copingstrategien sondern aus der notwendigen Bearbeitung von Beziehungsstörungen.

4. Die Anforderung an ein Supervisionkonzept

Um ein effektives Modell für die Supervision in der psychologischen Schmerztherapie zu entwickeln, sind wir von folgenden Anforderungen an ein Supervisionskonzept ausgegangen.

Erstens muß es den Transfer der Patient-Therapeut-Beziehung in die Supervisionsgruppe erklären und somit begründen können, wieso es sinnvoll und hilfreich ist, die therapeutische Beziehung in der Supervision zu bearbeiten.

Zweitens muß eine Theorie für den Erlebensprozeß des Supervisanden zur Verfügung stehen, die seinen Veränderungsprozeß beschreiben und Handlungsanweisungen für den Supervisor geben kann.

Drittens muß ein Erklärungsmodell für den Gruppenprozeß, die Arbeitsweise der Gruppe und die ablaufenden Veränderungsmechanismen vorhanden sein.

Im folgenden sollen die Theorien, die die Grundlagen unserer Supervisionsarbeit darstellen, näher erläutert werden.

5. Spiegelphänomen und Wirklichkeitskonstruktion

Searls (1955) bescheibt aus den Erfahrungen in psychoanalytischer Supervision, daß emotionale Reaktionen, Gefühle und Empfindungen, die der Supervisor während der Supervision in sich wahrnimmt, vor allem aus der Therapeut-Patient-Beziehung stammen. Er bezeichnet diese Beobachtung als Spiegelphänomen und stellt fest, daß es insbesondere abgewehrte, verdrängte Gefühle aus der Beziehung zwischen Helfer und Hilfesuchenden sind, die sich in der Beziehung zum Supervisor und natürlich auch in der Supervisionsgruppe spiegeln.

Rappe-Giesecke (1989) weist daruf hin, das es nicht die Ereignisse oder Abläufe aus der Therapie selbst sind, sondern die dahinterliegenden Stukturen, die in der Gruppe repräsentiert werden. Nach Roth (1984) entsteht durch das Spiegelphänomen ein Optimum an Nähe und Distanz zur realen Beziehung zwischen Therapeut und Patient. Zum einen ist diese Beziehung in ihrer physischen Form abwesend und in der Gruppe nicht gegenwärtig, zum anderen ist sie in ihrer psychischen Form in großem Maße in der Gruppe repräsentiert. Loch (1969) benutzt die Analogie eines Prismas zur Verdeutlichung der Arbeitsweise einer Balintgruppe. Das Erleben der einzelnen Gruppenteilnehmer kann im Gruppenprozeß als prismatisch aufgesplittete Einzelwellen verstanden werden, die in ihrer Gesamtheit das ganze Feld der Therapeut-Patient Beziehung enthalten. Die Konstruktion und Rekonstruktion von Wirklichkeit in der Balintgruppe wird von Sies und Brocher (1988) aus systemtheoretischer und konstruktivistischer Hinsicht beschrieben. Nach ihrer Ansicht leistet diese Supervisionsmethode dort ihren wichtigsten Beitrag, «wo strukturelle Defizite und Konflikthäufung zu einer Einengung seelischer Strukturen und damit zu einer Verminderung von Komplexität führen». Durch die Veränderung der Beziehungen zwischen Gruppe, Leiter und den Fall vorstellenden Supervisanden verändert sich auch die Beziehung zwischen Therapeut und Patient. Daraus läßt sich folgern, daß in der Supervision die Beziehungsstruktur der therapeutischen Beziehung erfolgreich abgebildet werden kann.

6. Das Experiencing-Konzept von Gendlin

Gendlin entwickelte im Rahmen klientenzentrierter Psychotherapieforschung ein Modell zur Beschreibung der Veränderungsprozesse im Patienten. Das Modell eignet sich für die Beschreibung der Veränderungsprozesse im Supervisanden, kann aber auch zur Erlärung der prismatischen Prozesse in der Gruppe benutzt werden. Das Experiencingkonzept geht davon aus, daß normalerweise in jeder Person zu jeder Zeit ein Strom von bedeutungsvollen Empfindungen zu aktuell ablaufenden Ereignissen und Gedanken vorhanden ist «Experiencing is the process of concrete bodily feeling which constitutes the basic matter of psychological and personality phenomena» (Gendlin, 1970, s138)

Bommert et al (1973) schlagen als Übersetzung «gefühlsmäßiges vorbegriffliches Erleben» vor und definieren: «Experiencing ist das konkrete, im Augenblick vor sich gehende Erleben eines Individuums, bei dem die Aufmerksamkeit auf einen zugrundeliegenden, gefühlten Erlebnisgegenstand gerichtet ist. Dieser Gegenstand muß nicht unbedingt vollständig verbal faßbar sein, es ist für das Individuum mehr eine körperlich fühlbare Beziehung: eine gefühlte unmittelbar gegenwärtige, persönliche Bedeutung von Dingen und Erlebnissen» (Dahlhoff und Bommert, 1975, s. 1)

Dies ist oft die Ausgangssituation für einen Teilnehmer in der Supervisionsgruppe. Er spürt, daß etwas in der therapeutischen Beziehung nicht geklärt ist, kann es aber noch nicht fassen. Das Problem, das in die Supervision eingebracht wird, ist oft, daß der Helfer sich als nur noch stereotyp handelnd erlebt und das Gefühl hat, auf den Patienten nicht angemessen zu reagieren.

6.1 Der Wiederherstellungsprozeß des Erlebens

Nach Gendlin ist es die Aufgabe von Therapie und natürlich vor allem von Supervision, die rigiden Erfahrungskonstrukte und Erlebensweisen «in Bewegung zu setzen», d. h. dem Klienten bzw. Supervisanden größere Flexibilität in Erleben und Verhalten zu ermöglichen.

6.2 Gefühlte Bedeutung (felt sense)

Ansatzpunkt der therapeutischen Arbeit oder auch der Supervision ist der Felt sense, den Gendlin als «a spezial kind of internal bodily awareness» (Gendlin, 1978, S. 10) beschreibt. Folgt man einer phänomenologischen Beschreibung, so kann man sagen:

1. die Person hat eine bestimmte körperlich präsente Empfindung

2. Sie weiß, daß diese Empfindung eine (noch nicht explizierte) Bedeutung hat und/oder

3. Sie weiß (mehr oder weniger deutlich), welchem Themenbereich diese Empfindung zuzuordnen ist» (Sachse und Neumann, 1983, S. 52) Die beiden Aspekte «körperliche Empfindung» und «noch nicht explizierte Bedeutung» sind aufeinander bezogen und nicht zu trennen. Eine körperliche Empfindung ist nur dann ein felt sense, wenn die Person spürt, daß diese Empfindung etwas bedeutet und/oder einem Themenkreis zugeordnet werden kann. Ansonsten handelt es sich nur um eine «isolierte» Körperempfindung, die auf nichts anderes als auf sich selbst hinweist. Die «Gefühlte Bedeutung» ist eine diffuse, ganzheitliche Empfindung zu einem bestimmten Erlebensprozess der ein Problem eine Situation oder eine Person sein kann. Es ist wesentlich, zwischen der gefühlten Bedeutung und Emotionen zu unterscheiden. Gendlin spricht deshalb von «sheer emotions», was andeutet, daß das Empfinden von Wut oder Trauer eindeutig ist, im Gegensatz zu der diffusen, zu Anfang nicht näher erklärbaren Empfindung des felt sense, dessen Bedeutungsgehalt erst noch entwickelt werden muß. Ein weiterer Unterschied zu den Emotionen liegt in dem Grad der Involviertheit. Eine Emotion nimmt eine Person so gefangen, daß sie in dem Augenblick ihres Auftretens keine Distanz zu diesem Gefühl haben kann. Wollte man sich mit dieser Emotion weiter auseinandersetzen, so müßte man erst versuchen, Abstand zu gewinnen und sich dann eine Frage stellen wie z. b. «was ist es, was mich wütend, traurig etc macht». um dadurch Kontakt zu der gefühlten Bedeutung der Emotion zu bekommen.

6.3 Implizite/explizite Bedeutungsgehalte

Jede Gefühlte Bedeutung umfaßt ein breites Spektrum impliziter Bedeutungsgehalte. Diese sind ungerichtet und präkonzeptionell, d. h. sie sind als diffuses Körperempfinden spürbar, aber die Bedeutung ist noch nicht ausformuliert. Wird der implizite Bedeutungsgehalt durch treffende Worte, Vorstellungsbilder und/oder Gesten symbolisiert, so wird er explizit. Eine Gefühlte Bedeutung umfaßt immer eine Vielzahl impliziter Aspekte, von denen nur wenige explizit konzeptuell ausgeformt werden. Sowohl die impliziten als auch die expliziten Bedeutungsgehalte sind im Bewußtsein zugänglich, weil sie konkret fühlbar sind, und man sich innerlich darauf beziehen kann.

6.4 Weiterentwicklung des Erlebens (Carrying forward)

Nach Gendlin sind die impliziten Bedeutungen unvollständig, denn das diffuse, bedeutungsvolle Empfinden bedarf der Interaktion mit Symbolen und/oder äußeren Ereignissen, um explizit werden zu können. In diesem Interaktionsprozeß versucht die Person, die Bedeutung des Gefühls zu erfassen, d.h. sie sucht ein Symbol (ein Wort, einen Satz, ein Bild oder eine Geste), das zu der gefühlten Bedeutung paßt. Die Person experimentiert dabei mit mit den Symbolen, die für sie alle auch eine bestimmte gefühlte Bedeutung haben. dabei vergleicht sie gewissermaßen die gefühlte Bedeutung der Symbole mit der, die sie im Augenblick spürt und prüft, ob diese gefühlten Bedeutungen in wesentlichen Aspekten übereinstimmen. Gibt es eine Übereinstimmung, d.h. paßt das Symbol zu der gerade gefühlten Bedeutung, so erkennt die Person es an einem Evidenzerlebnis, das sie als ein «körperlich spürbares Ja» zu dem gefundenen Symbol erlebt. Dieses Evidenzerlebnis ist um so stärker, je treffender das Symbol paßt. Ist die Übereinstimmung gering, so hat die Person ein Störgefühl, ein Empfinden der Nichtstimmigkeit. Dieses Gefühl liefert wichtige Hinweise für die Suche nach den passenden Symbolen und ist ein Kriterium dafür, ob die Weiterentwicklung des Impliziten gelungen ist.

6.5 Gefühlte Veränderung (felt shift)

Wird die gefühlte Bedeutung durch eine treffende Symbolisierung repräsentiert, so tritt meist bei der Person eine körperlich spürbare Erleichterung auf, die mit tieferer Atmung und Entspannung einhergeht (Iberg, 1983) und auch dann auftritt, wenn es sich bei der Symbolisierung nicht um eine Problemlösung handelt, sondern die Problematik jetzt noch offensichtlicher wird. Don (1977) stellte unmittelbar vor solchen Symbolisierungen charakteristische Verläufe im EEG von Versuchpersonen fest.

6.6 Focusing

Focusing (Zentrieren) bezeichnet den Prozeß, der abläuft, wenn sich eine Person direkt auf ihr inneres Erleben, auf die Gefühlte Bedeutung zu einem Thema, bezieht. Durch diesen direkten Bezug wird in der Person ein konkret fühlbarer, eigendynamischer Prozeß in Gang gesetzt, der nach Gendlin der eigentliche Motor jeder Persönlichkeitsveränderung ist. Damit wird das Focusingkonzept zu einer Art Basisprozeß erfolgreicher Therapie. Iberg definiert Fousing als eine «besondere Art der Introspektion», bei der sich solche Probleme lösen lassen, die durch einen unvollständigen Experiencingprozeß hervorgerufen werden (Iberg, 1983). Dies ist u. a. bei Beziehungsproblemen in der Therapeut-Patient der Fall.

7. Das Konzept der Selbstinstrumentalisierung von Drees

Balint entwickelte bereits in den fünfziger Jahren eine Supervisionsform in der die Beziehungsdynamik zum Patienten Gegenstand der Reflexion war. Die Gruppe setzte sich allerdings aus praktizierenden Allgemeinmedizinern zusammen, die in ihrer täglichen Praxis keinen Bezug zueinander hatten. Um die Balintgruppe nicht in die Turbulenzen gruppendynamischer Auseinandersetzungen zu bringen, entwickelte Drees eine Form dieser Arbeit, die auf die Arbeit von Stationsteams ausgerichtet ist, die auch in der täglichen Arbeit miteinander verbunden sind. Unabhängig von der Entwicklung des Experiencingkonzepts konzipierte Drees seine Arbeitsmethode, in deren Mittelpunkt die Focussierung auf Stimmungsprozesse und Empfindungen liegt. Die Gruppenmitglieder bringen ihre eigene körperliche Befindlichkeit, Stimmungen, entstehenden Imaginationen und Phantasien in den Gruppenprozeß ein, wobei dieser in erster Linie als Gesamtprozeß betrachtet wird. Der Begriff der Selbstinstrumentalisierung weist darauf hin, daß die Gruppenmitglieder ihr eigenes Erleben patientenorientiert zur Verfügung stellen. Zur Verdeulichung seiner Gruppenarbeit hat Drees Gruppenregeln als Orientierungshilfen entwickelt, die im folgenden kurz vorgestellt werden soll:

1. Alles, was in der Gruppe geschieht, ist der Patient.
2. Gefühle, Körpersensationen, Stimmungen, Phantasien und Einfälle der einzelnen Gruppenmitglieder werden als instrumentelles Bearbeiten der von einem Patienten ausgehenden Impulse verstanden.
3. Objektgerichtete Emotionen werden in «objektfreie» Emotionen umgewandelt oder transformiert.
4. Die Gruppenstimmungen tragen und verändern den Gruppenprozeß.
5. Die Gruppe sei eine Tabula rasa- ein unbeschriebenes Blatt.
6. Der Gruppenleiter muß sein eigenes Erleben im Gruppenprozeß einbringen.

ad 1
Diese Regel stößt oft auf kognitiven Widerstand. Betont wird mit dieser Regel, daß sich vor allem die Situation des Patienten wiederspiegelt, natürlich auch die Interaktionen zwischen Therapeut und Patient. In der Praxis hat diese Regel auch eine entlastende Funktion für die Gruppenteilnehmer. Sie können sich besser auf ihr Selbsterleben einlassen und fühlen sich selbst und ihr Erleben nicht zur Bewertung stehend.

ad 2
Im Sinne einer prismatischen Entfaltung bringt jeder Teilnehmer seinen Experiencingprozeß als Teilaspekt in den Gruppenprozeß ein. Darüber hin-

aus werden aber Übertragungs- und Wiederstandsphänomene im psychoanalytischen Sinn nicht bearbeitet.

ad 3
Die Regel beinhaltet, «daß die im Gruppenprozeß auftauchenden Gefühle und die davon getragenen rationalisierenden Überlegungen gegen oder für einen Patienten, seine Angehörigen, den Vortragenden oder mitagierenden Kollegen umgewandelt werden in auszugestaltendes Selbsterleben der einzelnen Gruppenmitglieder» (Drees, 1988, S. 99).

ad 4
Grundlage dieser Regel sind Überlegungen von v. Uexküll zur Stimmung als einer psychosomatische Matrix, in der normales und pathogenes Erleben gespeichert ist und auch wieder abgerufen ist. (v. Uexküll 1963) «Anhand von psychosomatischen Krankheitsbildern schildert er die Gerichtetheit und Bedingtheit von Stimmungen, die von bestimmten inneren Motiven ausgelöst werden können und die ihre emotionale Spannung durch Handlung oder durch spezielle Körpersymptome verlieren» (Drees, 1988, S. 101).

ad 5
Diese Regel ist der Versuch vorgefaßte Konzepte, Schulmeinungen und Theoriekonstrukte zugunsten der Zuwendung zum eigenen Erlebensprozeß zurückzustellen. Studenten fällt es oft leichter sich auf einen solchen Prozeß einzulassen als in einer Schulmeinung festgelegten Personen. Rosin (1981) zeigt solche Schwierigkeiten in der Arbeit mit Psychiatern auf.

ad 6
Das Einbringen des eigenen Erlebens durch den Gruppenleiter hat für die Teilnehmer Modellfunktion im Sinne der Regeln. Das Nicht-interpretieren und Nicht-deuten wird von den Gruppenteilnehmern als angstreduzierend erlebt. Sie können in einem dafür offenen Forum die Zuwendung zum eigenen Erleben erproben ohne sich einer wertenden Beurteilung ausgesetzt zu sehen. Das komplexe Konzept von Drees soll an dieser Stelle nur in bezug auf die Gruppenregeln dargestellt werden. Insgesamt stellt es eine wirkungsvolle Gruppenmethode dar, die Beziehungsdynamik zwischen Patient und Therapeut zu erschließen.

8. Schlußbemerkung

Die auf den ersten Blick vielleicht ungewöhnliche Verbindung von Theorieelementen aus dem Bereich psychoanalytischer und gesprächspsychotherapeutischer Forschung hat sich für die bisherige Supervisionsarbeit in der psychologischen Schmerztherapie als nützlich und konstruktiv erwiesen. Sie repräsentiert auch die Idee Balints, Training und Forschung in der Supervision zu verbinden.

9. Literatur

Bommert, H., et al. (1973). Abriß der theoretischen Grundlagen des klienten-zentrierten Konzepts. Münster: Photodruck.

Dahlhoff, H.-D., Bommert, H. (1975). Eine deutsche Fassung der Experiencing Skala. 4. Symposion für Gesprächspsychotherapie. Zürich.

Drees, A. (1988). Patienten- und prozeßorientierte Selbstinstrumentalisierung in der Balint-Gruppe. Die Balintgruppe, 2, 94–119. Berlin: Springer.

Don, N. S. (1977). The transformation of conscious experience and its EEG correlates. In: Journal of Altered States of Consciousness, 3. 1977, S. 147–168.

Engel, G. L. (1959). «Psychogenic» pain and the pain-prone patient. American Journal of Medicine, 26, 899–918.

Gendlin, E. T. (1970). A theory of personality change. In Hart, J. T., Tomlinson, T. M. (Eds), New directions in client-centered therapy. Boston.

Gendlin, E. T. (1978). Focusing. Everest House.

Gildenberg, P. L., De Vaul, R. A. (1985). The chronic pain patient. Evaluation and management. Basel: Karger.

Hoffmann, S. O., Egle, U. T. (1988). Psychosomatische Überlegungen zum Schmerz- und Rheumakranken. In Klußmann, R., Schattenkirchner, M. (Hrsg) Der Schmerz und Rheumakranke (S. 3–14). Berlin: Springer.

Iberg, J. R. (1983). Focusing. In Corsini, R. J. (Hrsg) Handbuch der Psychotherapie (S. 231–258) Weinheim: Beltz.

Krüskemper, G (1988). Psychologische Schmerzforschung: Diagnostik und Therapie. In Klußmann, R., Schattenkirchner, M. (Hrsg) Der Schmerz und Rheumakranke (S. 3–14). Berlin: Springer.

Lichtenberg et al (1986). Further investigation of the role of personality, lifestyle and arthritic severity in predicting pain. Journal of Psychosomatic Research 30, 327–337.

Loch, W. (1969). Balint-Seminare: Instrumente zur Diagnostik und Therapie pathogener zwischenmenschlicher Verhaltensmuster. In Jahrbuch der Psychoanalyse, 6, 141–156.

Neumann, W. und Sachse, R. (1992). Zielorientiertes Handeln im Focusing: Die Entwicklung überprüfbarer Handlungsmodelle für den Focusing-Prozeß. In Sachse, R. et al.: Neue Handlungskonzepte in der klientenzentrierten Psychotherapie. Asanger.

Rappe-Giesecke, K. (1989). Spiegelungsphänomene aus kommunikationswissenschaftlicher Sicht. In Die Balintgruppe 4, 78–102.

Rosin, U. (1981). Balint-Gruppenarbeit mit Psychiatern. Gruppenpsychotherapie und Gruppendynamik 4, 360–382.

Roth, J. K. (1984). Hilfe für Helfer: Balint-Gruppen. München: Piper.

Sachse, R., Neumann, W. (1983). Prozeßmodell zum Focusing unter Berücksichtigung spezifischer Probleme. GWG Info 53, 51–75.

Searls, H. F. (1955). The Informational Value of the Supervisor's Emotional Experiences. In Searls, H. F. Collected Papers on Schizophrenia and Related Subjects. New York.

Sies, C, Brocher, T. (1988). Die Konstruktion von Wirklichkeit in der Balint-Gruppe. Die Balintgruppe 2, 71–93.

Uexküll, T. von (1963) Grundlagen der psychosomatischen Medizin. Reinbek: Rowohlt.

Willi, J. (1975). Die Zweierbeziehung. Reinbek: Rowohlt.

Selbsthilfegruppen im krankengymnastischen Behandlungskonzept der Spondylitis ankylosans und der Postmenopause-Osteoporose

Ari Cronenberg

Auch unter günstigsten Bedingungen einer intensiven krankengymnastischen Versorung für Patienten mit chronisch rheumatischen Erkrankungen, kann auf die Mitarbeit und Eigeninitiative des Betroffenen nicht verzichtet werden. Die funktionelle Übungsbehandlung stellt eine Langzeittherapie dar, die durch das regelmäßige Absolvieren von Selbstübungen durch den Patienten vervollständigt werden muß. Dazu benötigt der Betroffene neben einer eingehenden ärztlichen Aufklärung über seine Erkrankung auch eine intensive Anleitung zur Übungsdurchführung durch die behandelnden Physiotherapeuten. Häufig stellt sich auch bei guter Anleitung des Patienten in diesem Zusammenhang das Problem, daß Selbstübungen zu selten und unzureichend durchgeführt werden. Als Ursachen werden von den Betroffenen hauptsächlich Zeitmangel, eine fehlende Kontrollmöglichkeit bei der Übungsdurchführung, aber auch akute Schmerzen oder nicht mehr bestehende Beschwerden angegeben. Nicht selten werden Übungsbeispiele als zu kompliziert, monoton, zeitaufwendig oder für häusliche Verhältnisse als nicht geeignet angeschuldigt.

Innerhalb einer Gruppe Gleichbetroffener wird dagegen der Anreiz zu gemeinsamer Leistung gefördert, wobei sich das Motiv zur Gruppenbildung aus der therapeutischen Zielsetzung ergibt. Die überwiegende Anzahl der krankengymnastischen Übungsgruppen entstehen nicht spontan, sondern sind vielmehr Folge ärztlicher Verordnung oder ökonomischer Notwendigkeit. Diese Gruppen unterliegen einer erheblichen Fluktuation der Patienten und bestehen in der Regel nur kurze Zeit. In diesem Zusammenhang bieten Patienten-Selbsthilfegruppen eher eine Kontinuität in der ambulanten Übungsbehandlung und bieten ihren Mitgliedern zugleich ein Forum für den gegenseitigen Erfahrungsaustausch, Leistungsvergleich und Hilfestellung im Alltag unter dem Motto: «Hilfe zur Selbsthilfe».

Die Bedeutung der Gruppenbehandlung liegt nicht allein in der Bildung eines günstigen Übungsklimas und der Anbahnung gruppendynamischer Prozesse, sondern zugleich in der Durchsetzung von Tendenzen, die auf den Therapieerfolg des Einzelnen günstige Rückwirkungen haben. In erster Linie ist hier die Auseinandersetzung des Patienten mit seiner Krankheit durch die direkte Konfrontation mit Betroffenen gleichen Leidens zu nennen. Der gegenseitige Austausch der Patienten reduziert zugleich eine übersteigerte Wahrnehmung des eigenen Krankheitserlebens, da der Patient im direkten Kontakt erlebt, wie andere Betroffene gleiche Beschwerden meistern. Gleichzeitig bedeutet das Üben in einer Gruppe auch eine Förderung sozialer Verhaltensregeln, da sich der Einzelne dem Übungsablauf anpassen und den Gruppennormen unterwerfen muß. Die einzelnen Übungsbeispiele, deren korrekte und effektive Ausführung stellen an sich noch keine ausreichenden Motive dar, um das Interesse der Patienten zu gewinnen und längerfristig aufrecht zu erhalten. Dieses resultiert erst aus der Gestaltung, unter Nutzung spielerischer Komponenten, der Übungsstunde und des Erlebens der Gruppensolidarität.

Die Effektitität einer krankengymnastischen Gruppenbehandlung ist maßgeblich abhängig von der Gruppengröße und ihrer Zusammensetzung in bezug auf Alter, Geschlecht, Erkrankungsdauer und Krankheitsstadium. Die Idealgröße einer Gruppe ist abhängig vom jeweiligen Gruppenziel. Je bedeutsamer das korrigierende Eingreifen des Physiotherapeuten für den Übungserfolg ist, desto kleiner sollte dann die Gruppe sein. Das Alter hat insofern Bedeutung, da durch große Altersunterschiede auch große Leistungsdifferenzen auftreten können. Zu große Leistungsunterschiede führen in der Regel bei demjenigen der Leistungsdefizite aufweist, nicht zum Ansporn, sondern eher zur Resignation. Für die krankengymnastische Übungstherapie in der Gruppe stellt ein nicht unerhebliches Problem die unterschiedlichen Krankheitsstadien der Patienten dar, da sowohl Krankengymnasten als auch leistungsstärkere Patienten in der Übungsgestaltung erheblich eingeschränkt werden können (Bloch 1978, Conradi 1970, Gardiner 1968, Lindner 1989, Ott und Schmidt 1975).

Effizienz der krankengymnastischen Behandlung in einer Selbsthilfegruppe von Morbus Bechterew-Patienten

Die Ätiologie des Morbus Bechterew (Spondylitis ankylosans) ist bis heute unbekannt. Eine Prophylaxe oder kausale Therapie sind daher zur Zeit nicht möglich. Die Behandlung der Spondylitis ankylosans muß sich folglich mit unspezifischen Maßnahmen begnügen, unter denen der Physiotherapie die größte Bedeutung zukommt. Ziel dieser funktionellen Übungstherapie ist es, die Beweglichkeit des axialen Skeletts möglichst zu erhalten, und falls dies nicht möglich ist, die Versteifung der Wirbelsäule zumindest in einer funktionell günstigen Haltung erfolgen zu lassen. Zu diesem Zweck sollte eine krankengymnastische Übungsbehandlung frühzeitig aufgenommen und zeitlebens konsequent durchgeführt werden.

In einer 18monatigen Beobachtungsstudie wurde die Therapieeffizienz sowie die Möglichkeiten der krankengymnastischen Übungsbehandlung in einer Selbsthilfegruppe von Spondylitis ankylosans-Patienten untersucht. Die Selbsthilfegruppe bestand aus 38 aktiven Patienten, von den 17 bereits zu Beginn der Untersuchung an der Gruppengymnastik teilnahmen. Weitere 21 Patienten wurden etwa 6 Monate später, im Herbst 1986, in diese Gruppe aufgenommen. Das durchschnittliche Lebensalter betrug bei Eintritt in die Selbsthilfegruppe bei allen 38 Patienten 42 Jahre (21 bis 63 Jahre) und die Erkrankung bestand durchschnittlich 8 Jahre (1 bis 15 Jahre). Von den 38 Gruppenmitgliedern waren 24 männlichen und 14 weiblichen Geschlechts.

In der Woche wurden von der Selbsthilfegruppe mehrere Übungstermine bereitgestellt, die von ausgebildeten und in der Behandlung der Spondylitis ankylosans besonders geschulten Physiotherapeuten geleitet wurden. Sowohl Warmwasser- als auch Trockengymnastik wurde zweimal wöchentlich an unterschiedlichen Wochentagen angeboten, so daß jedem Patienten die Teilnahme sowohl an der Warmwasser- als auch an der Trockengymnastik möglich war. Jedem Betroffenen wurde die Teilnahme an diesen Gymnastikterminen freigestellt, so daß ein individuelles Trainingsprogramm von Einzelnen zusammengestellt werden konnte.

Während alle 38 Teilnehmer mindestens einmal wöchentlich Warmwassergymnastik betrieben, entschieden sich für eine zusätzliche regelmäßige Trockengymnastik nur die Hälfte der Betroffenen. Eine ausschließliche Gymnastik in der Bewegungshalle wurde von den Patienten nicht angenommen. Diese Wahl wurde mit geringeren Schmerzen bei der Übungsdurchführung und einer besseren Übungsfähigkeit im temperierten Bewegungsbad begründet. Zusätzliche Einzelbehandlungen ließen sich 18 Patienten verordnen. Immerhin 17 Patienten gaben anamnestisch regelmäßige häusliche Selbstübungen an.

Bei den Betroffenen mit einer alleinigen Warmwasseranwendung fanden sich überwiegend radiologisch fortgeschrittene Fälle, mit einer klinisch bedeutsamen Mobilitätseinschränkung des axialen und thorakalen Skeletts. Die Patienten mit einer gleichzeitigen Trockengymnastik zeigten radiologisch die Zeichen einer Sakroiliitis und/oder einer initialen Syndesmophytenbildung bei klinisch leichter bis mittelgradiger Bewegungseinschränkung.

Grundsätzlich sind im Warmwasserbad bessere Voraussetzungen für dynamische Kraftübungen der Rücken- und Bauchmuskulatur sowie Mobilisationsübungen der Extremitätengelenke – auch bei fortgeschrittenem Behinderungsgrad – gegeben. Die Warmwassertherapie bietet besonders Patienten mit unterschiedlichen Krankheitsstadien und Leistungsstärke die Möglichkeit gemeinsam zu üben. Darüber hinaus vermag die Bewegung im temperierten Wasser einen Beitrag zur Lösung muskulärer Verspannung zu liefern und so die Muskulatur in einen beübbaren Zustand zu versetzen.

Übungen im Trockenen bieten die Möglichkeit für gezieltere Mobilisationsübungen der Wirbelsäule und des Thorax. Besonderer Schwerpunkt liegt in diesem Zusammenhang in der Verhinderung einer progredienten Thoraxstarre, die durch eine eingeschränkte inspiratorische Beweglichkeit zu restriktiven Lungenfunktionsstörungen führen kann.

Anhand der vierteljährlich erhobenen klinischen Parameter für die Mobilität der Wirbelsäule, konnte der nach Fricke und Petersen modifizierte Wirbelsäulenindex bestimmt werden. Dieser Index ermöglicht eine Beurteilung der Funktion und Mobilität der gesamten Wirbelsäule. Abbildung 1 verdeutlicht die Funktionseinschränkung der Wirbelsäule in Abhängigkeit von den saisonal erhobenen klinischen Parametern, den durchgeführten Gymnastikformen und dem zeitlichen Übungsbeginn in der Selbsthilfegruppe.

Bei den Patienten mit geringeren radiologischen Veränderungen und einer wöchentlich durchgeführten krankengymnastischen Kombinationstherapie

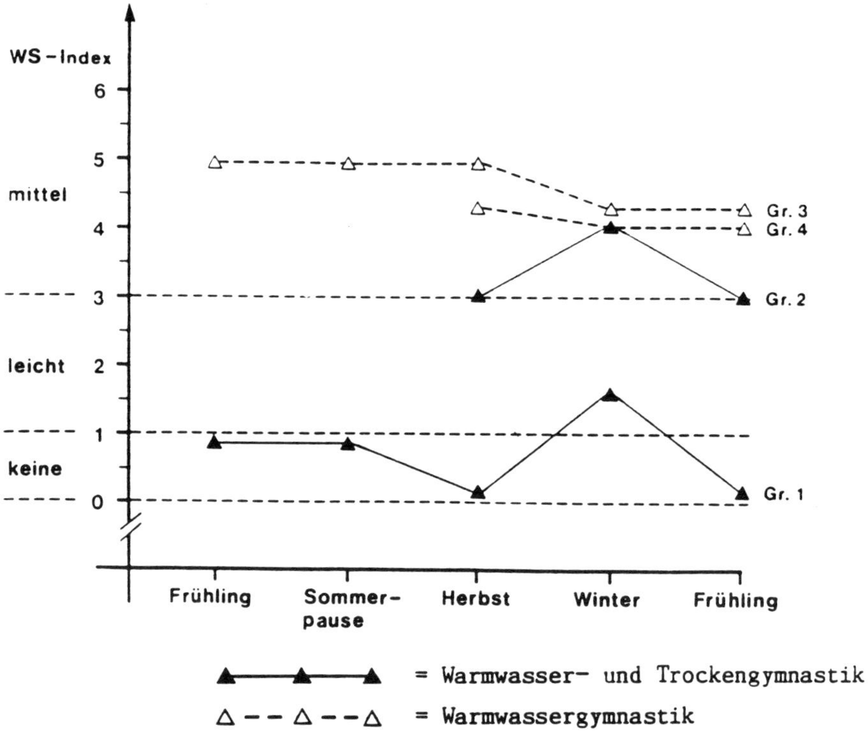

Abbildung 1: Wirbelsäulenindex zur Beurteilung der Funktionseinschränkung bei 38 Patienten einer M. Bechterew-Selbsthilfegruppe

mit Warmwasser- und Trockenübungen findet sich eine Verbesserung der Wirbelsäulenfunktion nach einer etwa 9monatigen Behandlung. Unabhängig vom Therapiebeginn zeigt sich dann eine Funktionsverschlechterung in den Wintermonaten sowie eine rasche Beseitigung der Funktionseinbuße bis in den darauf folgenden Frühling. Patienten in fortgeschritteneren Krankheitsstadien zeigen zunächst einen Erhalt der Wirbelsäulenmobilität und dann ebenfalls in den Wintermonaten eine Funktionsverschlechterung, die zumindest über einen kürzeren Behandlungszeitraum nicht wieder aufgeholt werden kann.

Befragt man die Patienten zu ihren subjektiven Beschwerden, so zeigt sich sowohl nach einer sechswöchigen Gymnastikpause im Sommer als auch in den Wintermonaten, eine Zunahme des Schmerzempfindens sowie eine subjektive Mobilitätsminderung. Interessanterweise sind diese Angaben unabhängig vom bestehenden Krankheitsstadium und der damit einhergehenden Funktionseinschränkung der Wirbelsäule sowie vom Therapiebeginn.

Sowohl in den Herbst und Wintermonaten konnte, unabhängig vom Erkrankungsstadium, bei 15 Betroffenen (40%) eine erhöhte Blutsenkungsgeschwindigkeit festgestellt werden. In den Frühlingsmonaten war dies bei 10 Betroffenen (26%) möglich.

Während zu Beginn der Übungsbehandlung noch 30 Patienten (79%) regelmäßig, d. h. mindestens einmal täglich, analgetisch wirksame nichtsteroidale Medikamente einnahmen, war dies zum Untersuchungsende nur noch bei 7 Betroffenen (18%) der Fall. 2 Patienten (5%) benötigten zu Beginn und 9 Patienten (24%) zum Ende der Untersuchung keine Medikamente. Bedarfsgesteuert nahmen anfangs nur 6 Patienten (16%) und gegen Beobachtungsende 22 Betroffene (58%) nichtsteroidale Wirksubstanzen ein.

Berücksichtigt man die Ergebnisse der klinischen und laborchemischen Untersuchungen und die subjektiven Angaben zu Beweglichkeit, Schmerzen und Medikamentengebrauch, so lassen sich folgende Aussagen festhalten:

- Die Teilnahme an der Gruppengymnastik im Rahmen einer Selbsthilfegruppe erscheint besonders bei Patienten mit einer Spondylitis ankylosans sinnvoll, deren Erkrankung sich noch nicht in einem Stadium des kompletten ossären Durchbaus der Wirbelsäule befinden. Diese Betroffenen sind in der Lage eine krankengymnastische Kombinationstherapie durchzuführen und einen funktionellen Nutzen aus der Behandlung zu ziehen. Patienten mit fortgeschritteneren Krankheitsbildern können einer funktionellen Verschlechterung weitestgehend vorbeugen.
- Eine in den Wintermonaten zu beobachtende Funktionsverschlechterung der Wirbelsäule, begleitet von zunehmenden subjektiven Beschwerden und einer leicht gesteigerten humoralen Entzündungsaktivität, läßt sich bei Patienten in niedrigeren Krankheitsstadien im Rahmen der Gruppentherapie rasch beheben.

- Eine sechswöchige Gymnastikpause bewirkt eine Zunahme subjektiver Beschwerden, ohne objektiv nachweisbare Funktionsverschlechterung oder einen Anstieg der Entzündungsaktivität.
- Die intensive krankengymnastische Behandlung führt zu einer Reduktion der benötigten analgetischen Medikation (Keck und Cronenberg 1988).

Frakturinzidenz unter der krankengymnastischen Behandlung in Osteoporose-Selbsthilfegruppen

Die Osteoporose ist eine Erkrankung, die überwiegend bei Frauen im Anschluß an die Menopause und mit einem Verlust an Knochenmasse einhergeht. Der Verlust an Knochenmasse betrifft vorwiegend die trabekulären Strukturen des spongiösen Knochens und bedeutet gleichzeitig einen zunehmenden Verlust der biomechanischen Knochenstabilität. Bei diesen Patienten findet sich eine gesteigerte Inzidenz auftretender Frakturen im Bereich der überwiegend spongiösen Knochen, z.B. Wirbelkörper, sowie im Bereich des proximalen Femurs, distalen Radius und der Rippen. Diese Frakturen treten häufig nach Bagatelltraumen, definiert als Sturz aus gleicher Höhe, auf und sind nicht nur Folge der verminderten biomechanischen Knochenstabilität sondern auch der nachlassenden Geschicklichkeit des älteren Menschen.

Das physiologische Muskelspiel stellt eine entscheidende Voraussetzung für die Knochenentwicklung dar. Anordnung, Dichte und Dicke der Spongiosabälkchen sowie Mineralisationsgrad des Knochengewebes sind maßgeblich von Art, Richtung, Intensität und Dauerder Knochenbeanspruchung abhängig. Die im Alter physiologisch abnehmende Muskelmasse und -leistung führt zu einer Reduktion der intraossären Durchblutung und führt zu einer Störung des Funktionsgleichgewichts von Osteoblasten und Osteoklasten. Eine nicht ausreichend trainierte autochthone Rückenmuskulatur führt durch die notwendige vermehrte Haltearbeit zu einer schmerzreflektorischen Dauerkontraktion der Muskulatur, die ihrerseits zu einer intrafaszialen Druckerhöhung im Muskelgewebe führt. Hierdurch werden sowohl die kapillare Durchblutungsströmung als auch die transkapillare Perfusion gedrosselt und es resultiert eine relative Ischämie. Die physiologischerweise vor der Brustwirbelsäule verlaufende Schwerelinie wird weiter nach ventral verlagert. Das nach ventral gerichtete Biegemoment nimmt zu und führt zu einer vermehrten statischen Belastung der ventralen Abschnitte der Brustwirbelsäule, klinisch imponiert eine vermehrte Kyphose der Brustwirbelsäule. Aufgrund der verminderten Stabilität des osteoporotischen Wirbelkörpers treten dann zunehmend Deformierungen der Wirbelkörper radiologisch auf.

Die physiotherapeutische Behandlung der Osteoporose muß daher das Ziel verfolgen, schmerzhafte Muskelkontraktionen zu beseitigen und so die Muskulatur in einen beübbaren Zustand zu versetzen. Darüber hinaus muß eine Kräftigung der Muskulatur angestrebt werden. Diese Maßnahmen führen zu einer Steigerung der intraossären Durchblutung und gleichzeitig stellt der muskuläre Zug am Skelettsystem einen Stimulus für die osteoblastäre Aktivität dar. Wie aus mehrere Studien bekannt ist, kann eine rein physiotherapeutische Übungsbehandlung bei älteren Frauen zu einem jährlichen Zuwachs an quantitativ meßbarer Knochenmasse von 2% führen (Smith und Reddan 1976). Darüber hinaus gelingt durch die regelmäßige Übungsbehandlung eine Förderung der Geschicklichkeit, die wiederum die Gefahr von Frakturen nach Bagatelltraumen reduziert.

Im Rahmen einer großen retrospektiven Untersuchung wurden 803 Frauen mit einer diagnostisch gesicherten Postmenopause-Osteoporose zu ihrer krankengymnastischen Übungsbehandlung in einer Selbsthilfegruppe befragt. Ferner wurden die Patientinnen, mit Unterstützung des behandelnden Arztes, gebeten, radiologisch gesicherte Frakturen anzugeben.

Insgesamt traten unter der Übungsbehandlung 175 Frakturen im Bereich der Wirbelkörper, Rippen, distaler Radius oder proximalen Femur in einem Intervall von 5 Jahren auf.

Keine Gymnastik betrieben 189 Patientinnen, dennoch fand sich in einem Intervall von 5 Jahren nach Beginn einer medikamentösen knochenprotektiven Therapie eine Abnahme der Frakturhäufigkeit um 0,47 Frakturen pro Patient. Die mittlere Dosierung der einzelnen eingesetzten Medikamente und deren Kombinationshäufigkeit in den bezüglich der Gymnastikfrequenz gebildeten Gruppen, war nicht signifikant unterschiedlich. Patientinnen die 1 bis 2 mal pro Woche übten, zeigten eine Abnahme um 0,40 Frakturen pro Patient und bei einer Übungsfrequenz von drei bis viermal wöchentlich um 0,48 Frakturen pro Patient. Während bei einer wöchentli-

Tabelle 1: Frakturinzidenz während einer 5jährigen Gymnastiktherapie bei 803 Frauen mit einer Postmenopause-Osteoporose

	wöchentliche Gymnastikfrequenz				
	keine	1–2mal	3–4mal	5–6mal	7mal
Anzahl d. Pat.	189	392	36	21	109
Frakt. v. Th.	125	252	24	17	92
Frakt. / Pat.	0,66	0,64	0,67	0,81	0,84
Frakt. w. Th.	58	80	7	8	14
Frakt. / Pat.	0,31	0,20	0,19	0,38	0.13
Abnahme Frakt. / Pat.	0,35	0,44	0,48	0,43	0,71

chen Behandlungsfrequenz von fünf bis sechsmal die Frakturrate um 0,43 Frakturen pro Patient gesenkt werden konnte, zeigte sich bei einer täglichen Übungsdurchführung eine Abnahme von 0,71 Frakturen pro Patient (s. Tab.1). Keine Angaben zu krankengymnastischen Übungsbehandlung machten 56 Patientinnen (Cronenberg et al. 1991).

Wie in der Tabelle dargestellt zeigt sich eine Tendenz, daß die Patientinnen mit steigender Frakturhäufigkeit vor Beginn der Übungsbehandlung auch eine steigende Trainingsfrequenz aufweisen. Da alle 803 Patientinnen Mitglieder von Osteoporose-Selbsthilfegruppen waren, die aufgrund der regionalen Gegebenheiten jedoch nur ein bis zweimal eine Gruppengymnastik anbieten konnten, läßt sich eine mit dem Schweregrad der Erkrankung zunehmende Bereitschaft zu häuslichen Selbstübungen erkennen.

Zusammenfassung

Die krankengymnastische Übungsbehandlung in einer Selbsthilfegruppe bietet eine Vielzahl von Wirkungsmöglichkeiten. Während die gleichzeitige Behandlung mehrerer Patienten mit gleicher Erkankung in einer Gruppe durch einen Therapeuten sicherlich auch unter ökonomischen Gesichtspunkten günstig ist, lassen erste Untersuchungen in Selbsthilfegruppen den Schluß zu, daß diese Therapie auch medizinisch effektiv ist. Therapeutische Probleme, die sich aus der unterschiedlichen Leistungsstärke der Betroffenen ergeben, sind nur dann lösbar, wenn es gelingt innerhalb der Selbsthilfegruppe Gymnastikgruppen mit annähernd gleicher Alters- und Leistungsstruktur zu bilden. Einzelgymnastische Behandlungen sind durch die Teilnahme an einer Gruppengymnastik nicht ersetzbar und werden weiterhin dort ihren Platz haben, wo entweder die Belastbarkeit gering ist, akute Beschwerden bestehen oder funktionelle Fehlabläufe durch ein individuell geführtes Üben normalisiert werden müssen. Ferner muß dem Betroffenen die Wichtigkeit der ergänzenden Selbstübungen zu Hause oder am Arbeitsplatz deutlich gemacht werden.

Literatur

Bloch, C.: Psychosomatische Aspekte der rheumatischen Erkrankungen in der Praxis. Fortbild. K. Rheumatol. 5 (1978), 372

Conradi, E.: Krankengymnastische Behandlung in der Gruppe – ein Fortschritt? Arch. Phys. Ther. 22 (1970), 59

Cronenberg, A.; A. Minkus; G. Bremer; E. Keck: Frakturinzidenz unter der krankengymnastischen Übungsbehandlung bei 558 Frauen mit einer Postmenopause-Osteoporose. Krankengymnastik 9 (1991), 971

Gardiner, M. D.: Grundlagen der Übungstherapie. G. Thieme-Verlag, Stuttgart (1968)
Keck, E.; A. Cronenberg: Sponylitis ankylosans – Effizienz und Möglichkeiten der krankengymnastischen Behandlung in einer Selbsthilfegruppe. Krankengymnastik 10 (1988), 821
Lindner, W.: Gruppentherapie und Sport mit Bechterew-Patienten. Krankengymnastik 1 (1989), 14
Ott, V. R.; K. L. Schmidt: Rehabilitation von Patienten mit chronischem Rheumatismus. In: Jochheim, K. A.; J. F. Scholz (Hrsg.), Rehabilitation. G. Thieme-Verlag Stuttgart Bd. 2, 165 (1975)
Smith, E. L.; W. Reddan: Physical activity: a modality for bone accretion in the aged. AJR 126 (1976), 1297

Einige Probleme und Lösungsansätze bei der Evaluation von Schmerzbewältigungstrainings bei rheumatischen Erkrankungen

Reinhard Cziske, Wilfried H. Jäckel, Eckart Jacobi

1. Einleitung

Schmerzbewältigungstraining (SBT) nach Meichenbaum und Turk (1976) bzw. in deutscher Adaptation von Köhler (1982) umfaßt Strategien der Aufmerksamkeitslenkung (Ablenkung), Entspannungsverfahren, Umdeutungsmethoden zur affektiven Distanzierung vom Schmerz sowie kognitive Methoden wie positive Selbstverbalisation (s. Köhler, 1982). Letztere Methode wird nicht überall angewandt, auch das relative Gewicht der einzelnen Programmbestandteile variiert in den verschiedenen Untersuchungen. Ziele sind die Reduktion von Schmerzintensität und Schmerzaffekt sowie Schmerzaufmerksamkeit, aber auch eine Hebung der psychischen Befindlichkeit.

Schmerzbewältigungstrainings haben sich in diesem Sinne bei Erkrankungen des Stütz- und Bewegungsapparates als wirksam erwiesen (Köhler, 1982; Cziske, Jäckel und Jacobi, 1987a; Basler und Rehfisch, 1989; Schade, 1991). Ihr Effekt ging in Kontrollgruppen-Designs über denjenigen medizinischer Maßnahmen und den der vorbestehenden eigenen Bewältigungsstrategien der Patienten hinaus. Signifikante Besserungen gegenüber Kontrollgruppen fanden sich dabei wie erwartet in den Variablen Schmerzintensität und affektive Belastung durch den Schmerz sowie hinsichtlich Ängstlichkeit und Depressivität. Bei Basler und Rehfisch (1989) waren u. a. zusätzlich Schmerzaufmerksamkeit und Schlaf positiv beeinflußt, bei Schade (1991) die Anzahl der Schmerzbereiche. Es wurde auch der Nachweis erbracht, daß der positive Einfluß drei bzw. vier Monate nach der Gruppenbehandlung gehalten werden konnte. Meta-Analysen zu den Effektstärken des SBT bei verschiedenen Schmerzsyndromen werden von Basler (1990) berichtet.

Die soeben genannten positiven Resultate von Schmerzbewältigungstrainings erscheinen um so verläßlicher, als sie in unterschiedlichen therapeutischen Settings (z.B. ambulante vs. stationäre Behandlung), mit unterschiedlicher Therapiedauer, unterschiedlichen Methodenschwerpunkten, unterschiedlichen Meßverfahren sowie verschiedenen Erkrankungskollektiven zustande kamen. Meist handelte es sich um gemischte Stichproben mit Erkrankungen des Stütz- und Bewegungsapparates. Köhler (1982) zeigte indirekt, daß die Ergebnisse im einzelnen nicht ohne weiteres für alle unter diesem Sammelnamen zusammengefaßten Erkrankungsarten in gleichem Maße generalisierbar sein könnten (s. a. Basler, 1990). Bei ausschließlicher Untersuchung von Patienten mit Rheumatoider Arthritis (RA) war z.B. kein signifikanter Einfluß des Trainings auf Schmerzintensität, Befindlichkeit (Bf-S; v. Zerssen und Koeller, 1976) und die Traitangst (STAI; Laux et al., 1981) feststellbar, wenngleich andere Aspekte des Schmerzes wie der Schmerzaffekt oder die psychische Befindlichkeit i. S. von Depressivität sehr wohl signifikant verbessert werden konnten. Sowohl bei der Effektmessung innerhalb des rheumatischen Formenkreises als auch bei anderen schmerzhaften Erkrankungen (hierzu sind uns noch keine Studien bekannt) bleibt noch viel Forschungsarbeit zu leisten, will man die folgenden Fragen beantworten: Bei welcher Erkrankungsgruppe hat SBT welchen Effekt auf welchen Dimensionen? Desgleichen wird sich in Zukunft wohl auch vermehrt die Frage nach der relativen Effektivität einzelner Programmbausteine stellen.

Im folgenden sollen einige Probleme und Lösungsmöglichkeiten erörtert werden, die bei der Evaluation von SBT bedenkenswert scheinen. Wir beschränken uns dabei exemplarisch auf eine entzündliche Erkrankung aus dem rheumatischen Formenkreis, die RA, und ein therapeutisches Setting, die stationäre Rehabilitation. Hierbei ist zu beachten, daß die Effekte wegen der relativ engen zeitlichen Begrenzung des SBT im Rahmen stationärer Rehabilitation gegenüber ambulanten Maßnahmen möglicherweise unterschätzt werden. – Weitere Überlegungen zur Steigerung der Effektivität des SBT finden sich bei Brengelmann und Wittchen (1985).

2. Probleme und Möglichkeiten der Evaluation

2.1 Die Selektion

Die externe Validität, die Generalisierbarkeit der Effekte des SBT wird zunächst durch die Selektion der Stichproben beeinflußt. Das gilt auch für andere klinische oder experimentelle Untersuchungen. Allerdings gibt es beim SBT spezifische Probleme (s. Cziske, Jäckel und Jacobi, 1987 b). Ein Patient, der in eine Rheumaklinik kommt, erwartet in aller Regel primär eine medizinische Behandlung und begegnet psychologischen Ansätzen evtl. mit Mißtrauen. Es kann die Furcht auftreten, in seinem körperlichen Kranksein nicht akzeptiert und inadäquat, nämlich psychotherapeutisch behandelt zu werden. Zum Psychologen geschickt zu werden, kann oft als beschämende Herabsetzung vor Mitpatienten erlebt werden. Die relativ zu ambulanten schmerz- oder psychotherapeutischen Maßnahmen wesentlich größere Transparenz in einer Klinik hemmt den Patienten so oft zusätzlich. Es ist daher mit einer Selektion eher selbstbewußter oder relativ stark vom Leiden bedrückter Kranker zu rechnen. Darüber hinaus denkt der Patient im herkömmlichen somatosensorischen Modell des Schmerzes, das psychologische Beeinflussungsmöglichkeiten nicht vorsieht. Der Patient kann sich oft nicht vorstellen, daß «so etwas funktionieren soll».

Da rheumatische Erkrankungen meist chronisch sind, die Patienten oft mehrfache Versuche, ihrer Schmerzen Herr zu werden (einschließlich Alternativmedizin) hinter sich haben, fehlt oft auch die Zuversicht, etwas Neues zu beginnen.

Die Selektion setzt sich in Form von Therapie-Abbruch während und mangelnder Anwendung der Methoden nach der Behandlung (im Falle einer Katamnese) fort.

Man kann den Widerstand des Patienten mindern, indem man ihm im Vorgespräch, das verbindlich sein sollte, unaufdringlich versichert, daß man sein Leiden ernst nimmt. Schon die Frage «Sitzen Sie bequem?» kann das Eis brechen. In unserer Klinik hat es sich bewährt, bei der Begründung der Maßnahme möglichst psychische Störungen als Mediatoren von Schmerz außer acht zu lassen. Es bieten sich Erklärungen wie Schmerz – Verspannung – Schmerz an, ferner der Hinweis, daß man durch die Methoden einmal vom ständigen Schmerz abschalten kann. Generell ist es von großem Vorteil, wenn die Maßnahme explizit als Teil der Routinebehandlung durchgeführt und deklariert wird. Trotz aller Bemühungen wird eine Selektionsrate nicht zu vermeiden sein, nicht zuletzt deswegen, weil es relative Gegenindikationen gibt. So sind erfahrungsgemäß Patienten mit zu leichten oder zu schwerwiegenden Schmerzzuständen nicht gut zum SBT zu motivieren; ersteren fehlt der Leidensdruck, letztere sind nicht ausreichend konzentrationsfähig, und überdies stößt die Wirksamkeit der Maßnahmen auf ihre Grenzen. Bei ambulantem SBT stellt sich hierbei zusätzlich das Problem der mangelnden Mobilität. Der Effekt des Trainings bezieht sich somit wahrscheinlich eher auf einen Bereich mittlerer bis hoher, aber nicht extrem hoher Schmerzintensität. Patienten mit sekundärem Krankheitsgewinn oder vorrangig psychischen Problemen sollten ohnehin zumindest zunächst im Hinblick auf die Bearbeitung der Konflikte therapiert werden.

2.2 Die Durchführung

Da die Verfahren normalerweise außerhalb des bisherigen Erfahrungsbereichs der Patienten liegen und die oben genannten Widerstände wirksam sind, ist für die weitere Motivierung eines Kranken der unmittelbare Effekt der Übungen von Bedeutung. Es empfiehlt sich, mit den plausibelsten Prinzipien (Ablenkung) bei der Instruktion und den am schnellsten zur Schmerzreduktion führenden Verfahren (z.B. Phantasiereise) zu beginnen. Nach eigenen Untersuchungen (Cziske, Jäckel und Jacobi, 1990; Posterdemonstration beim 3rd International Symposium for Health Professionals in Rheumatology in Enschede) brechen etwa ein Drittel der Patienten, die sich zu einem Kurztraining (4 Doppelstunden) in Schmerzbewältigung bereitgefunden haben, die Behandlung ab. Wie stark dabei die ursprünglichen Vorbehalte gewirkt haben mögen, ersieht man aus der Tatsache, daß bei lediglich zwei von achtundzwanzig Personen einer Gruppe von Therapieabbrechern die Methoden nicht in der ersten Stunde zum Erfolg geführt hatten. Näheres zur Durchführung des SBT findet sich bei Köhler (1982) und Rehfisch et al. (1989).

2.3 Meßprobleme

2.3.1 Krankheitsschwankungen

Typisch für entzündliche rheumatische Erkrankungen, allen voran die RA, sind individuell verschiedene und zum großen Teil beträchtliche Spontanschwankungen im Krankheitsverlauf. Diese äußern sich in der entzündlichen Aktivität ebenso wie in der Schmerzintensität und -lokalisation oder der Funktionseinschränkung. Drei zeitliche Ebenen der Schwankungen sind zu beachten: die Tagesschwankungen wie Morgensteifigkeit, welche im weiteren Tagesverlauf abklingt, die eher über mehrere Tage oder Wochen anhaltenden Schwankungen in Form von Schüben oder auch Besserungen und die Gesamtentwicklung von Schmerz und Funktion im Krankheitsverlauf. Die Morgensteifigkeit mit erhöhten Schmerzen des Patienten mit Rheumatoider Arthritis wirft ein Meßproblem auf. Beurteilt der Patient Schmerz und Funktionszustand am Anfang der Behandlung beispielsweise morgens und gegen Behandlungsende abends, wenn der Zustand sich wie üblich wieder spontan verbessert hat, so würde fälschlich ein erheblicher Therapieeffekt «gemessen» werden. Im umgekehrten Fall hätte auch eine effektive psychologische Maßnahme wenig Aussicht, als solche erkannt zu werden. Angeben zu lassen, wie der Schmerz jetzt gerade und wie er etwa durchschnittlich in den letzten drei Tagen war, ist u. E. nicht unbedingt ein ausreichender Ausweg, weil die momentane Befindlichkeit stark auf die Beurteilung der letzten drei Tage ausstrahlen könnte, was allerdings noch zu prüfen wäre. Besser erscheint es, die Patienten zusätzlich anzuhalten, ihren Zustand zu jedem Meßzeitpunkt möglichst zur gleichen Tageszeit zu beurteilen, in jedem Fall aber die Uhrzeit zu notieren, damit mit einem solchen Artefakt behaftete Daten ggfs. ausgesondert werden können. Spontane Schübe oder Besserungen müssen über die simultane Erhebung medizinischer Daten kontrolliert werden. Wo es möglich ist, sollte auch aus der Anamnese zumindest der bisherige Gesamtverlauf der Erkrankung (chronisch progredient oder schubweise) geschätzt werden, was besonders katamnestisch von Bedeutung sein kann.

2.3.2 Einfluß medizinischer Maßnahmen

Es ist trivial, daß Experimental- und Kontrollgruppe im Untersuchungszeitraum vergleichbare medizinische (balneophysikalische, ergotherapeutische, krankengymnastische und medikamentöse) Behandlung erhalten sollten. Während diese Forderung bei einigermaßen standardisierten Therapieprogrammen in einer Rheumaklinik relativ leicht erfüllbar scheint, ist die Vergleichbarkeit der teilweise sehr individuell verordneten Medikamente z.B. durch Parallelisierung in Experimental- und Kontrollgruppe oder kovarianzanalytische Behandlung der Daten zu sichern. Besonders die Basistherapeutika wirken nicht bei jedem Patienten, und auch die Nebenwirkungen sind individuell. Kurz: Die Patienten bekommen nicht dieselben Medikamente und ihre Wirkungen sind mit dem gleichzeitig durchgeführten SBT konfundiert. Eine Schwierigkeit bei der Parallelisierung der Gruppen besteht in der Bestimmung äquivalenter Medikamente oder ihrer Dosis. Eine Kontrollmöglichkeit sehen wir in der Bestimmung von Äquivalenzdosen verschiedener Präparate oder in der Bestimmung der Wirkstoffmenge in Prozent der zu verschreibenden Höchstdosis.

Basistherapeutika haben einen verzögerten Wirkungseintritt (zwischen einigen Wochen und mehreren Monaten). Wird die Basismedikation eingeführt oder auf ein anderes Präparat umgestellt, ergeben sich je nach Medikament keine Probleme bezüglich der Konfundierung seiner Wirkung mit dem SBT für die Erfolgskontrolle unmittelbar zum Trainingsende, so lange das Training innerhalb dieser Latenzzeit beendet wird. Bei der katamnestischen Untersuchung ist der Wirkungseintritt zu berücksichtigen und für die Gruppen vergleichbar zu machen.

3. Meßverfahren

Da die Frage nach einer «rheumatologischen Primärpersönlichkeit» bisher negativ beantwortet wurde (s. z.B. Köhler, 1982) und Persönlichkeitseigenschaften v. a. über den meist relativ kurzen Untersuchungszeitraum von Schmerztrainings als stabil betrachtet werden können, ist eine Änderung von Persönlichkeitszügen wie Extraversion durch SBT sehr fraglich. Als einziges durchgängig untersuchtes habituelles Merkmal ist uns lediglich die Trait-Angst bekannt.

3.1 Meßverfahren zum Schmerz

Hier haben sich Listen von Schmerzadjektiven bewährt, wobei v. a. sensorische (z.B. stechend) oder affektive (z.B. entmutigend) Qualitäten des Schmerzes vom Patienten neben der Intensität geratet werden. Zu diesen Verfahren zählen im deutschen Sprachraum die Mehrdimensionale

Schmerzskala -MSS- (Lehrl, Cziske und Blaha, 1980), die Revidierte Mehrdimensionale Schmerzskala -RMSS- (Cziske, 1983), die Schmerzkurzskala RMSS-KF (von Cziske und Lehrl, 1981), die Schmerzliste nach Hoppe (1985), der Berner Schmerzfragebogen (Radvila et al., 1987) und die Schmerzempfindungsskala von Geissner (1988). Während die MSS und RMSS in stärkerem Maße sensorische Aspekte differenzieren, enthalten die anderen in größerem Maßc affektive Aspekte, was zumindest bei einigen entzündlichen rheumatischen Erkrankungen wichtig scheint, da die sensorischen Schmerzqualitäten bei RA (und Bechterew) eher blaß bleiben (s. Raspe, 1989). In einer um affektive Items erweiterten Form scheint aber auch die RMSS (ERMSS; s. Hildebrandt et al., 1988) brauchbar zu sein. Für andere aus der Vielzahl rheumatischer Krankheiten wird noch zu prüfen bleiben, ob nicht doch sensorische Items einen stärkeren Einfluß haben. Therapieeffekte wären dann auf drei Ebenen eruierbar, die durchaus nicht parallel gehen müssen (s. Graceley et al. 1978, 1979), nämlich Intensität, Empfindungsqualität und Affekt.

Für die meist häufiger stattfindenden Verlaufsmessungen eignen sich wegen ihrer Ökonomie visuelle Analogskalen für Schmerzintensität, aber auch -affekt, wobei vorher eine plausible optische Differenz festgelegt werden sollte, von der angenommen werden kann, daß sie tatsächliche Unterschiede wiedergibt. Denn die Sensitivität dieser Skalen wird in der Praxis leicht überschätzt. Schmerztagebücher erlauben eine vom Untersucher unabhängige Verlaufsdarstellung über mehrere Tageszeitpunkte, wobei günstigerweise Medikamenteneinnahmen und andere den Schmerz beeinflussende Größen miterhoben werden können. Es ist allerdings darauf zu achten, daß die Motivation zur Schmerzbeobachtung nicht durch zu viele Kategorien überfordert werden darf. Für den Patienten setzt die tägliche Protokollierung ohnehin eine relativ hohe Motivation voraus.

Eine mit 13 Items relativ kurze Schmerzadjektivliste, die zur Verlaufsmessung eingesetzt werden kann, ist die RMSS-KF (s. o.).

3.2 Messung der psychischen Befindlichkeit

Hauptmerkmale eingeschränkten psychischen Befindens bei chronischen Erkrankungen wie Rheuma sind Ängstlichkeit und Depressivität. Vielfältige Einschränkungen in Alltag und Beruf und der damit verbundene Verlust an Status und Entfaltungsmöglichkeiten machen den Patienten mit RA oft niedergeschlagen und selbstunsicher. Jeder Schub nährt die Furcht, daß alles noch schlimmer kommen könnte (s. Cziske, Jäckel und Jacobi, 1992). Dabei können Ängstlichkeit und Depressivität situativ oder auch überdauernd erhöht sein, weswegen sich eine gleichzeitige Erhebung des Zustands wie der habituellen Befindlichkeit empfiehlt. Das STAI (Laux et al., 1981) berücksichtigt diese Unterscheidung. Ein Fragebogen, der in ähnlicher Weise die

Depressivität nach den Kategorien überdauernd und situativ erfaßt, steht unseres Wissens noch aus.

Es ist von Verfahren, die dem Patienten helfen, Schmerzen zu kontrollieren oder besser zu ertragen, zu erwarten, daß sie als Folge auch die habituelle psychische Befindlichkeit wie Ängstlichkeit verbessern. Hierfür gibt es zahlreiche empirische Belege (z.B. Cziske, Jäckel und Jacobi, 1987; Basler und Rehfisch, 1989).

Untersuchungen zur Veränderung der globalen psychischen Befindlichkeit im Sinne der Bf-S (v. Zerssen und Koeller, 1976a) haben bisher widersprüchliche Resultate über die Eignung dieser Skala erbracht (Cziske, Jäckel und Jacobi, 1987a; Köhler, 1982). Da sie aber hoch mit Depressionsverfahren korreliert ist, erübrigt sie sich bei Verwendung eines Depressionsfragebogens wie etwa der D-S (s. v. Zerssen und Koeller, 1976b).

Die Fragebögen zu Ängstlichkeit und Depressivität sind nicht rheumaspezifisch konzipiert. Eine Ausnahme stellt der MOPO-Fragebogen (Measurement Of Patient Outcome) dar (Jäckel, Cziske und Jacobi, 1985; Jäckel, Cziske, Schochat und Jacobi, 1985). So enthält die D-S die Items: «Morgens fühle ich mich besonders schlecht» und «Oft fühle ich mich einfach miserabel», das STAI die Items: «Ich werde schnell müde» und «Ich glaube, es geht mir schlechter als anderen Leuten». – Ein Patient mit RA wird in diesen Aussagen eher seinen körperlichen als seinen seelischen Zustand beschreiben (z.B. wegen der Morgensteifigkeit). Bei Erfolgs- und Verlaufsmessungen des SBT empfiehlt es sich, diese Items nicht in den Skalenwert aufzunehmen oder zumindest zu prüfen, ob sie einen Einfluß auf die Ergebnisse haben.

3.3 Medizinische Variablen

Um den Einfluß des Krankheitsprozesses auf den Schmerz zu beobachten, müssen sog. Prozess-Indikatoren wie BSG, CRP, Anzahl der entzündeten Gelenke (Schwellungen) erhoben werden. Statusvariablen (outcome-Variablen) sind wichtig für die Parallelisierung der Gruppen. Sie haben gegenüber Prozeßvariablen den Vorteil, daß sie die vom Patienten als wichtig erachteten Erscheinungen der Krankheit erfassen. Der Patient mißt zum Beispiel der BSG wenig Bedeutung bei, er bemißt die Schwere seiner Erkrankung eher am Funktionszustand, an dem, was er tun kann oder nicht mehr tun kann. Da Patienten mit RA und anderen chronischen rheumatischen Erkrankungen oft durch langjährige Erfahrung als Experten in eigener Sache anzusehen sind, nimmt es nicht wunder, daß Fragebögen zur Funktionsfähigkeit im Alltag valide, reliable und sensitive Meßinstrumente sind (Meenan et al., 1980; Jäckel, Cziske und Jacobi, 1985; Raspe et al., 1990). Der Mopo-Fragebogen (s. Jäckel, Cziske, Schochat und Jacobi, 1985) erfaßt verschiedene Aspekte der Funktionseinschränkung im Alltag und gleichzeitig die psychische Befindlichkeit (Ängstlichkeit und Depressivität) wie auch soziale Aktivitäten. Seine Ergebnisse scheinen überdies mit der englischsprachigen Grundform vergleichbar zu sein (Jäckel, Cziske, Schochat und Jacobi, 1988, unveröfftl.). Der Funktionszustand wie auch die psychische Befindlichkeit lassen sich hiermit an insgesamt 67 Items ökonomisch bestimmen. Ist man dagegen nur an einer möglichst häufigen Abschätzung der Funktionsfähigkeit interessiert, bietet sich der lediglich 24 bzw. 12 Items enthaltende Funktionsfragebogen Hannover (FFBH) von Raspe et al. (1990) an.

3.4 Sonstige Erfolgsindikatoren

Als Erfolgskriterien können neben der Veränderung von Schmerz und psychischer Befindlichkeit nicht zuletzt auch solche Parameter gelten, die sich auf den veränderten Umgang mit Schmerzen aufgrund des SBT beziehen. Fragen nach Häufigkeit und Erfolg der Selbstanwendung der gelernten Übungen während des Trainings und – bei Katamnesen – nach dem Training helfen, die Akzeptanz des Trainings und Gründe für seinen Effekt oder Mißerfolg abzuschätzen. Der unmittelbare Erfolg der Übungen kann gemäß Schade (1987) in Primäreffekte (z. B. Entspannung, angenehme Vorstellungsbilder) und die eigentlich angestrebten Sekundäreffekte (z. B. Schmerzdistanzierung) untergliedert werden.

Vergleiche der Bewältigungsstrategien vor und nach dem Training helfen ebenso, die Beziehung zwischen Training und Grad des Bewältigungseffektes plausibel zu machen (s. z. B. Köhler, 1982). Ein Patient könnte am Anfang des Trainings die Neigung haben, mit verstärkten Klagen und anderen Appellen an die Umwelt zu reagieren oder aber sich zu verkrampfen. Eine konstruktive Beschäftigung im Sinne einer Ablenkungsstrategie oder der Einsatz von Entspannung würden dann plausiblerweise auf einen verbesserten Umgang, auf bessere Bewältigung schließen lassen, sofern die Alternativstrategie gelingt.

Auch Fragen zur Zufriedenheit mit dem Kursus, entweder direkt: «Ich habe hier etwas Wichtiges gelernt» oder indirekt: «Ich würde anderen Patienten einen solchen Kursus empfehlen», erlauben Abschätzungen des Kurserfolgs und der Motivation, die Übungen weiter einzusetzen. Da Schmerzen den Schlaf und damit ein großes Stück Lebenszufriedenheit mindern können, sind auch ein schnelleres Einschlafen oder verlängertes Durchschlafen Erfolgskriterien.

4. Literatur

Basler HD, Rehfisch HP (1989) Psychologische Schmerztherapie in Rheuma-Liga-Selbsthilfegruppen. Klin Psychol 3: 203–214

Basler HD (1990) Psychologische Schmerztherapie des Rheumapatienten. In: Zimmermann M, Zeidler H, Ehlers H (Hrsg) Rheuma und Schmerz. State of the Art Lectures. Gesellschaft zum Studium des Schmerzes, Heidelberg

Brengelmann JC, Wittchen HU (1985) Einige Folgerungen für die Weiterentwicklung und Verbesserung psychologischer Schmerztherapien. In: Wittchen HU, Brengelmann JC (Hrsg) Psychologische Therapie bei chronischen Schmerzpatienten. Springer, Berlin Heidelberg New York Tokyo

Cziske R (1983) Faktoren des Schmerzerlebens und ihre Messung: Revidierte Mehrdimensionale Schmerzskala. Diagnostica 1: 61–74

Cziske R, Jäckel WH, Jacobi E (1987a) Effekt eines Kurztrainingsprogramms zur Schmerzbewältigung bei Rheumapatienten während der Rehabilitation. Klin Psychol 2: 115–123

Cziske R, Jäckel WH, Jacobi E (1987b) Probleme bei der Durchführung eines Schmerzbewältigungsprogrammes bei Rheumapatienten und Untersuchungen zu seiner Effektivität. Z Rheumatol 46: 328–332

Cziske R, Jäckel WH, Jacobi (1992) Psychische und soziale Belastungen bei Erkrankungen des Stütz- und Bewegungsapparates. In: Basler HD, Rehfisch HP, Zink A (Hrsg) Jahrbuch der Medizinischen Psychologie Bd 7. Springer, Berlin Heidelberg New York London Paris Tokyo

Cziske R, Lehrl S (1981) Revidierte Mehrdimensionale Schmerzskala – Kurzform. ISR Schloß Reisensburg

Geissner E (1988) Schmerzerleben, Schmerzbewältigung und psychische Beeinträchtigung. S Roderer, Regensburg

Graceley RA, Dubner R, Mc Grath PA (1979) Narcotic analgesia: Fentanyl reduces the intensity but not the unpleasantness of painful tooth pulp sensations. Science 203: 1261–1263

Graceley RH, Mc Grath PA, Dubner R (1978) Validity and sensitivity of ratio-scales of sensory and affective verbal pain descriptors: Manipulation of affect by Diazepam. Pain 5: 19–29

Hildebrandt J, Franz CE, Choroba-Mehnen B, Temme M (1988) The use of pain drawings in screening for psychological involvement in complaints of Low-Back Pain. Spine 6: 681–685

Hoppe F (1985) Zur Faktorenstruktur von Schmerzerleben und Schmerzverhalten bei chronischen Schmerzpatienten. Diagnostica 31: 70–78

Jäckel W, Cziske R, Jacobi E (1985) Einfluß der stationären Rehabilitation auf den Gesundheitszustand von Patienten mit Rheumatoider Arthritis. Akt Rheumatol 10: 206–209

Jäckel W, Cziske R, Schochat T, Jacobi E (1985) Messung der körperlichen Beeinträchtigung und der psychosozialen Konsequenzen (patient outcome) bei rheumatoider Arthritis. Akt Rheumatol 10: 43–52

Köhler H (1982) Psychologische Schmerzbewältigung bei chronischer Polyarthritis. Psychologische Dissertation, Universität Tübingen

Laux L, Glanzmann P, Schaffner P, Spielberger CD (1981) Das State-Trait-Angstinventar. Beltz, Weinheim

Lehrl S, Cziske R, Blaha L (1980) Schmerzmessung durch die Mehrdimensionale Schmerzskala MSS. Handanweisung. Vless, Vaterstetten München

Meenan RF, Gertman PM, Mason JH (1980) Measuring health status in arthritis. Arth Rheum 23: 146–152

Meichenbaum D, Turk DC (1976) The cognitive-behavioral management of anxiety, anger and pain. In: Davidson PO (Ed) The behavioral management of anxiety, depression and pain. Bruner & Mazel, New York
Radvila A, Adler RH, Galeazzi RL, Vorkauf H (1987) The development of a German language (Berne) pain questionnaire and its application in a situation causing acute pain. Pain 28: 185–195
Raspe HH (1989) Chronische Polyarthritis und ankylosierende Spondylitis als chronische und schmerzhafte Erkrankungen. In: Rehfisch HP, Basler HD, Seemann H, Raspe HH, Mattussek S (Hrsg) Psychologische Schmerzbehandlung bei Rheuma. Springer, Berlin Heidelberg New York London Paris Tokyo Hong Kong
Raspe HH, Hagedorn U, Kohlmann T, Mattussek S (1990) Der Funktionsfragebogen Hannover (FFbH): Ein Instrument zur Funktionsdiagnostik bei polyartikulären Gelenkerkrankungen. In: Siegrist J (Hrsg) Wohnortnahe Betreuung Rheumakranker. Schattauer, Stuttgart: 164–182
Rehfisch HP, Basler HD, Seemann H, Raspe HH, Mattussek S (1989) Psychologische Schmerzbehandlung bei Rheuma. Springer, Berlin Heidelberg New York London Paris Tokyo Hong Kong
Schade FD (1987) Evaluation eines ambulant eingesetzten psychologischen Schmerzbewältigungstrainings für Kranke mit chronischer Polyarthritis. Zwischenbericht. Modellzentrale der Rheumaliga Schleswig-Holstein, Kiel
Schade FD (1991) Die Wirksamkeit eines ambulanten Schmerzbewältigungstrainings für Rheumakranke im Rahmen einer Felderprobung. Klin Psychol 2: 115–127
von Zerssen D, Koeller DM (1976a) Die Befindlichkeits-Skala. Manual. Beltz, Weinheim
von Zerssen D, Koeller DM (1976b) Depressivitäts-Skala. Manual. Beltz, Weinheim

Methodische Probleme der Therapieevaluation

H. Wottawa

In vielen Fällen ist die Bewertung therapeutischer Eingriffe relativ einfach: Ein entzündeter Blinddarm wird operiert und nach kurzer Zeit verschwinden alle ernsthaften Probleme, eine Infektionskrankheit wird erfolgreich mit Antibiotika bekämpft, und so manches kleinere Gebrechen heilt mit oder ohne Therapie, und ohne, daß sich irgendeine «Evaluationsfrage» stellt. Die Situation wird aber um vieles schwieriger, wenn langwierige, chronische und mit erheblichen Schmerzen oder anderen Lebenseinschränkungen verbundene Krankheiten behandelt werden. Hier wirft die Bewertung von Maßnahmen Fragen auf, die nicht nur die engste spezialisierte Fachkompetenz des Arztes als Kenner der somatischen Zusammenhänge betreffen, sondern die Empfindungen, Normen und Lebensplanungen der Patienten, vermittelt durch die Normen und Gestaltungsmöglichkeiten der gesamten Gesellschaft, involvieren. Es gehört zu den vornehmsten Aufgaben der medizinischen Psychologie, diese Zusammenhänge näher zu erforschen und mit dazu beizutragen, diese Aspekte in das konkrete ärztliche Handeln umzusetzen (vgl. dazu Krüskemper, 1985).

1. Therapiedurchführung als nutzenmaximierendes Handeln

Therapie ist nicht Selbstzweck oder sollte es zumindest nicht sein. Sie ist, zumindest aus methodischer Sicht, immer Bestandteil eines Handlungsplanes, der das Ziel hat, eine vorgegebene Diskrepanz zwischen Ist- und Soll-Wert zu reduzieren (s. Diagramm 1).

Im Prinzip ist therapeutisches Handeln ohne Rückmeldung, und damit auch ohne Evaluation, denkbar. Wird vom Patienten und/oder Arzt eine erhebliche Diskrepanz berichtet, wird als Handlungsalternative eine bestimmte Therapie (z.B. auf der Basis von allgemeinen medizinischen Kenntnissen) ausgewählt, «verordnet» und in mehr oder weniger exakter Form (Compliance-Probleme) auch durchgeführt. Auf eine Rückmeldeschleife kann verzichtet werden. In vielen Fällen liegt für den Arzt auch keine Rückmeldung vor, es sei denn, man betrachtet das Nicht-Wiedererscheinen des Patienten als Erfolgsnachweis. Selbst wenn eine Rückmeldung erfolgt,

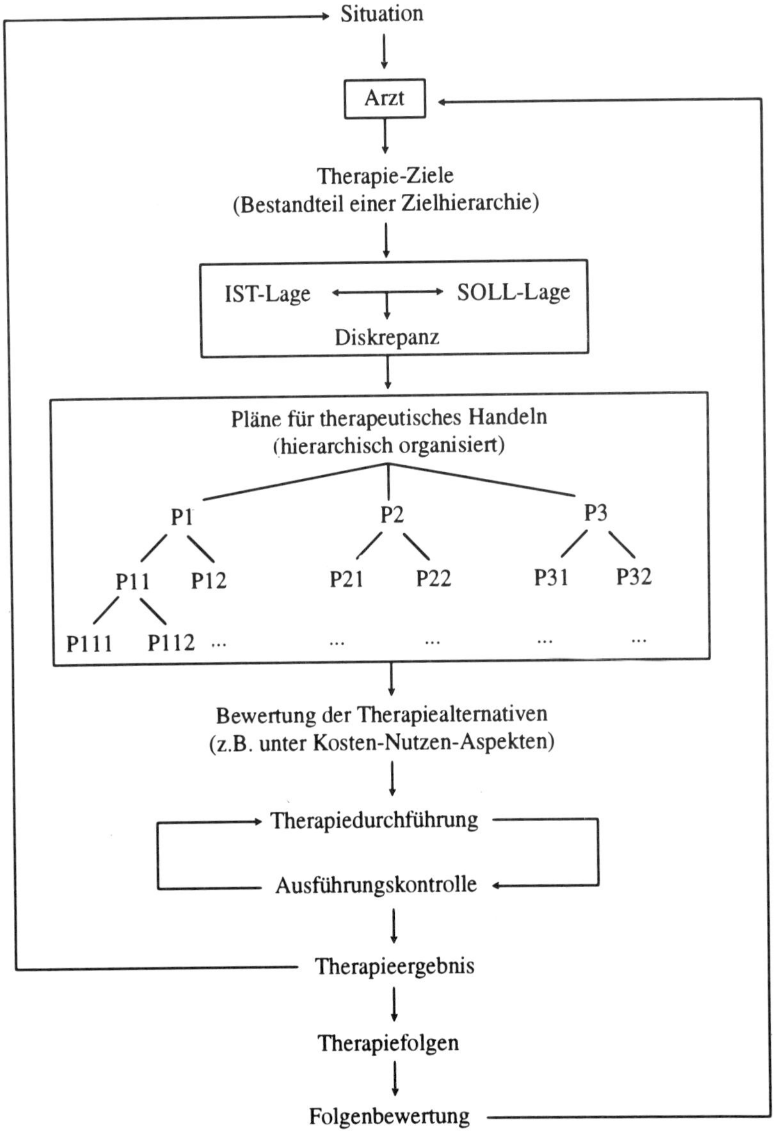

Diagramm 1: Struktur des Handlungsablaufs

etwa durch wiederholte Besuche des Patienten, muß sich diese auch im negativen Fall nicht auf die Therapiebewertung durch den Arzt auswirken. Tatsächlich zeigte eine Studie, in der die Entscheidungsmodelle erarbeitet wurden, daß nur ein einziger in seinem subjektiven Modell die explizite Rückmeldeschleife hatte «Wenn die Behandlung nicht anspricht, überprüfe ich die Diagnose». Die 30 anderen Entscheidungsmodelle zeigten, daß bei unzureichendem Behandlungserfolg zwar die Therapie variiert und insbesondere intensiviert wurde (z.B. bis zu einer 16fachen Dosissteigerung der zunächst vorgesehenen Medikation), die Diagnose aber nicht hinterfragt wurde. Dieses Verhalten kann durchaus rational sein, da es eine Vielzahl von Gründen gibt, trotz richtiger Diagnose (zunächst) keinen Therapieerfolg zu haben. Es ist aber vielleicht doch ein Indiz dafür, daß für nicht wenige Therapeuten (zweifellos nicht nur Ärzte) die Einhaltung der professionellen Standards, die Beachtung des «Standes der Wissenschaft» bzw. «Kunst» für die Steuerung ihres eigenen Verhaltens wichtiger sein kann als die systematische Beachtung von «Nutzenaspekten» des Patienten. Trifft dies zu oder wird diese Haltung durch extern bedingte organisatorische Regelungen gefördert oder gar erzwungen, fehlt im wesentlichen die erfahrungs- und bewertungsgestützte «Rückmeldeschleife» im allgemeinen Handlungsmodell in Diagramm 1. Diese Tendenz sollte um so stärker sein, je gesicherter und wissenschaftlich fundierter die Kenntnisse bezüglich der «richtigen» Diagnose und Therapie sind.

Vielleicht ist dies einer der Gründe, warum die (medizin-) psychologische Betrachtungsweise den konkreten Nutzen von Interventionen für Patienten im Regelfall stärker beachtet als die (somatisch ausgerichtete) Medizin. Sie steht damit vielleicht gerade wegen ihrer noch relativ schwachen, in Prägnanz und Aussagesicherheit (noch) nicht das Niveau der somatischen Medizin erreichenden Modelle über die Zusammenhänge zwischen den relevanten Aspekten von Störung, Diagnose, Therapie und Therapieerfolg dem zunehmend deutlich werdenden gesellschaftlichen Bedürfnis nach einer nutzenorientierten Therapieevaluation besonders nahe.

2. Medizinisches und psychologisches Denken: zwei unterschiedliche methodologische Grundlagen für Therapieoptimierung

Sowohl Medizin als auch Psychologie sind empirische Humanwissenschaften. Sie haben damit die prinzipiell gleiche Überprüfungsmethodik wissenschaftlicher Aussagen (Vergleich zwischen Aussage und Erfahrung) und den gleichen Gegenstandsbereich, nämlich den Menschen. Die Unterschiede liegen einerseits in der Auswahl der Aspekte, die man als relevant ansieht, etwa chemisch-physikalische, körperliche Vorgänge oder psychisches Erleben, allerdings mit einer erheblichen Schnittmenge (z.B. Schmerz). Dies führt dazu, daß zumindest teilweise andere Variablen für die Feststellung der im allgemeinen Handlungsmodell als Grundlagen für Intervention dargestellten «Diskrepanz» herangezogen werden und auch andere Interventionen naheliegen. Wichtiger für die Methoden der Therapieevaluation ist aber der Unterschied im erreichten Entwicklungsstand von Teilmodellen über Kausalursachen.

Der vielleicht nicht immer erreichte Idealzustand einer somatischen Medizin ist, daß man ein «Funktionsmodell» der Zusammenhänge vorliegen hat. Ähnlich wie beim Schaltplan eines technischen Gerätes sind die wesentlichen Komponenten und ihr Zusammenwirken bekannt, die «Diagnose» liegt im Aufzeigen der Fehlfunktionen. Für die Handlungssteuerung des «Reparateurs» liegt die entscheidende Diskrepanz zwischen dem Ist-Stand des Systems (Störung) und dem Soll-Stand (störungsfrei) und er leitet Maßnahmen ein, um diese Diskrepanz zu beseitigen. Dabei kann sich der (hier in übertriebener Weise dargestellte) rein auf somatische Aspekte beschränkte Mediziner für die Bewertung seiner Maßnahmen auf die Reduktion dieses so beschriebenen Spannungszustandes beschränken, ähnlich wie z. B. ein Fernsehtechniker einen «Erfolg» hat, wenn ein defektes Gerät wieder in Ordnung ist, ohne über den Nutzen des Fernsehens generell, die Freizeitgestaltung des Kunden oder dessen (fernsehbedingten) Bewegungsmangel nachdenken zu müssen. Je klarer und eindeutiger die Kenntnis über die Funktionsmodelle ist, umso leichter ist die Beschränkung der Perspektive des eigenen Handelns auf diesen technischen Aspekt.

Im Gegensatz dazu ist die Psychologie, zumindest bei vielen medizinnahen Fragestellungen, auf einem wesentlich schwächeren Entwicklungsstand. Der Patient ist hinsichtlich vieler in der Medizinpsychologie wichtigen Vorgänge, z.B. die Zusammenhänge zwischen Lebensumständen und dem Ausmaß des Schmerzempfindens bei chronischen Krankheiten, im wesentlichen eine «Black-Box», von der man zwar weiß, daß sie irgendwie einen Zusammenhang zwischen Input und Output herbeiführt, für deren entsprechende «Schaltpläne» man aber nur hypothetische Vermutungen hat, ohne sagen zu können, welche der vielen denkbaren und in manchen Untersuchungen als relevant erwiesenen Modelle tatsächlich auf die konkrete Situation passen. Es mag offen bleiben, ob diese (relative) Schwäche eine unabdingbare Folge der Konsequenz der Individualität und Komplexität der Zusammenhangsmodelle ist oder ob es nur eine Frage der Zeit ist, bis weiterführende psychologische Forschung ähnlich klare Funktionsmodelle ergibt wie in der somatischen Medizin. In jedem Fall verhindert das derzeitige Fehlen entsprechend klarer Modelle die Konzentration des Therapeuten auf die Verringerung der Diskrepanz zwischen «gestörtem» und «normalem» Funktionsablauf. Er muß statt dessen überlegen, welcher «Input» (Therapie) bei dem Patienten zu einem erwünschten, nutzenmäßig positiv bewerteten «Output» führt. Damit wird zwangsläufig die Evaluation der Behandlungsfolgen, und nicht die Auswahl der auf Grund vorhergehender wissenschaftlicher Ergebnisse als sachgerecht geltenden Therapie, die Grundlage der Intervention.

Möchte man Verhalten auf den konkreten Folgen aufbauen, stellen sich folgende Standardprobleme:

– Welche Folgen sollen beachtet werden?

- Wessen Nutzen (z.B. Therapeut, Patient, Angehöriger, Krankenkassen, Gesamtgesellschaft) der Behandlungsfolgen soll beachtet werden;
- Welche Zeitperspektiven für die Folgenbewertung (unmittelbar nach Behandlungsende, langfristige Auswirkungen für den Patienten, Auswirkungen für das Gesundheitssystem) ist anzusetzen?
- Wie sind die verschiedenen Folgenbewertungen (Nutzenaspekte) zusammenzufassen bzw. zu verrechnen?
- Wer entscheidet über diese Festlegungen?

Da Nutzen stets eine subjektive Kategorie ist (auf die besondere Bedeutung des Erlebens der Patienten, gerade bei chronischen Erkrankungen, verweist u. a. Krüskemper, 1987), entzieht sich seine Messung einem rein naturwissenschaftlichen Ansatz. Es ist an irgendeiner Stelle der Erfassung von Nutzenaspekten eine subjektive, eventuell nach geisteswissenschaftlichen Kriterien (z.B. ethische Vorstellungen) orientierte Setzung erforderlich. Damit wird aber auch die Wahl der Therapie nicht mehr durch objektive, empirisch erfaßbare Gesetzmäßigkeiten allein bestimmt, sondern normbezogenen, letztlich auch machtbezogenen Determinanten unterworfen. Dies verbessert einerseits die Flexibilität des Vorgehens, es wird leichter möglich, besondere Rahmenbedingungen bei der Therapiewahl zu berücksichtigen; der Preis dafür ist aber andererseits eine wesentlich höhere subjektive Unsicherheit des Therapeuten, damit verbunden auch die Gefahr, etwas «Falsches» zu tun.

Eine Konsequenz aus diesen unterschiedlichen Denkmodellen von Medizin (Schaltplan) und Psychologie (Input-Output-Verknüpfung) ist, daß sich die Therapieevaluation im somatisch-ärztlichen Bereich sehr häufig auf das Feststellen bloßer Effektstärken konzentriert. Dies gilt z.B. für die zahlreichen Studien zur Untersuchung der Wirksamkeit von Pharmazeutika, das Feststellen von Überlebenschancen nach operativen Eingriffen oder die objektiv erfaßbare Behandlungsdauer in Abhängigkeit von der Therapie. Da solche systemimmanenten Bewertungen von Maßnahmen aber letztlich nicht ausreichen, wurden im ärztlichen Bereich normbezogene Verhaltensstandards entwickelt, die als Versuch gedeutet werden können, die Fragen der nutzenbezogenen Bewertung therapeutischen Handelns durch soziale Konsensbildung hinsichtlich überschaubarer Verhaltenstrategien zu ersetzen. Typisch dafür ist etwa die Forderung, das Leben des Patienten (gegebenenfalls unbeschadet von Nutzenaspekten) in jedem Fall zu erhalten, oder die im (ursprünglichen) Hypokratischen Eid detaillierter zusammengefaßten ethischen Grundsätze. Je leistungsfähiger die ärztliche Kunst aber wurde, je mehr Möglichkeiten für die Veränderung der Gesellschaft damit erreichbar waren, umso stärker wurde die Nützlichkeit einzelner dieser Prinzipien für den einzelnen Patienten und für die Gesellschaft insgesamt in Frage gestellt. So wie die (verglichen mit der somatischen Medizin) geringen

Kenntnisse über Wirkzusammenhänge von seiten der Psychologie zu einer besonderen Beachtung von Nutzenaspekten zwingen, führt gerade die Leistungsfähigkeit medizinischer Therapien ebenfalls dazu, stärker als bisher eine breiter gefaßte und an vielfältigeren Einzelaspekten orientierte Therapieevaluation als Grundlage des optimalen ärztlichen Verhaltens heranzuziehen. Dies setzt u. U. voraus, daß man nicht mit globalen Maximen arbeiten kann, sondern in stärkerem Maße die jeweilige Nutzenkonstellation im einzelen Behandlungsfall erheben und beachten muß.

3. Nutzenmessung: retrospektive Therapieevaluation

Die Handlungsplanung, also die Auswahl der verschiedenen Alternativen für das therapeutische Vorgehen, setzt Informationen über Effekte dieser Maßnahmen in der Vergangenheit voraus. In diesem Sinne ist stets eine retrospektive Therapieevaluation, eventuell auch in eher unsystematischer Form, die Grundlage für ein rational planbares Vorgehen.

3.1 Designfragen

Eine Maßnahme kann stets nur im Vergleich zu Alternativen bewertet werden. Es müssen daher Untersuchungspläne erarbeitet werden, die eine Gegenüberstellung verschiedener Gruppen (entweder in einem vorher/nachher-Vergleich oder durch die Analyse der Unterschiede verschiedener Therapieformen bei ansonsten vergleichbaren Personengruppen) erlauben. Dazu wurden insbesondere im Zusammenhang mit Fragestellungen der experimentellen Psychologie eine Vielzahl von Designstrategien erarbeitet, eine Übersicht findet sich etwa in Cook und Campell (1979), Bungard et. al. (1988), Schulz et. al. (1981). Für die Therapieevaluation schwierig ist, daß wirklich aussagekräftige, die Interpretation von Kausalzusammenhängen zumindest nahelegende Versuchspläne folgende Bedingungen erfordern:

- zufällige Zuteilung von Personen zu den Designzellen (Untersuchungsgruppen)
- Unkenntnis der Versuchsperson und des Versuchsleiters über die erwarteten Effekte zur Vermeidung entsprechender Störeinflüsse
- Unabhängigkeit von «Meßfehlern» der abhängigen Variablen und der systematischen Designeinflüsse

Diese drei Mindestanforderungen werden im Bereich der Therapieevaluation am ehesten in kontrollierten pharmakologischen Studien erreicht (Doppelblindversuche), vor allem dann, wenn die Versuchsdauer einen überschaubaren Zeitraum von etwa mehreren Wochen nicht übersteigt. Bei der Behandlung von Krankheiten, die ja im allgemeinen beim Menschen nicht experimentell ausgelöst und wieder zum Verschwinden gebracht werden können bzw. dürfen, treten bei der praktischen Untersuchungsdurchführung oft Einschränkungen von den Idealforderungen auf, insbesondere:

- Verstoß gegen die Zufälligkeit der Zuordnung; man kann kaum unter schweren akuten Schmerzen leidende Kranke auf eine «Warteliste» setzen (selbst wenn man dies versuchte, wäre ein Arztwechsel durch den Patienten die wahrscheinlichste Folge), besondere soziale oder berufliche Bedingungen der Lebenssituation des Patienten können aus ethischen Gründen den Einsatz einer unerprobten Therapie verbieten, bestimmte Behandlungsformen sind bei Vorliegen zusätzlicher Erkrankungen (Multimorbidität) nicht zulässig oder undurchführbar.
- Der in pharmakologischen Studien durch den Einsatz von Placebos mögliche Doppelblindversuch ist dann nicht durchführbar, wenn es für die jeweilige Behandlungsform ein echtes «Placebo» nicht gibt; dies gilt für die meisten psychologienahen oder psychotherapeutischen Behandlungen, bei denen weder dem Therapeuten noch dem Patienten verborgen bleiben kann, ob etwa ein verhaltens- theoretischer oder ein psychoanalytischer Ansatz gewählt wurde; gleiches gilt für physikalische Therapien und alle Maßnahmen, die zu einer Änderung der Lebensgewohnheiten des Patienten führen sollen.
- Gegen die Unabhängigkeit der Meßfehler von systematischen Einflüssen wird insbesondere bei Langzeitbehandlungen (wie sie ja bei chronischen Krankheiten meist unvermeidbar sind) verstoßen; dies kann aus ärztlicher Sicht erforderlich sein, etwa spezielle Maßnahmen gegen «zufällig» hohe Schmerzen oder Verschlechterungen des Krankheitsbildes, es kann aber auch durch den Patienten erfolgen (z.B. Therapieabbruch oder fehlende Compliance bei «zufälliger» Verbesserung der Befindlichkeit).

Schon diese designbezogenen methodischen Schwierigkeiten zeigen, daß sich für die Bewertung von Therapien gerade im Bereich chronischer Krankheiten Idealvorstellungen aus den experimentellen Naturwissenschaften i. a. nicht verwirklichen lassen. Dies hat zur Folge, daß der Wunsch nach einer vollständig auf der Basis von empirisch-wissenschaftlichen Gesetzmäßigkeiten aufbaubaren Therapieindikation, zumindest soweit es derzeit absehbar ist, nicht zu erfüllen ist. Selbstverständlich muß man sich gerade bei der Therapieevaluation bemühen, diesem Ideal so nahe wie möglich zu kommen. Ist das praktische ärztliche Handeln aber auf dieser Grundlage nicht allein begründbar, so ist die Bereitschaft zu letztlich nicht rational fundiertem, vielleicht sogar tatsächlich «zufälligem» Verhalten unverzichtbar.

3.2. Nutzenmessung

Man kann versuchen, als abhängige Variablen für die Therapiebewertung ausschließlich objektive Aspekte heranzuziehen: physiologische Messungen, objektiv beobachtbare Verhaltensweisen des Patienten wie etwa Beweglichkeit, Verweildauer im Krankenhaus oder Zeitdauer der Arbeitsunfähigkeit. Eine solche Art der Informationssammlung löst aber nicht das Entscheidungsproblem des Therapeuten, welche der verfügbaren Alternativen er wählen soll. Ziel des praktischen Handelns kann ja nicht Maximierung eines objektiven Aspektes als Selbstzweck sein, sondern der dahinterstehende «Nutzen» für Menschen. Dieses Problem ist für die Verhaltenssteuerung solange nicht relevant, wie mit annähernder Sicherheit von einer monotonen Beziehung zwischen dem objektiven Aspekt und dem subjektiven Nutzen ausgegangen werden kann oder gesellschaftliche Normen eine solche monotone Beziehung mit einem breiten Konsens vorschreiben (z.B. kurze Verweildauer im Krankenhaus, geringer Arbeisausfall). Unterscheiden sich die Therapieformen hinsichtlich des Ergebnisprofils, ist aber eine zusammenfassende «Nutzenverrechnung» erforderlich. Dies gilt schon für objektive Aspekte (wenn etwa die eine Alternative zu einem kürzeren Krankenhausaufenthalt, aber zu einer eher längeren Arbeitsunfähigkeit führt als die andere Therapieform), noch stärker bei der Berücksichtigung subjektiver Größen wie «Lebensqualität» bei chronisch Kranken oder die Berücksichtigung von unerwünschten, je nach der Situation des Patienten mehr oder weniger gravierend erlebten Nebenwirkungen. In solchen Fällen muß eine sachgerechte Therapieevaluation auf Nutzenmaßnahmen aufbauen.

Man kann dies in «nomothetischer», also in einer allgemeinen, für alle Patienten gleichen Weise, versuchen. In diese Richtung zielen Fragebögen zur «Lebensqualität» oder der «subjektiven Befindlichkeit». Hier werden «objektive» Messungen durch das Vorgeben von Fragebögen ersetzt, die durch Experten so konstruiert sind, daß eine monotone Beziehung zwischen den Werten auf den einzelnen Subskalen und dem subjektiven Nutzen plausibel erscheint. Im Regelfall wird dabei der Patient aber nicht nach dem subjektiven «Nutzen» befragt, so daß keine gemeinsame Verrechnung der verschiedenen Subskalen untereinander oder mit Beobachtungen aus anderen Quellen auf einer einheitlichen Nutzendimension möglich ist. Diese Ansätze stellen daher eine sehr wertvolle Erweiterung des Spektrums der zu beachtenden und meßbaren Behandlungsfolgen dar, lösen aber nicht das zusammenfassende Bewertungsproblem. Darüber hinaus unterstellen sie, daß für die einzelnen Patienten tatsächlich die gleichen Fragen (je nach Elaboriertheit des Fragebogens mit einer Berücksichtigung spezifischer Subgruppen) in vergleichbarer Weise die subjektiven Bedingungen angemessen erfassen.

Ein ebenfalls nomothetischer, aber explizit auf Nutzenmessung abzielender Ansatz ist die sog. MAUT-Technik (multiattributive Nutzenmessung).

Ausgangspunkt ist auch hier wieder der «Experte» (z. B. Arzt), der alle (genauer: die von ihm ausgewählten) objektiv erwartbaren Folgen einer Therapie, insbesondere unter Beachtung unerwünschter Nebenfolgen, hinsichtlich ihres Nutzens für einen Patienten einschätzt. Zur Erhöhung der Stimmigkeit dieser Einschätzung wird zusätzlich noch nach dem Gesamtnutzen der Maßnahmen für diesen Patienten insgesamt, gemäß der Einschätzung des Experten gefragt. Diese Angaben werden dann solange verfeinert, bis eine gute Übereinstimmung zwischen dem Gesamtnutzen und einer gewichteten Summe der Teilnutzen besteht, da man unterstellt, daß der Experte von einem solchen Kompensationsmodell (ein geringer Nutzen in einem Aspekt kann von einem hohen Nutzen in anderen Aspekten ausgeglichen werden, abhängig davon, wie wichtig die einzelnen Teilsaspekte sind) ausgeht. Danach liegt eine Nutzen-Skalierung der verschiedenen Therapiefolgen vor, die sowohl zu einem Vergleich zwischen verschiedenen Therapiealternativen als auch für die Nutzenkalkulation im Einzelfall (wenn man die Eintrittswahrscheinlichkeiten der möglichen Therapiefolgen abschätzen kann) herangezogen wird. Auch dieses Modell unterstellt, daß z.B. ein bestimmtes Ausmaß an Beweglichkeit oder ein bestimmter Skalenwert auf einem Befindlichkeitsfragebogen für alle Patienten den (annähernd) gleichen Nutzenwert hat (für eine ausführliche Darstellung siehe Edwards (1977), Edwards und Newman (1982). Eine stark auf den Einzelfall eingehende Nutzenmessung bietet die Goal-Attainment-Scaling (GAS). Hier wird nicht ein einheitliches Konzept für alle Patienten erarbeitet, sondern mit jedem einzelnen über die in seinem Handlungsmodell (vgl. Diagramm 1) vorliegende Abweichung von Ist- und Soll-Zustand gesprochen. Jeder für ihn wichtige Aspekt wird danach weiter zergliedert, was «ein ausgezeichneter Erfolg», ein «guter Erfolg» ein «Gleichbleiben» usw. wäre, und zwar möglichst genau spezifiziert (so könnte etwa der beste Erfolg ein völliges Verschwinden der Schmerzen, ein guter Erfolg ein nur noch gelegentliches Auftreten bestimmter Schmerzen usw. sein). Außer den vom Patienten gewünschten Veränderungen können absehbare Nebenwirkungen in diese Skala mit aufgenommen werden. Für die einzelnen Verbesserungs- bzw. Verschlechterungsstufen werden dann Punkte vergeben, die Bewertung des Therapieerfolges erfolgt (neben einer Analyse der Veränderungen in den Einzelskalen) durch die Aufaddierung der erreichten Punktwerte. Damit ist eine stark patientenzentrierte Therapieevaluation möglich, die die besonderen Wünsche und die spezifische Lebenssituation des einzelen Patienten mit berücksichtigt. Der Nachteil ist ein erheblicher Aufwand bei der Skalenerstellung, auch ist die Auswahl der einzelnen für den Patienten wichtigen Aspekte nicht «objektiv», sondern von der momentanen Patientensituation abhängig und daher über die Zeit hinweg nicht unbedingt reliabel. Trotzdem ist die GAS (und darauf aufbauende verwandte Verfahren) eine sehr gute Möglichkeit, um der spezifischen Situation des Individuums gerecht zu werden (ausführliche Darstellungen finden sich bei Kirusek und Sherman, 1968; Scholz, 1979; Wittmann, 1985).

3.3 Übertragbarkeit der Ergebnisse

Die retrospektive Therapieevaluation ist nicht Selbstzweck, sondern soll das therapeutische Verhalten verbessern. Dies ist nur möglich, wenn die gefundenen Resultate auf neue Situationen und auf nicht in die Untersuchung aufgenommene Patienten übertragbar sind.

Zunächst, gestützt auf die Vorbilder der allgemeinen experimentellen Psychologie und der naturwissenschaftlich-somatisch medizinischen Grundlagenforschung, erscheint diese Frage sehr einfach zu beantworten: Wurde eine zufällige Stichprobe von Patienten für die Therapieevaluation aus einer Population gezogen, so sind die Ergebnisse (mit der statistisch abschätzbaren Zufallsschwankung) auf neue, ebenfalls zufällig aus der Population herausgegriffene Patientengruppen übertragbar.

Diese Art der «Verallgemeinerbarkeit» der Ergebnisse ist aber nicht die Information, die für das therapeutische Handeln relevant ist. Die Grundlage dieses Modells ist ja, daß die einzelnen Versuchseinheiten (Patienten) bis auf Zufallsschwankungen in gleicher Weise auf die jeweilige experimentelle Bedingung reagieren, vergleichbar mit Molekülen bei chemischen Reaktionen oder auf Homogenität gezüchteten Rattenstämmen in Tierversuchen. Ist diese Homogenität aber nicht gegeben, gibt es also systematische Wechselwirkungen zwischen der Therapiealternative einerseits und Personeneigenschaften andererseits, ist die Verallgemeinerbarkeit in dem oben dargestellten statistischen Sinn keine Grundlage für die Therapiewahl. Man erhält dadurch, statistisch gesehen, zwar verallgemeinerbare «durchschnittliche» Effekte der Therapie (gemittelt über die untersuchten Personen weg), aber keine «allgemeinen», da ja die Auswirkungen bei Vorliegen solcher Wechselwirkungen systematisch von den Patientengegebenheiten abhängen. Wenn z.B. der Therapieerfolg darin besteht, daß für die eine Hälfte der untersuchten Patienten eine wesentliche Verbesserung, für die andere aber eine Verschlechterung eingetreten ist, dann ist der verallgemeinerbare durchschnittliche Effekt «leicht positiv», dieses Untersuchungsergebnis aber keine sinnvolle Grundlage für die Therapiewahl im Einzelfall.

In der Medizin ist (anders als in der allgemeinen Psychologie) ein Denken in systematisch verschiedenen Patientengruppen seit langem selbstverständlich – es würde wohl niemand auf die Idee kommen, den «Erfolg» einer Blinddarmoperation an einen vorher/nachher-Design an einer Zufallsstichprobe aus allen Patienten mit Bauchschmerzen zu bewerten. Man erwartet einen (nachvollziehbaren, systematischen) Therapieerfolg ja nur, wenn der therapeutische Eingriff auf die Behebung eines Defizites im «Schaltplan» gemäß der in Abschnitt 1 dargestellten, für die Medizin typischen Möglichkeiten der Diagnoseerstellung, abzielt. Die Frage ist aber, ob alle Personen mit der gleichen (medizinischen) Diagnose auch tatsächlich als homogen bezüglich der Therapiewirkung aufzufassen sind. Dies ist mit Sicherheit nicht der Fall, was ja auch in der somatischen Medizin dazu geführt hat, daß außer den Grobdiagnosen («Knochenbruch») differenzierte Feindiagnosen erstellt werden («Splitterbruch» mit zusätzlicher Spezifikation von Besonderheiten), die die Grundlage für die Beurteilung der Angemessenheit einer Therapie bilden. Unterstellt wird danach aber immer eine homogene Wirkung der Bestandsalternativen für alle Patienten mit gleicher Feindiagnose, was insbesondere dann nicht stimmen muß, wenn wichtige psychologische Variablen nicht mit berücksichtigt wurden.

Wie schon im ersten Abschnitt dargestellt, ist diese Art von Diagnoseerstellung für die psychologischen Aspekte von Krankheiten zumindest derzeit nicht leistbar. Damit ist es auch nicht möglich, die Patienten entsprechend dem medizinischen Vorbild auf der Basis einer «Psychodiagnose» in homogene Gruppen einzuteilen, deren Mitglieder auf die Behandlungsalternativen in annähernd gleicher Weise reagieren. Die Konsequenz ist, daß gerade bei nutzenorientierter Therapieevaluation mit zwangsläufig hohen Anteilen psychischer Komponenten davon auszugehen ist, daß die erarbeiteten «durchschnittlichen» Effekte eine Vielzahl von Wechselwirkungen zwischen den Behandlungsalternativen und den systematischen Bedingungen der Patienten überdecken.

4. Prospektive Therapieevaluation

Für die Handlungsplanung des Therapeuten ist die vorausschauende Kalkulation der wahrscheinlichen Therapieerfolge unverzichtbar. Dies setzt in Anbetracht der Spezifität von Therapiewirkungen gerade unter Nutzenaspekten eine sorgfältige Indikationsstellung voraus. Außerdem muß dabei die Zeitperspektive (gerade bei chronischen Krankheiten) beachtet werden, soweit die dynamisch ablaufenden Prozesse überhaupt annähernd überschaubar sind. Da vor dem Hintergrund der vielfältigen und vernetzten Einflüsse der Therapiewirkung eine rein sachrationale Optimierung nicht möglich ist, stellt sich auch die Frage, wer eigentlich die Entscheidung (und damit Verantwortung für die Folgen) übernimmt.

4.1 Fragen der Indikationsstellung

Die im Abschnitt 3.3 dargestellte Problematik von Wechselwirkungen zwischen Therapiealternativen und Patienteneigenschaften verlangt eine Nutzenkalkulation mit spezifischer Abstimmung auf den Einzelfall. Zusätzlich zu den somatischmedizinischen Funktionsmodellen ist eine weitere Differenzierung der Patienten erforderlich, die der Arzt im allgmeinen auf Grund seiner «Erfahrung», seltener auf Grund entsprechender Analysen von Therapieevaluationsprojekten, vornimmt.

Problematisch ist hier die faktische Möglichkeit der «Erfahrungssammlung» in der ärztlichen Praxis. Wurde aufgrund einer spezifischen medizinischen Diagnose bei einer Reihe von Patienten eine bestimmte Therapie eingeleitet und der relative Erfolg festgestellt, stellt sich für den Arzt die Frage, wordurch sich die erfolgreichen von den nichterfolgreichen Behandlungsfällen unterscheiden. Findet er entsprechende «Muster», die zwischen diesen beiden Patientengruppen trennen, wird er diese Aspekte bei seiner zukünftigen Indikationsstellung berücksichtigen. Dabei ist die Gefahr von Irrtümern aufgrund kombinatorischer Gesetzmäßigkeiten außerordentlich hoch. Diese Fehlerquelle wird im allgemeinen weit unterschätzt. Geht man z.B. von 20 Behandlungsfällen aus, von denen zwei als «nicht erfolgreich» einzustufen sind, so wäre es für die meisten Therapeuten ein auffallender Befund, wenn sich diese beiden Problemfälle in einer Kombination von z.B. vier Aspekten (etwa mittleres Alter, beruflich stark beansprucht, Beschwerden schon länger andauernd, zurückhaltendes Gesprächsverhalten mit dem Arzt) gemeinsam von allen anderen 18 unterscheiden. Unterstellt man, daß der Arzt insgesamt mindestens hundert Aspekte in wenigstens drei Ausprägungsgraden von jedem dieser 20 Patienten kennt (und dies ist in Anbetracht der Vielzahl der in der Diagnosephase erhobenen Informationen, vor allem auch bei Auswertung des Arzt-Patienten-Gespräches, sicher eine Unterschätzung), dann ist bei völlig zufälliger Verteilung dieser Aspekte über die 20 Patienten hinweg das genannte Ergebnis (ein «Muster» aus vier Aspekten tritt nur bei den beiden Problemfällen, bei keinem der anderen 18 Patienten auf) mit einer Wahrscheinlichkeit von 97,58% zu erwarten. Diese hohe Eintrittswahrscheinlichkeit ergibt sich aus der Vielzahl der Möglichkeiten, aus hundert Aspekten Untergruppen von je vier zu bilden, wobei jede dieser Untergruppen bei dreistufigen Aspekten wieder 81 verschiedene Muster aufweist. Es ist daher überhaupt kein Problem, bei überschaubaren Fallzahlen (und mit gleicher Diagnose und gleicher Therapievariante verfügt der einzelne Arzt innerhalb eines begrenzten Zeitraumes meist nur über relativ wenige Patienten) post hoc Erklärungen mit 100%iger Treffsicherheit zu erarbeiten. Die Schwierigkeit besteht darin, jene Erklärungsmuster zu finden, die nicht aufgrund von zufälliger Anpassung an die Daten, sondern als Folge systematischer Zusammenhänge aufgetreten sind.

Da auch die leistungsstarke menschliche Informationsverarbeitung mit einem systematischen Ausprobieren aller Erklärungsmuster und deren versuchsweisen Einsatz für neue Patienten überfordert ist, bietet es sich an, sie durch EDV-gestützte Analysen zu unterstützen. Eine Möglichkeit dazu bieten konfigurale Techniken (Hajek und Havranek, 1978; Hildebrand et al. 1977; Wottawa, 1987), die als Datenauswertungsverfahren innerhalb der retrospektiven Therapieevaluation eingesetzt werden können. Ein Beispiel dafür findet sich bei Krüskemper et al. 1981; Wottawa 1981. Da auch diese Techniken den genannten Zufallseinflüssen unterliegen, ist eine Kreuzvalidierung, also eine Einsetzung der gefundenen Identifikationsregeln an neuen

Patientenstichproben, unerläßlich. Da hierzu aber die Daten von relativ großen Patientengruppen (und nicht nur die Patienten eines einzelnen Arztes) zusammengefaßt werden können, ergibt sich eine wesentlich höhere Chance für das Aufzeigen systematischer Effekte als bei der weniger strukturierten Erfahrungssammlung des einzelnen Therapeuten. Auswertungen dieser Art sind auch die Grundlage für Entscheidungshilfesysteme, die so gestaltet werden können, daß zusätzlich zu den wissenschaftlichen Analysen eine «Lernfähigkeit» gemäß den spezifischen Erfahrungen in der jeweiligen Praxis ermöglicht ist.

Ein anderer, eventuell ergänzender Weg ist der Versuch, die verhaltenssteuernden Mechanismen der ärztlichen Indikationsstellung zu explizieren. Da es im Normalfall für den Arzt nur wichtig ist, die möglichst richtige Entscheidung zu treffen, ohne sich sämtlicher Entscheidungsgründe voll bewußt zu sein, setzt dies die Schaffung von Situationen voraus, in denen die Explikation der Begründung erforderlich ist (dies kann durch Interviewtechniken oder durch entsprechend konstruierte EDV-Programme erreicht werden). Diese Explikation der Entscheidungsregeln führt zwar zunächst noch zu keiner Verbesserung, erleichtert dem Arzt aber sein praxisbegleitendes Lernen. Er kann damit – völlig analog zu den Kreuzvalidierungen der automatischen Datenauswertung – für jeden neuen Patienten prüfen, nach welcher Detail-Regel er entschieden hat, wie sich diese Entscheidung bewährt hat und ob gegebenenfalls eine Erweiterung oder Änderung der Regel angezeigt ist. Wird die Regel modifiziert, sind die Konsequenzen davon auch an den zurückliegenden Behandlungsfällen zu überprüfen, was ohne Schwierigkeiten möglich ist, wenn diese EDVmäßig erfaßt sind. Darin liegt ein wesentlicher Vorteil zu der eher intuitiven Erfahrungssammlung, da in diesem Fall der Arzt keine realistische Chance hat, vor einer Regelmodifikation die Übereinstimmung bei den länger zurückliegenden Fällen zu prüfen, so daß die Gefahr besteht, daß die neuen post hoc Erklärungen zwar auf die jeweils gedächtnismäßig überblickbaren Patienten passen, aber weder für länger zurückliegende noch für die zukünftig eintreffenden Fälle valide sind.

Trotz dieser theoretischen Vorteile werden die ansatzweise verfügbaren Experten- bzw. Entscheidungshilfesysteme in der ärztlichen Praxis derzeit kaum genutzt, was (neben Fragen der Arbeitsüberlastung und prinzipieller Denkgewohnheit) vielleicht auch damit zusammenhängt, daß der Arzt die Optimierung seines Verhaltens an einem sehr kurzfristigen, technisch gesehenen Therapieerfolg orientiert.

4.2 Zeitperspektive

Ein wesentliches Problem der prospektiven Therapieevaluation ist, daß gerade bei schweren und lang andauernden Krankheiten die langfristige Perspektive des Patientennutzens zu beachten wäre. Diese wird aber wesentlich durch parallel zum Krankheitsverlauf sich entwickelnde Rahmenbedingungen beeinflußt, woraus sich die Notwendigkeit einer dynamischen Nutzenbewertung ergibt. Relativ einfach ist dies bei klar definierten Trends (z.B. altersbedingte Veränderungen im Leben des Patienten), andere Einflüsse (etwa seine berufliche oder familiäre Situation in der Zukunft) sind kaum abzuschätzen. Für das vergleichbare Problem optimaler Maßnahmen in Organisationen wurden zwar eine Reihe von leistungssteigernden Sozialtechniken entwickelt (insbesondere Szenario), die in der systematischen Analyse der erwartbaren Veränderungen und ihrer wechselseitigen Verknüpfungen liegen, für den Einzelfall ist aber ein solcher Aufwand nicht leistbar. Schon aus diesem Grund kann von einer wirklich idealen Optimierung des Therapienutzens in der normalen Praxissituation nicht ausgegangen werden.

Erschwert wird die Situation noch dadurch, daß selbst bei konstanten Rahmenbedingungen mehrere psychologische Mechanismen vorliegen, die die Nutzenbewertung einer Maßnahme systematisch verändern. Ist z.B. eine Therapie zwangsläufig mit Vor- und Nachteilen verbunden, so wird sie zunächst akzeptiert, wenn die Vorteile die Nachteile subjektiv überwiegen. Es besteht aber die Tendenz, daß bei konstanter Situation die Vorteile einer Maßnahme mit negativer Beschleunigung kumulieren, die Nachteile mit positiver (Coombs und Avrunin, 1977). Dies hat zur Konsequenz, daß selbst bei unveränderten Rahmenbedingungen irgendwann die stärker zunehmenden Nachteile die schwächer kumulierten Vorteile übertreffen, so daß aus der Sicht des Patienten eine negative Bewertung einsetzt. Dieser Mechanismus führt dann zu Unzufriedenheit oder fehlender Compliance. Er kann am ehesten vermieden werden, wenn entweder die Nachteile der Therapie aus den Überlegungen des Patienten ausgeblendet bleiben (was entsprechende, psychologisch fundierte Bewältigungsmechanismen voraussetzt) oder wenn die Vorteile durch Rückmeldung (Lernen am Erfolg) immer wieder verstärkt wirksam werden.

Ebenfalls zur Problematik dynamischer Nutzenbewertungen gehört die Veränderung des Soll-Wertes im Handlungsmodell des Patienten (vgl. Abb. 1). Die Erwartung des Therapieerfolges und das konkrete Erleben von Fortschritten kann dazu führen, daß der (vielleicht zunächst auf Grund der Diagnose massiv eingeschränkte) Soll-Wert, den der Patient an seine eigene Befindlichkeit stellt, deutlich erhöht wird. Erfolgt diese Steigerung schneller als die tatsächliche Verbesserung der Ist-Situation, dann entsteht im Therapieverlauf gerade wegen der an sich positiven Erfolge eine zunehmende Diskrepanz zwischen Ist- und Soll-Wert, und damit eine steigende Unzufriedenheit und die Suche nach neuen Verhaltensalternativen. Ebenso schädlich ist es, wenn durch (falsche oder mißgedeutete) Informationen über die Krankheit der Soll-Wert zu tief angesetzt wird, da dann bereits geringe Therapieerfolge die Diskrepanz beseitigen und damit die Bereitschaft des Patienten zum Inkaufnehmen von Nachteilen bei weiteren therapeutischen

Maßnahmen abnimmt. Typisch ist dies etwa bei Rheumakranken, die aufgrund von besonders negativen Erfahrungen früherer Generationen als Soll-Wert eine deutliche Behinderung akzeptieren und daher keinen Grund haben, bei Übereinstimmung der Ist-Situation mit dieser Erwartung an einer weiteren Diskrepanzreduktion, etwa durch systematisches Bewegungstraining, zu arbeiten.

Auch wenn aufgrund der Undurchschaubarkeit der Zukunft die tatsächliche Wahl der Behandlung sich nur bedingt an einer mittel- oder gar langfristigen Nutzenperspektive orientieren kann, sollte der Arzt die wichtigsten dynamischen Aspekte der Nutzenbewertung berücksichtigen, insbesondere für die Gestaltung therapiebegleitender Maßnahmen und Patientenführung.

4.3 Verantwortung für die Entscheidung

Da zumindest bei langwierigen und schwierigen Krankheiten eine rationale Entscheidung unter Risiko für die Nutzenoptimierung nicht möglich ist (eine solche würde außer der Kenntnis der Nutzenwerte der Behandlungsfolgen über die Zeit hinweg auch die numerischen Werte der Eintrittswahrscheinlichkeiten der einzelnen Behandlungsfolgen erfordern), liegt im Regelfall eine Entscheidung unter Unsicherheit (weder Eintrittswahrscheinlichkeiten noch Folgen sind exakt vorhersehbar) vor. In einer solchen Situation ist eigentlich die Auswahl der Verhaltensalternativen keine rein rationale Angelegenheit, sondern erfordert letztlich irrationale und damit im besonderen persönlich zu verantwortende Entscheidungen.

Da der Patient der Betroffene ist, läge es nahe, diesem die prospektive Therapieevaluation nach möglichst sorgfältiger Aufklärung selbst zu überlassen, was letztlich auch der Rechtslage entspricht. Allerdings ist in den meisten Fällen mit einer freien und mündigen Entscheidung durch den Patienten wegen dessen Informationsmangels nicht zu rechnen – wenn die Situation der prospektiven Alternativenbewertung schon so kompliziert ist, daß der Fachmann keine ausreichenden Kalkulationsgrundlagen hat, gilt dies erst recht für den wesentlich schlechter informierten Betroffenen. Hinzu kommt, daß der Patient bei einer schweren Krankheit in besonderer Weise emotional betroffen ist, was schon an sich zu erheblichen Einschränkungen einer rationalen Nutzenkalkulation führt. Bei hoher Angst vor den Krankheitsfolgen ist je nach den psychischen Gegebenheiten im Einzelfall eine extrem lange und letztlich nie zu einem Ergebnis kommende Überlegungsphase (um die Entscheidung möglichst gut zu fundieren), die willkürliche Wahl irgendeiner Alternative (um der quälenden Überlegung zu entgehen) oder die völlige Delegation dieser Entscheidung an den Arzt zu erwarten.

Da man heute nicht mehr von einem weitgehenden Wertekonsens in der Gesellschaft ausgehen kann und selbst früher homogen eingehaltene Tabus in Frage gestellt werden (etwa das prinzipielle Ziel der Lebenserhaltung unter allen Umständen), stellt sich hier das Problem für den Arzt, die normativen Grundlagen der Persönlichkeit des Patienten zumindest annähernd zu erfassen. Dies ist ein Bereich der prospektiven Therapieevaluation, die viel Einfühlungsvermögen erfordert und sich vermutlich stets einer wissenschaftlich-sachrationalen Analyse entziehen wird.

5. Konsequenzen

Der Versuch, durch Therapieevaluation die beste, den Nutzen des Patienten langfristig optimierende Alternative auszuwählen, ist nur bedingt zu leisten. Gerade bei Beachtung psychologisch relevanter Aspekte sind die Netzwerke der relativen Einflüsse und Bedingungen so komplex, daß eine völlig rationale Durchdringung ausgeschlossen erscheint. Die Therapieevaluation kann daher, zumindest bei schweren und lang andauernden Krankheiten, nur zu Entscheidungshilfesystemen führen, die Entscheidung selbst aber nicht auf eine völlig wissenschaftliche oder sachrationale Basis stellen.

Daraus folgt, daß jeder therapeutische Eingriff möglichst «fehlerfreundlich» zu halten ist. Gerade bei chronischen Erkrankungen ist den tatsächlichen Konsequenzen der Behandlung für den Patienten in vielfältiger, nutzenorientierter Weise besonderes Augenmerk zu schenken, um im Falle von Fehlentwicklungen rechtzeitig korrigierend eingreifen zu können. Da die nutzenrelevanten Behandlungsfolgen den Rahmen der klassischerweise in der Medizin für relevant gehaltenen Aspekte bei weitem übersteigen und viele Variablen betreffen, die im Zentrum der psychologischen Forschung stehen, ist hier ein besonderer Beitrag durch die Medizinpsychologie zu leisten. Auch wenn zumindest bei ihrem derzeitigen Entwicklungsstand keine in der Prägnanz mit der somatischen Medizin vergleichbaren Modelle zu erwarten sind, stellt insbesondere die Erweiterung der zu beachtenden Aspekte der Therapiefolgen und ihre systematische Aufbereitung für die Indikationsstellung der prospektiven Therapiebewertung einen wichtigen Beitrag dar, um die Lebenssituation gerade schwer und chronisch erkrankter Patienten verbessern zu helfen.

6. Literatur

Bungard, W. Schulz-Gambrad, J. und Antoni, C.: Zur Methodik der Angewandten Psychologie. In: Frey, D., Graf Hoyos, C. und Stahlberg, D. (Hg.): Angewandte Psychologie. München, Weinheim: PVU, 1988

Cook, T. D. und Campell, D. T.: Quasi-Experimentation. Design and analysis issues for field settings. Chicago: Rand McNally, 1979
Coombs, C. H. und Avrunin, G.: A Theorem on Single-Peaked Preference Functions in One Dimension. Journal of Mathematical Psychology, 1977
Edwards, W.: Use of multiattribute utility measurement for socialdecision making. In: Bell, D. E., Keeney, R. und Raffia, H. (Hg.): Conflicting objectives in decisions. New York, Wiley, 1977
Edwards, W. und Newman, J. R.: Multiattribute evaluation. BeverleyHills. Sage, 1982
Hajek, P. und Havranek, T.: Mechanizing Hypothesis Formation. Springer, Berlin, Heidelberg, New York, 1978
Hildebrand, D. K., Laing, J. D. und Rosenthal, H: Prediction Analysis. New York, Wiley, 1977
Kirusek, T. J. und Sherman, R. E.: Goal Attainment scaling: ageneral method for evaluation comprehensive community mental health program. Community Mental Health Journal, 1968, 4
Krüskemper, G.: Patienten mit rheumatischen Beschwerden. In: Bazler, H. D. und Florin, I. (Hg.): Klinische Psychologie und körperliche Krankheit. Kohlhammer, 1985
Krüskemper, G.: Psychodiagnostik bei Rückenschmerzen. Machen Sie Ihren Patienten nicht zum Laienpsychologen. Ärztliche Praxis, XXXIX. Jahrgang 1987
Krüskemper, G., Degner, F. und Ehlen, M.: Psychologische Hilfen für Behinderte, Prognostische Kriterien für die diätische Gewichtsreduktion bei adipösen Frauen. 11. BDP-Kongreß, September, 1981
Scholz, W.: Therapieplanung des Einzelfalls – Voraussetzungen, Methoden, Anwendungen. In: Petermann, F. und Hehl, F. J. (Hg.): Einzelfallanalyse. Urban & Schwarzenberg, München, 1979
Schulz, Th., Muthig, K.-P. und Koeppler, K.: Theorie, Experiment und Versuchsplanung in der Psychologie. Stuttgart, Kohlhammer, 1981
Wittmann, W.: Evaluationsforschung. Aufgaben, Probleme, Anwendungen. Springer, Berlin, Heidelberg, New York, 1985
Wottawa, H.: Some heuristic Methods for Treatment Evaluation Proceedings of the 1st European Conference of Psychotherapy Research. Trier, Peter Lang, 1981
Wottawa, H.: Hypothesis Agglutination (HYPAG): A Method for Configuration-based Analysis of Multivariate Data. In: Methodica, 1987, Vol. I; Issue 1

Sachregister